KB119589

게슈탈트
집단치료의
새로운 방향

관계적 배경과 진정한 자기

Peter H. Cole · Daisy Reese 공저

고나영 역

학지사

📋 역자 서문

대학원 과정에서 처음 접한 지금 여기의 있는 그대로를 온전히 수용한다는 게슈탈트 치료 이론은 현상학이나 실존철학에 관해 깊은 지식이 없던 나에게도 무한한 호기심을 불러일으켰다. 그러한 끌림으로 게슈탈트 치료를 더 공부하고자 홀로 시작한 유학 생활은 아무도 모르는 낯선 곳에서 원활한 언어적 소통이 이루어지지 못하는 상태로 한동안 지속되었고, 어디서 무엇을 하든 내가 이방인이라는 생각을 떨쳐 내기가 어려웠다. 그러던 중 가끔은 누구도 나를 이해하지 못할 것 같은 생각에 외로움을 넘어서서 '고립감'을 느꼈다. 이러한 감정들을 온전히 수용할 수 있도록 지지해 주었던 것은 당시 내가 참여했던 독일 뷔르츠부르크 통합게슈탈트치료연구소(Institut für Integrative Gestalttherapie, Würzburg)의 게슈탈트 치료 수련 과정이었다. 특히 2010년 8월 게슈탈트 치료자 버드 피더(Bud Feder)의 게슈탈트 집단치료에 참여했던 일은 내가 게슈탈트 치료 수련을 받는 과정에서 가장 기억에 남는 시간이었으며, 동시에 한 인간으로서 그리고 상담자로서 전환점이 되는 경험이었다.

다른 생김새, 언어와 문화, 개인의 역사를 가진 사람들이 모여 앉아, 단순히 서로의 이야기를 듣고 드러난 말의 내용을 이해하는 것을 넘어서서 함께한다는 '연결'을 체험했던 게슈탈트 집단치료의 장(field)은 서로 다름을 수용할 때 진정으로 연결되고 만날 수 있다는 깨우침을 주었다. 특히 게슈탈트 치료자인 버드 피더가 이끌었던 지금 여기 '상호작용 중심의 게슈탈트 집단치료(interactive gestalt group therapy)'는 지금 이 순간 느낌과 생각을 알아차리며 상호작용할 수 있도록 구성원들을 촉진했고, 이 방식은 '뜨거운 의자(hot seat)'에 앉은 개인의 미해결 과제 해소에 집중되었던 기존의 게슈탈트 집단에 익숙한 나에게 매우 신선하게 다가왔다. 이후 나는 게슈탈트 집단치료에 관심이 매우 커졌고, 꾸준히 집단치료에 참여하며 관련 서적을 찾아보기 시작했다. 그러면서 게슈탈트 집단치료의 특성과 과정을 잘 안내해 줄 만한 서적을 국내에도 소개하고 싶은 마음이 생겼지만, 게슈탈트 집단치료와 관련한 서적은 아쉽게도 그리 많지 않은 실정이었다. 당시에는『Beyond the Hot Seat: Gestalt Approaches to Group』(Bud Feder & Jon Frew), 『Gestalt Group Therapy: A Practical Guide』(Bud Feder) 정도가 게슈탈트 집단치료자들에게 많이 참고되고 있었다. 그러던 중 이 책『New Directions in Gestalt Group Therapy: Relational Ground, Authentic Self』(Peter H. Cole & Daisy Reese)를 발견하게 되었다!

공동 저자인 게슈탈트 집단치료자 피터 콜(Peter H. Cole)과 데이지 리즈(Daisy Reese)는 이 책에서 게슈탈트 집단치료의 형성과 변화의 과정, 현대 흐름 등을 놀랍도록 쉽고 간결한 언어로 표현했다. 저자들은 집단치료를 준비하고 촉진하는 집단 리더들에게 실질적으로 도움이 될 만한 내용을 정리했고, 게슈탈트 치료 이론에 정신분석 및 집단역동과 같은 이론을 통합하기 위한 노력을 설명했다. 또한 이론적인 설명과 더불어 그들의 실제 집단치료 장면들을 예로 적절히 제시하면서 어떻게 집단이 형성되고 '관계적'으로 상호작용하며 성장하는지를 보여 주었다. 집단 구성원과의 개인 및 집단 전체 작업이 이루어지는 부분을 번역할 때는 마치 내가 그 공간과 시간에 집단 구성원으로서 참여하고 있는 느낌이 들 정도였다. 그렇기 때문에 이 책을 접하게 되는 사람들이 게슈탈트 집단치료 자가 아니더라도 게슈탈트 집단치료에 관한 인상을 충분히 받을 수 있을 것으로 생각된다.

저자들은 이 책에서 순차적으로 게슈탈트 집단치료의 이론적인 배경과 관계적인 집단치료 문화를 조성하기 위한 주요 원칙을 소개했다. 그리고 이어서 집단 리더로서 숙고해야 할 주요 사항과 두드러지는 집단 구성원들의 특성을 개념적으로 소개했고, 구성원들을 통합하기 위한 방법의 예를 제시했다. 또한 전통적인 집단 내에서 이루어지는 개인치료와 집단 전체로서 상호작용하는 현대 게슈탈트 집단치료의 예를 들어 주고, 개인과 집단의 관계적 성장을 위해 이러한 것들 사이의 균형과 조화를 강조했다. 마지막으로, 저자들은 집단치료에서 사회적 알아차림에 관한 이야기를 공유함으로써 게슈탈트 집단치료를 이상적인 세상이 아닌 우리가 사는 이 세상과 다시 한번 연결하고, 개인 및 집단의 책임과 성장의 힘을 신뢰하며 여정을 마무리 짓고 있다.

역자의 미흡한 번역으로 다양한 생동감 넘치는 요소 사이의 연결을 충분히 전달하지 못한 아쉬움이 남지만, 국내에 게슈탈트 집단치료의 최신 흐름을 소개할 기회에 감사하며 이 책이 게슈탈트 집단치료를 이끄는 이들에게 그들의 여정에서 발견하는 작고 달콤한 열매가 되기를 희망한다. 끝으로, 번역 과정에서 한결같은 응원을 보내 준 가족, 출간의 기회를 주신 학지사와 원고를 세심히 다듬어 주신 편집자께 깊은 감사를 드린다.

역자 고나영

📋 추천사

    이 책은 피터 콜(Peter H. Cole)과 데이지 리즈(Daisy Reese)가 "진실, 진정성 그리고 연결을 추구하는 사람들이 캠핑카를 타고 떠나는 위대한 여정"이라고 칭한 내용이 잘 담겨 있다. 게슈탈트 치료 원칙의 범위를 세심하면서도 광범위하게 설명하는 동시에 그들의 생생한 치료집단의 예를 통한 스토리텔링이 인간적으로 펼쳐진다. 평범한 사람들의 감정과 목표에 주의를 기울이면서 독자들에게 종종 치료적 문헌으로 가득 찬 정신병리의 한계 이면을 전달한다. 개인적인 존재에 활력을 불어넣으며, 저자들은 상호관계와 발견의 생동감 넘치는 분위기를 조성한다. 그들은 이론적인 안내와 더불어 그들의 집단 구성원의 인생 경험을 엮어 낸다. 전문적인 치료자들에게는 길을 알아볼 수 있도록 환하게 밝혀서 개인적인 관계에서 변질된 측면들을 회복시키는 것을 돕는다. 이러한 원칙들은 약해진 개인의 효용성을 재건하기 위한 발판을 제공하고, 그들이 생활하며 무의미하게 내뱉었던 이야기들을 다시 살펴보도록 사람들을 자극한다. 풍부한 줄거리는 모순과 버려짐으로 인한 고통을 완화하기 위해 활력과 관계를 희생한 사람들의 투쟁에 직접적으로 이야기를 던진다.

    이 여정에서 저자들은 독자에게 게슈탈트 치료의 세부적인 것에 관해서 많이 안내하고 있는데, 특히 주변에 있을 법한 집단 구성원들의 삶을 소개한다. 그들의 가르침은 연결과 소속감을 느끼는 집단 분위기 속에서 이전에 느꼈던 흐릿한 아름다움, 습관과 익숙함에 가려져 있던 일상에 불을 밝힌다. 그렇다. 연결과 소속감은 집단 각성의 핵심이고, 그들을 괜찮은 일상과 함께 안전한 실험 속으로 감싼다. 집단 구성원의 관심 집중은 보통 개인의 정체성을 강화하고 마법과 같은 황홀감을 만들어 낸다.

　여기에는 저자들의 관계적 강조에 대한 지대한 영향이 있다. 연결과 소속감의 강조, 본질적인 삶, 집단 구성원의 힘에 대한 존중은 비전문적인 치료적 효과를 제공한다. 이러한 공동의 기여는 각 개인에게 다른 것의 우연한 확대를 제공할 수도 있다. 그것은 단지 치료로 인한 확대뿐만 아니라 집단치료 관련성의 범위 확장 또한 약속한다. 우리 사회는 개인에게 최상의 기능 수준을 찾으려 한다. 치료자의 과제는 고도의 숙련된 원칙으로 모두에게 유용한 기본적인 기술을 증대시키는 것이다. 우리는 모두 삶에 있어서 전문가가 되기 직전이다. 사람들이 활력을 얻으려 노력하는 행동의 증가는 개인적 심리 장애를 마무리 짓고자 하는 의학적 목적 이후의 단계이다. 즉, 이 책에 상세히 기술된 집단 구성원들 간 대화 그리고 그들이 이룬 통찰이 슬기로운 회복의 한 예를 보여 준다. 이러한 개인적 관점의 확장은 본래의 치유 목적을 연결해 준다. 그들은 사람들이 자신을 새롭게 바라볼 수 있도록 영감을 주어 심리 장애의 놀라운 경감을 제시한다. 잘 사는 것은 누구든지 자신의 앞날이 활짝 펼쳐지기를 추구하는 집단치료의 역할에 항상 포함되는 궁극적인 바람이다. 모두가 지닌 인간성의 기본적인 부분을 수용함으로써 우리가 함께 느끼는 기분은 단지 위로일 뿐만 아니라 인간의 기본적인 반사작용이다. 게슈탈트 심리치료 이론에서 기본적인 원칙은 모든 경험이 전경과 배경을 만든다는 것이다. 그 어떤 것도 그 자체로서 단독으로 경험되지는 않는다. 사람들은 독립체로서 혼자서는 아무것도 경험하지 않는다. 실로, 모든 것은 필연적으로 둘러싸인 맥락에 맞추어져 있다. 그래서 이 원칙은 우리에게 사람들이 선천적으로 타인과 연결되고 그들이 소속된 집단에서 자신을 확인하고 싶어 하는 소망이 있다는 사실을 가리킨다.

자기 자신과 타인을 존중하는 그러한 움직임에는 상당한 실용적 지식이 필요하다. 기술과 기회는 치료집단 환경 안에서 필수적이다. 일상적인 치유적 목표를 넘어 삶의 좀 더 시적이고 서정적인 측면으로의 초월성은 콜과 리즈에 의해 잘 성찰되었다(p. 171).

> 생동감, 세상과의 관계, 연결성을 향한 여정은 가장 위대한 여정이다. 그리고 전형적인 여정과 마찬가지로 어떤 때에는 무서울 수도 있다. 그것은 집단에서 서로 다투고 마음을 괴롭히는 것들과 씨름하며 길을 잃고 발견하고 손상된 것을 회복하는 경험을 포함한다. 우리는 이 일을 하기 위해 서로가 필요하다. 서로를 직면하고, 서로 도전하며, 함께 울고 웃고, 가장 중요한 것은 서로 속해 있다는 것을 소중히 여기는 것이다. 심지어 우리의 가장 부끄러운 모습을 보일지라도 열정적으로 우리를 구성원으로 여기고 포기하지 않는 것이다.

그렇다. 정말 이 책에는 문화적 방향성과 그에 대한 안내 그리고 인간의 정신에 대한 존경이 광범위하게 자리하고 있다. 이는 평범한 사람들의 일반적인 관심사에 해당한다. 이 책에서 충분히 묘사된 평범한 사람들은 사람과 사람을 연결하는 영감을 주는 자질을 단순하게 인식함으로써 존경받는다. 위험은 어디에나 도사리고 있지만, 이 숨겨진 위험들은 풍부한 인간 경험을 탐색하는 데 도움을 준다. 우리는 이 여정에서 인간의 시야에 내재된 불가피한 위험에 사로잡혀 있는 아름다움을 본다. 콜과 리즈의 가장 훌륭한 점 중 하나는 작은 행복을 간섭하는 침입을 경계하며 조금도 방심하지 않고 지혜로운 안내를 제공한다는 것이다.

2017년

어빙 폴스터(Erving Polster)

"피터 콜과 데이지 리즈의 게슈탈트와 집단치료의 통합은 집단과 일하는 치료자, 교육자, 조직 컨설턴트 등 모든 게슈탈트 치료 전문가에게 상당히 전문적이고 수준 높은 방법론을 소개하며 새로운 사고방식을 제시한다."

게리 욘테프(Gary Yontef)

Pacific Gestalt Institute의 공동 설립자이자 시니어 교수

"이 책은 견고한 게슈탈트 심리치료 이론과 체계 이론의 모든 주요 사항을 포함하고 있는 현대적 집단치료의 원칙을 잘 엮어 내어 멋있게 기술하였다."

메리에타 엔드류스-작스(Maryetta Andrews-Sachs)

Washington (DC) School of Psychiatry National Group Psychotherapy Institute의 교수(학장 및 의장 역임),

Mid-Atlantic Group Psychotherapy Society의 회장 역임

"피터와 데이지는 새로운 분야를 개척하였다. 그들은 우리의 영역을 확장하고 서로 충분히 인간적으로 만나는 능력을 더 키워 나가는 방식으로 집단 역동의 가려진 측면을 자세히 설명하고 있다."

메리 앤 크라우스(Mary Ann Kraus)

Groups Facilitation Training Program,
Gestalt Institute of Cleveland의 공동 의장

"가상 접속을 통한 디지털 세계의 현대 사회에서는 게슈탈트 이론 및 집단치료의 중심이라고 할 수 있는 접촉에 관한 생각과 구현의 중요성이 쓸모없어 보일 수도 있다. 피터와 데이지는 접촉 없이는 서로 의미 있는 애착을 상실할 수도 있다는 점을 우리에게 상기시킨다."

하임 와인버그(Haim Weinberg)
Israeli Association of Group Psychotherapy와
Northern California Group Psychotherapy Society의 회장 역임

"저자들은 독자 모두가 개인으로서 그리고 연결과 관계를 통한 집단으로서 희망을 발견할 수 있도록 초대한다. 이 책은 모든 인간은 집단에서 생존하고 번성하며, 우리 삶의 질이 가능한 한 평화롭게 서로 존중하며 함께 존재하는 우리의 능력에 달렸다는 점을 상기시킨다."

탈리아 바-요셉 레빈(Talia Bar-Yoseph Levine)
Association for the Advancement of Gestalt Therapy 당선 회장

"명료하게 기술된 이 책은 어떤 이론적 지향의 임상가에게든 유용한 자원을 제공한다. 초보 치료자와 경험이 풍부한 치료자, 수련 중인 학생들이 꼭 읽어야 하는 것 등 모두에게 풍부한 기초 정보가 꽉 차 있다."

에바 골드(Eva Gold)
Gestalt Therapy Training Center-Northwest의 공동 임원

일러두기

독자를 위한 세 개의 메모[*]

이 책에서 성별과 대명사의 사용

모든 성별의 사람을 포함하기 위한 노력으로 우리는 여성도 남성
도 아닌 대명사로서 '그들'이라는 호칭을 가끔 사용했다. 이 용어
를 사용하는 것이 일부 독자들에게는 처음에 어색할 수도 있겠지
만, 우리는 다양한 가치를 깊이 있게 다루는 심리치료의 한 형태
인 게슈탈트 집단치료를 다루는 이 책에서 적절하다고 느낀다.

저자

피터 콜과 데이지 리즈는 이 책의 모든 장을 공동 저술했다. 그러
나 몇몇 장은 데이지 또는 피터의 일인칭 목소리로 기술되었다.
각 장의 시작에서 우리는 데이지의 시점인지, 피터의 시점인지 또
는 둘 모두의 관점에서 기술되었는지 명시했다.

임상적 사례와 내담자 익명성

이 책의 전반에 걸쳐서 우리는 임상적 사례들의 다양성을 제시했
다. 모든 임상적 사례는 철저하게 소설화하고, 임상적 주제 쪽으
로 이끌었다. 동시에 순수하게 가상의 성격과 상황을 만들어 냄으
로써 내담자의 비밀을 보호했다.

---

[*] 역자 주) 원서에서는 Gestalt Group Therapy를 GGT라는 약어로 사용했으나, 이 책에서
는 '게슈탈트 집단치료'라는 표현을 사용했기에 원서의 마지막 메모 내용은 생략했다.

📋 차례

제2장 게슈탈트 집단치료의 관계적 발전   73

제3장 신성한 존재 앞에서   139

제4장 집단 리더의 그림자:
게슈탈트 집단치료에서의 권력, 성찰, 대화   153

제5장　관계적 집단 문화의 조성 및 유지　　177

제6장　희생양 리더를 집단 과정에 통합하기　　189

제7장　전체로서의 집단과 작업하기　　209

게슈탈트 집단치료:
21세기 심리치료의 도전을 위한 탄탄한 접근법

Peter, H. Cole & Daisy Reese

게슈탈트 집단치료는 21세기 집단치료를 위한 탄탄하고 풍부한 이론과 방법론적인 체계를 제공한다. 이어지는 장에서 우리가 보게 되듯이 게슈탈트 집단치료의 전체론적이고 장−중심적인(field-centered) 접근은 치료자가 치료집단의 폭과 깊이를 유지하게 한다. 게슈탈트 집단치료는 대인관계와 공동체 경험을 동시에 제공하면서 구성원의 정서적 성장과 발달을 깊이 있게 지지하고, 이에 못지않게 집단 안에서 일어나는 사회적·정치적 관심사에 대해 폭넓게 다룬다.

　게슈탈트 치료는 인본주의 심리학 체계에 기반해 진보적인 정신분석(progressive psychoanalysis), 게슈탈트 심리학(gestalt psychology),[1] 장 이론(field theory), 현상학(phenomenology), 마틴 부버(Martin Buber, [1923] 1970, 1992)의 대화 철학(philosophy of dialogue; Bocian, 2010) 등과 함께 제2차 세계대전 이전 독일에서 유럽의 지적이고 풍부하며 다채로운 역사적 분위기 속에 성장했다. 파시즘에 의한 정치 사회의 대대적 파괴로 인해 유럽 지성들이 대거 고국을 떠나며 1950년대 초반 뉴욕에서 게슈탈트 치료가 생겨나는 혼돈이 있었다. 게슈탈트 집단치료는 오늘날 집단치료자들이 직면한 도전과 그들의 내담자를 돕는 데 필요한 풍부한 역사, 이론, 창조적인 방법론을 보여 준다.

이 책에서 우리는 두 가지를 의도했다. 첫 번째로, 우리가 25년 이상 활동하고 연마한 게슈탈트 집단치료의 접근을 묘사하고 설명하며 전달하려 노력했다. 여기에는 게슈탈트 치료 이론의 적용과 상호작용에 관한 방법론 그리고 과정 지향의 집단 상황이 포함된다. 이를 통해 우리는 게슈탈트 치료와 집단치료 모두에 대해 몇몇 새로운 아이디어와 방식들을 발달시켰다. 두 번째로, 게슈탈트 접근이 친숙하지 않을 수 있는 집단치료자들에게 게슈탈트 치료 이론의 정밀함을 전하기 위해 애썼다. 이것은 우리에게 흥미롭고 벅찬 과제이다. 우리는 게슈탈트 치료자들이 집단과 어떻게 상호작용해야 하는지 더 깊은 이해를 얻을 수 있기를 희망하고, 다른 이론적 지향을 가진 집단치료자들이 게슈탈트 치료의 정교하면서도 실용적인 이론을 접함으로써 풍요로워지기를 희망한다.

🌱 불확실한 시대의 심리치료

"흥미로운 시대에 살기를!" 치료자이든 내담자이든 우리는 모두 확실히 중국의 이 오래된 저주 아래에서 살고 있다. 특히 생태학적으로 우리는 전례 없는 불확실한 시대에 살고 있다. 우리 존재의 바로 그 근간인 우리의 행성은 심각한 변화를 겪고 있고, 인류의 미래는 확실치 않다. 그러나 '흥미로운 시대' 속의 삶에도 불구하고, 우리의 내담자들은 끊임없이 무언가 붙들고 고심하며 의미 있는 일을 하고 사랑으로 삶을 꾸려 나가야 하는 등 갖가지 도전에 직면해 있다. 치료자로서 우리의 과제는 내담자를 돕는 것이고, 그들이 자신들의 삶에 충분히 시간과 노력을 쏟으며 이와 동시에 공동체의 미래가 위기에 처해 있는 현실을 직시하도록 지지하는 것이다. 즉, 유행을 따르고 미래의 생활을 계획하도록 지지하면서 한편으로는 그들의 불안정한 현재를 알아차리도록 돕는 것이 21세기 심리치료의 역설적인 도전이라고 생각한다.

생태학적·사회적 관점 모두에서, 우리는 불확실성이 증대하는 시간 속에 살고 있다. 그것은 심리치료에서 새로운 윤리적·임상적 도전에 관한 질문을 제기한다. 빈부격차는 극단적이고 심각해졌으며, 독재적이고 국수주의적인 지도자들은 미국과 유럽에서 증가하고 있다. 대량 살상 무기의 확산, 종교적 극단주의의 증가, 생태계 위기가 세계 자원을 위협하면서 심리적 불안정을 초래하고 뒤틀린 민족주의, 종교 그리고 국수주의적 이데올로기가 넘쳐 나는 모습이 나타나고 있다. 내담자들을 위한 돌봄과 양육적인 분위기를 만들고, 이처럼 마음을 동요시키는 환경적, 정치적, 사회적 맥락 속에서 그들과 함께 일하는 것은 현대 심리치료의 큰 도전이다.

영적 차원에서 우리의 내담자들은 의미, 타인과의 연결, 전체로의 연결을 추구한다. 상담실에서 심리치료자들은 위태로운 사회적·생태학적 변화의 시간 속에서 연결과 의미를 추구하는 내담자들을 지지하기 위해 치료자로서 우리가 맡은 부분을 행한다. 전통적인 종교들이 감소하는 시대에 심리치료집단에 오는 의식은 내담자의 삶에서 매우 의미가 충만한 일이 될 수 있다. 취약한 부분들이 안전하게 공유될 수 있고 진실들이 이야기되며 그것들을 위한 의미를 추구하는 환경이 제공된다.

실제의 본질을 이해하기 위해서 우리가 과학적으로 정보를 수집하는 사이에 주목할 만한 변화는 각각의 개별적인 것으로부터 관계적인 것으로 우리의 세계관이 바뀌었다는 점이다. 물리학이 우리에게 주는 새로운 이해는 겉으로 보기에는 비활성 상태여도 가장 근본적인 수준에서는 관계 속의 에너지로 이해할 수 있다는 것이다(Capra & Luisi, 2014). 이와 비슷하게 마음에 관한 신경과학이 제시하는 새로운 모델들은 우리 인지와 정서적 건강을 위한 관계와 애착의 기본적인 역할에 대해서 충분한 공감을 발전시킨다(Rifkin, 2009; Wallin, 2007). 게슈탈트 집단치료는 그 이론과 방법론에서 관계적으로 깊이가 있고, 과학과 심리학이 혁신을 일으키는 만큼 삶에 대한 관계적 또는 체계적 관점과 잘 들어맞는다.**2**

🌵 왜 게슈탈트 집단치료인가

게슈탈트 집단치료는 인간 조건을 이해하고 성장과 성취를 촉진하기 위한 매우 현명하고 탄력적인 접근으로서 세월의 시험을 견뎌 냈다. 게슈탈트 치료는 그것이 처음 발달할 때 정신분석의 보수적인 경향에 대한 사회적으로 진보적이고 전체론적인 대안이었다. 게슈탈트 치료는 개인의 내적 갈등에서 벗어나 성장과 건강을 이해하기 위한 출발점으로서 자기와 타인 간에 접촉을 만드는 과정을 고려하며 심리학의 주요한 초점을 바꾸었다. 1950년대에 프레데릭 펄스 박사(Frederick Perls, MD)와 그의 아내 로라 펄스 박사(Laura Perls, PhD)가 처음 이러한 관점을 발달시켰고, 뛰어난 문필가인 폴 굿맨 박사(Paul Goodman, PhD)가 프로이트(Freud)의 본능과 추동 모델을 성장, 선택, 자유를 아우르는 인본주의 모델과 함께 게슈탈트 치료로 대치시켰다. 심리학의 가장 중요한 부분으로서 사람과 사람 사이에 접촉을 만드는 과정을 배치한 것은 게슈탈트 치료 창시자들에게 급진적인 선택이었다. 그리고 그것은 게슈탈트 치료를 현대 게슈탈트 치료자들이 훨씬 더 정교하게 여기는 관계성(relationality)으로 향하게 했다(Hycner & Jacobs, 1995; Wheeler, 2013; Yontef, 1993).

게슈탈트 치료의 창시자들은 집단 과정에 초점을 두지 않았지만, 게슈탈트 치료 이론은 집단치료를 위한 훌륭한 상위 이론을 제공한다. 전통적인 게슈탈트 집단 방법은 집단 안에서 리더가 차례로 개인 작업을 하고 집단 구성원들이 개인 작업 후에 리더와 함께 피드백을 주고받는 것이었다. 이러한 접근은 개인 작업에서는 깊이 있는 일들이 일어나는 반면, 집단 수준의 문제들에는 충분한 주의가 기울여지지 못하면서 매우 리더 중심적인 집단 분위기를 형성한다. 이러한 접근은 '뜨거운 의자(hot seat)' 또는 '열린 자리(open seat)'라는 방법으로 알려져 있다. 내담자는 뜨거운 또는 열린 자리에 리더와 함께 앉아 현재 상담을 받는 사람이다.

게슈탈트 치료를 뜨거운 의자로부터 움직이게 한 첫 번째 주요 출간물은 적절한 제목이 붙은1980년대에 버드 피더(Bud Feder)와 루스 로날(Ruth Ronall)의 『Beyond the Hot Seat: Gestalt Approaches to Group』이다. 이 출간물은 게슈탈트 치료의 이론적 관점에서 집단역동과 작업하는 기술들이 담긴 몇몇 중요 장으로 구성되어 있다. 특히 영향력 있는 장은 일레인 케프너 박사(Elaine Kepner, PhD)가 저술한 상호작용적 게슈탈트 집단 접근을 위한 단계 모델이 제시되는 부분이다. 이 책이 출간된 이후 집단 과정과 집단역동 지향적인 게슈탈트 치료에 관한 많은 논문과 몇몇 서적이 출판되었다.

앞서 언급했듯이, 게슈탈트 치료는 진보적 정신분석, 게슈탈트 심리학, 장 이론, 현상학, 마틴 부버의 대화 철학을 포함하는 수많은 복합적 사상 체계의 영향력 있는 통합이다. 우리는 이어지는 장들에서도 특히 제1장에서 이것들을 깊이 있게 논의할 것이다. 게슈탈트 **집단치료**는 집단과 상호작용적으로 작업하는 강력한 통합에 초점을 두었다. 게슈탈트 집단치료의 강한 이론적 기반은 21세기 집단치료자들이 당면한 많은 복잡성과 어려움에 관한 토대를 제공한다. 예를 들어, 장 이론은 환경의 위협이나 사회 정치적 변화들처럼 집단 구성원의 삶에 영향을 미치는 광범위한 이슈들의 다양성을 다루기 위한 틀을 제시한다. 현상학은 게슈탈트 집단치료의 치료자들이 내담자가 집단으로 가져오는 다양한 관점, 이야기, 경험을 이해하게 돕는다. 마틴 부버의 대화 철학(1992)은 공감과 현전을 통해 집단에서 어떻게 사람들이 다른 사람을 만나는지 이해할 수 있는 틀을 제공한다. 더불어, 부버는 게슈탈트 집단치료에서 종교적 의미가 아닌, 사람들이 그들의 취약함과 진실을 공유하면서 서로 만나는 신성함을 인정하는 맥락에서 영적인 차원을 이해할 수 있게 우리를 돕는다. 관계적 정신분석은 인간 발달을 관계적 관점에서 이해하기 위한 깊고 강렬한 틀을 제시한다. 우리는 제2장에서 이러한 부분에 관해 탐구할 것이다.

이어지는 장들과 사례들에서 보게 되겠지만, 관계적인 삶을 위한 능력이 인간 성장과 발달의 핵심에 놓여 있다. 그리고 이 점이 게슈탈트 집단치료에서 진정 탁월한 부분이라고 생각한다. 집단보다 우리의 관계성을 탐구할 수 있는 더 강력한 장소는 없다. 게슈탈트 집단치료에서 집단 구성원들은 체내에서 이루어지는 현상과 우리가 어떻게 타인과 연결하고 관계하며 가까워지고, 어떻게 우리자신을 보호하며, 우리의 흥분, 희망과 꿈, 실망, 수치심과 자부심, 경멸, 성생활, 신체상, 두려움, 감정, 권위와 관련된 이슈, 다른 무수히 많은 주제를 다루는지 탐구한다. 게슈탈트 치료집단은 시간을 들이고 서로 신뢰하고 알아 가며, 서로에게 중요해지고, 서로의 성장과 발달을 위해 이바지하는 사람들의 공동체가 되고 있다.

주석

1. 게슈탈트 심리학은 게슈탈트 치료로부터 독립적이고 구분된다. 게슈탈트 심리학은 인간 지각과 인지에 관한 전체주의적 접근에 초점을 둔 제2차 세계대전 이전 독일의 유명한 실험심리학파와 관련이 있다. 한편, 게슈탈트 치료는 프레데릭 펄스와 로라 펄스에 의해 처음 발달한 심리치료와 관련된다.
2. 프리초프 카프라(Fritjof Capra)와 피에르 루이지 루이시(Pier Luigi Luisi)의 저서『The Systems View of Life: A Unifying Vision』은 새로운 관계적 패러다임을 시험한 역작이다. 더불어, 이와 관련해 제레미 리프킨(Jeremy Rifkin)의『공감의 시대(The Empathic Civilization)』도 훌륭한 저서이다.

참고문헌

Bocian, B. (2010). *Fritz Perls in Berlin, 1893-1933: Expressionism, psychoanalysis, Judaism*. Bergisch Gladbach, Germany: EHP.

Buber, M. ([1923] 1970). *I and thou* (W. Kaufmann, Trans.). New York: Charles Scribner's Sons.

Buber, M. (1992). *On intersubjectivity and cultural creativity*. Chicago, IL: University of Chicago Press.

Capra, F., & Luisi, P. L. (2014). *The systems view of life: A unifying vision*. Cambridge: Cambridge University Press.

Feder, B., & Ronall, R. (Eds) (1980). *Beyond the hot seat: Gestalt approaches to group*. New York: Brunner/Mazel.

Hycner, R., & Jacobs, L. (1995). *The healing relationship in Gestalt therapy: A dialogic/self psychology approach*. Highland, NY: Gestalt Journal Press.

Kepner, E. (1980). Gestalt group process. In B. Feder & R. Ronall (Eds), *Beyond the hot seat: Gestalt approaches to group* (pp. 5–24). New York: Brunner/Mazel.

Perls, F. S. (1973). *The Gestalt approach and eyewitness to therapy*. New York: Bantam Books.

Perls, F. S., Hefferline, R., & Goodman, P. (1951). *Gestalt therapy: Excitement and growth in the human personality*. New York: Julian Press.

Rifkin, J. (2009). *The empathic civilization: The race to global consciousness in a world in crisis*. New York: Penguin.

Wallin, D. (2007). *Attachment in psychotherapy*. New York: Guilford Press.

Wheeler, G. (2013). *Beyond individualism: Toward a new understanding of self, relationship, and experience*. London: Taylor & Francis.

Yontef, G. M. (1993). *Awareness, dialogue and process: Essays on Gestalt therapy*. Highland, NY: Gestalt Journal Press.

제1장

집단치료자를 위한
현대 게슈탈트 치료 개관

Peter H. Cole

게슈탈트 치료는 사회 진보적 정신분석, 게슈탈트 심리학, 쿠르트 레빈(Kurt Lewin)의 장 이론(field theory), 철학가 마틴 부버(Martin Buber)의 대화적 실존주의(dialogical existentialism), 존재론적 현상학(existential phenomenology)의 통합으로서 이해될 수 있다. 게슈탈트는 '현재 있는 것'의 알아차림과 수용에 대해 강조하는 선종(Zen Buddhism)의 향취를 지닌다. 게슈탈트 치료는 전통적으로 정치적으로는 진보적이고, 반권위주의적이며, 동성애자의 권리, 페미니스트 그리고 다양한 징후를 통해 볼 때 창조적이고 합의된 인간 성생활 표현에 관해서 긍정적이다. 게슈탈트 치료는 개인을 반기며 공동체를 인정한다.

　게슈탈트의 창시자인 프레데릭 펄스(Frederick Perls)와 로라 펄스(Laura Perls)는 제2차 세계대전 이전 독일에서 사회 진보적 정신분석과 게슈탈트 심리학에 깊이 관여했다. 그들은 문화적·정치적으로 이 시기에 표현주의 연극으로부터 사회주의 정치 운동에 이르기까지 관여하는 범위가 활발했다(Bocian, 2010). 프레데릭 펄스는 파시즘을 피해 보헤미안 문화가 짙은 뉴욕의 그리니치 빌리지(Greenwich Village)로 오게 되었고, 그곳에서 사회 이론가 폴 굿맨(Paul Goodman)을 만나 함께하게 되었다. 프레데릭 펄스와 폴 굿맨은 1951년 랄프 헤퍼린(Ralph Hefferline)과 협력해 게슈탈트 치료의 처음이면서 가장 지적인 도전을 한『Gestalt Therapy: Excitement and Growth in the Human Personality』([1951] 1994)를 출판한다. 1950년대에 프레데릭 펄스와 로라 펄스는 뉴욕과 그 밖의 지역에서 게슈탈트 치료 방법론을 가지고 치료자들을 교육하기 시작했다.

  1960년대에 프레데릭 펄스는 머리와 수염을 기른 채 서부 해안 지역으로 이동했고, 몇 년간 에살렌 연구소(Esalen Institute)에 머물렀다. 그는 수련을 받는 이들에게 간단하게 '프리츠(Fritz)'로 알려지기 시작했다. 이 시기에 프리츠는 그의 글과 영화로 1960년대의 반문화적 분위기에 함께하고, '지금-여기'에서 살아가며 개인적인 책임을 지는 자유의 메시지를 널리 알렸다. 1960년대에 프리츠는 명성을 얻었지만, 그의 활동기 동안에 다수의 우연한 관찰자들에게 전파되면서 게슈탈트 치료의 대중적 견해는 지나치게 단순화되었다. 1960년대 그의 대중적인 이미지와 발언은 일반 사람들에게 게슈탈트 치료의 지나치게 단순화된 '대중 심리학' 버전을 전달하는 것처럼 보였다는 점을 주목해야 한다. 그럼에도 불구하고, 프리츠와 그의 캘리포니아에 기반한 훈련 파트너 짐 심킨 박사(Dr. Jim Simkin)는 치료자들을 정성 들여서 철저하게 훈련시켰다[밥 레스닉(B. Resnick), 개인적인 대화, 2016년 7월 25일]. 그동안 로라 펄스는 1960년대의 뉴욕에서 치료자들을 계속 교육했다. 그리고 당시 프리츠가 기획했던 반문화 페르소나로부터 스스로 거리를 두었다. 1971년에 프레데릭 펄스가 사망한 이후부터 게슈탈트 치료는 많은 변화를 겪었다.

  이 책의 목적과 관련해, 펄스 사후에 게슈탈트 집단치료자로서 가장 영향을 미친 공헌가는 다음과 같다.

- 게슈탈트 치료의 '관계적(relational)' 학파. 즉, 상호주관적 정신분석학과 마틴 부버의 대화적 접근을 게슈탈트 치료의 풍부한 통합적 체계 속으로 잘 조합한 이론가들. 이 부분의 잘 알려진 공헌가들은 마르게리타 스파그누올로 롭(Margherita Spagnuolo Lobb, 2014), 린 제이콥스(Lynne Jacobs, 1992), 게리 욘테프(Gary Yontef, 1993, 2009), 고든 휠러(Gordon Wheeler, 2013)이다.
- 필라델피아 게슈탈트 치료 연구소의 필립 리히텐버그(Philip Lichtenberg, 2013)는 자기와 사회의 통합을 강조했다.
- 게슈탈트 치료자의 '클리블랜드(Cleveland)' 학파는 게슈탈트 치료와 집단치료 이론, 체계론을 통합했다. 잘 알려진 공헌가로는 이사벨 프레데릭슨(Isabel Fredericson), 조셉 핸드론(Joseph Handlon, 1998), 일레인 케프너(Elaine Kepner, 1980), 에드 네비스(Ed Nevis, 2013), 소니아 네비스(Sonia Nevis, 2003), 어빙과 미리암 폴스터(Erv and Miriam Polster, 1974), 조셉 징커(Joseph Zinker, 1998)이다.
- 어빙 폴스터(1987)는 개인적인 이야기를 강조했는데, 이는 우리 집단 작업에서 상당히 중요하다.
- 『Beyond the Hot Seat: Gestalt Approaches to Group』(1980)과 『Gestalt Group Therapy: A Practical Guide』(2013)를 저술한 버드 피더(Bud Feder)는 우리의 현재 작업을 위한 귀중한 토대를 닦았다.

이 장에서 나는 게슈탈트 치료 이론의 근본적 관점을 강조한 기본 원칙들과 집단치료자들에게 유용한 새로운 이론적·방법론적 발달을 소개할 것이다. 이 장은 이전에 게슈탈트 치료 이론을 접해 본 적이 없거나 게슈탈트 치료자 중에서도 집단 작업을 위해서 이론적 토대로서 게슈탈트 치료를 어떻게 제공할지 관심이 있는 집단 치료자들을 위해 기술했으나, 그것이 포괄적이지는 않다. 나는 내가 소개하고자 하는 생각들을 설명하는 데 도움이 되도록 몇몇 간단한 임상적 예를 포함했다. 몇몇 사례에서는 집단치료의 예를 들었고, 다른 경우에는 개인치료의 예를 사용했다.

🌱 장 이론

사회심리학자 쿠르트 레빈은 공간, 시간, 중력의 통합을 밝혀 낸 아인슈타인(Einstein)의 물리학에서 영감을 얻어 장 이론(field theory)의 개념을 발달시켰다. 꼭 행성의 중력이 오직 행성에 내재된 공간-시간 장과 관련해 이해될 수 있는 것처럼, 사람들은 오직 우리에게 내재된 사회적 세상의 맥락에서 이해될 수 있다. 개인은 '사회적 세상과 관련된 한 사람이 인식한 세상'인 '생활 공간(life-space)'에서 살아간다(Gaffney & O'Neill, 2013, p. 442). 우리의 생활 공간은 우리가 직접적으로 경험한 장의 관점이다. 우리는 단순히 장에 의해 영향을 받는 것이 아니라 장에 속해 있다.

레빈의 장 이론은 사회적·환경적 맥락에서 개인에 가치를 두며, 이는 개인과 사회의 통합을 강조한다. 장 이론은 게슈탈트 치료가 우리의 상호 의존과 상호 연결을 개념화하는 것으로부터 일관된 체계를 제공한다. 심리학적으로 장 이론은 개인치료와 집단치료에서 여러 가지 중요한 방법을 알려 주며, 그중에서도 우리에게 환경적 민감성의 맥락에서 개인이 자라고 성장하는 것을 알려 준다. 정반대로, 정서적·도덕적 성장은 반응이 없거나 조율이 잘 안 되었거나 학대적인 환경에서 방해받는 경향이 있다. 게슈탈트의 장 이론 지향은 개인과 사회를 근본적인 갈등의 종류로 볼 필요가 없음을 제안한다. 근본적인 갈등이란 지크문트 프로이트(Sigmund Freud)가 『문명 속의 불만(Civilization and Its Discontents)』(1962)이라는 그의 보수적인 심리학 고전 문서에서 사회가 집단의 선(good)을 위해 개인의 파괴적이고 이기적인 욕구들을 좌절시켜야 한다고 이른 것을 말한다. 장 이론은 이러한 관점 대신에 개인이 그 자신의 사회적·물리적 세상의 생태계 내에서 잘 자라는가를 본다. 건강한 개인적 만족은 그것으로부터 떨어트리려는 것이 아니라 집단성을 강화하려는 경향이 있다. 장 이론의 게슈탈트 치료 관점은 개인이 자기지지를 이끌어 내는 환경적 반응을 통해서 그것의 잠재력을 찾는 것이다. 개인이 방해받지 않으면 자신의 이익을 위해서 행동하고 사회의 선에 반한다는 프로이트의 보수적인 관점과는 달리, 장 이론적 관점은 개인이 자신의 진정한 잠재력을 달성할 때 사회를 향상시킨다는 낙관적인 견해를 유지한다.

여기서 장의 비전은 게슈탈트 집단치료를 위한 윤리적이고 심미적인 틀을 제공한다. 만약 넓은 장의 축소판이 전체 집단을 대표한다면, 각 집단 구성원의 성장은 개인에 대한 집단의 반응에 달려 있게 된다. 정반대로, 각 집단 구성원이 자신들의 잠재력과 연결될 때 집단은 강화된다. 장과 개인은 동일한 것이며, 각각의 발전을 위해 서로 의존한다. 생활 체계로서 집단의 풍부하고 복잡한 특성에 의해 각 구성원의 성장이 촉진되는 동안에 전체 집단은 그 구성원이 성장함으로써 점점 더 풍요로운 환경이 된다.

🌱 현상학

게슈탈트 치료 이론은 많은 이론적 실로 조직된 직물이다. 여기에 담긴 모든 이론은 내담자의 경험을 존중하는 인본주의적 가치와 심리치료에 대한 병리학적이지 않으며 수용적인 접근을 강조한다. 현상학은 실존주의 철학의 세계로부터 파생된 개념으로서이 직물 조직의 여러 실가닥 중 하나이고, 이 전체 직물을 함께 유지하고 있다. 현상학은 내담자와 치료자 모두의 생생한 경험에 관한 판단을 유보함으로써 치료자를 지지하는 방법이다(Husserl, in Welton, 1999; Spinelli, 2005). 내담자의 체화된 의식적 경험은 게슈탈트 치료자에게 깊은 가치가 있다. 치료자의 인과관계를 고려한진솔한 판단 또는 의미는 '괄호 안에 묶어(bracketed)' 한쪽으로 치워 두고 내담자의 경험을 설명하거나 변화시키거나 해석하기보다는 치료자의 주의를 내담자의 주관적 알아차림과 함께 있는 것을 지향하는 것으로 설명한다.

현상학적 장은 치료자와 내담자의 내적·주관적 알아차림 모두가 접촉해 '만나는 장소'이다. 집단 상황에서는 각자의 주관성을 지닌 모든 집단 구성원이 만나게 된다. 이 집단 구성원들의 만남은 그각각이 고유한 현상과 함께 게슈탈트 집단치료에서 치료자와 집단구성원을 위해 풍부한 환경을 만들어 내는 복잡성과 개방성을 갖는다. 치료자는 자신의 고유한 현상 가까이에 머물고, 자신의 경험에 주의를 기울이며 집단에 반응한다. 치료자로서 기본적인 태도는 집단의 체화된 경험에 깨어 있는 상태로 있는 것이다. 그것은 치료자가 집단에서 일어나는 모든 것에 열려 있다는 것으로서, 존재하기 이전의 어떤 표본을 따라 집단의 경험을 해석하는 태도를 지양하며, 집단 구성원들이 현상적으로 경험하는 것과 치료자 본인에게서 일어나는 것으로부터 즉각적으로 드러나는 의미에 관해 개방된 태도를 보이는 것이다.

　게슈탈트의 현상학적 방법은 집단의 단계와 역할에 관한 집단치료의 많은 이론에 변화를 불러일으킨다(Fairfield, 2004, 2009). 집단치료 이론가들은 혹시 발생할 수도 있는 집단의 다양한 발달 단계와 집단에서 펼쳐질 수도 있는 집단 구성원의 여러 역할에 관한 상세한 기술을 저술했다(Agazarian, 2004; Beck, 1981). 이러한 이론들이 가치 있게 여겨지는 동안에 게슈탈트의 현상학적 방법은 이러한 이론들을 부드럽게 다루는 것을 우리에게 상기시켰다.[1] 게슈탈트 집단치료자 수련은 특히 이와 관련해 도전적이다. 즉, 게슈탈트 집단치료자들은 다른 능숙한 집단치료자들이 하듯이 집단의 단계와 역할에 관한 이론을 읽으며 공부해야 하고, 집단 리더로서 일할 때 매우 부드럽게 그 이론들을 접목해야 한다. 집단치료의 집단 발달 이론에 의해 정보를 얻었지만 이 틀에 갇히지는 않았다. 즉, 게슈탈트 집단치료자는 지도는 영토가 아니라는 점을 명심해야 한다. 치료자는 현상학적인 장의 지금-여기 경험을 존중하며 안내하고, 미리 정해진 이론적 설명에 의존하기보다는 풍성한 수확물을 거두려는 집단의 생생한 경험과 함께 머무는 것을 고려해야 한다.

🪴 우리 지각의 구조

게슈탈트 치료는 인간 지각에 관한 구조적인 접근을 취하고 있다. 즉, 건강은 장의 의미 있는 지각과 질서정연한 구성을 위한 우리 능력과 관련이 있다는 견해이다. 더 나아가서, **자기**(self)는 장에 완전히 포함되어 있기 때문에, 우리가 구성하는 지각은 항상 우리 자신을 포함하게 하고 힘 있는 행동을 향해 가게 한다. 건강에 관한 이러한 접근은 독일의 신경학자인 쿠르트 골드슈타인(Kurt Goldstein)의 연구까지 거슬러 올라갈 수 있다. 1920년대에 프레더릭 펄스와 로라 펄스[그리고 집단 분석의 창시자인 폴크스(S. H. Foulkes) 또한]는 프랑크푸르트의 골드슈타인의 실험실에서 일했었다(Bocian, 2010). 유명한 신경과 전문의인 올리버 색스(Oliver Sacks)가 작성한 치료에 관한 골드슈타인의 접근은 다음과 같다.

> 의사의 기능은…… 개인의 질환에 관한 공명과 영향들에 관해 가능한 한 민감하고, 그 환자를 돕기 위해서 새로운 구성과 균형 상태를 이루는 것이다. …… 아픈 환자가 반드시 혼란의 시기를 넘어서 새로운 조직과 새로운 세계의 구성을 재건할 수 있을 때까지 부드럽게 이끌어 주어야 한다.

골드슈타인은 제1차 세계대전에서 뇌 손상을 입은 참전용사들과 일했고, 신경학적인 손상으로 인한 혼란 속에서도 유연하게 그들이 세상을 재구성하도록 도왔다. 그는 인간을 통합된 전체로서의 유기체로 연구했다. 그의 전체주의는 전체 유기체로부터 구분하거나 분리함으로써 조직의 부분들을 연구하는 경향을 지녔던 당시 대중적인 의학적 관점과 대조를 이루었다. 골드슈타인과 다른 게슈탈트 심리학자들은 지각(perception)이라는 주제에 매우 큰 흥미가 있었다. 그들은 특히 그것이 어떻게 사람들의 세상에 관한 지각을 구성(construct)하는지에 관심이 컸다. 골드슈타인은 뇌 손상의 고통이 있을 때 지각과 행동의 일관된 세계를 구성하기 위한 그들의 능력을 되돌리려고 애썼다.

게슈탈트 심리학자들은 예전부터 생각했듯이 지각이 수동적으로 일어나지 않는다는 점을 발견했다(Wheeler, 2013). 지각에 관한 오래된 연상주의 모델(Wundt, 1897)은 전체가 부분의 합보다 크다는 전체주의적인 게슈탈트 관점으로 바뀌었다. 게슈탈트 심리학의 핵심 중 하나는 인간 지각이 적극적으로 문제를 해결하고 의미를 만든다는 것이다. 한 예로, 게슈탈트 심리학자들은 우리가 들판에 하얀 나무 울타리를 지각할 때 첫 번째로 그것이 울타리라고 지각하고(인간이 의미를 부여한 대상), 이후에 각각의 울타리 부분을 구성하는 흰색 나무판자와 못을 지각하는 과정이 이어진다고 설명했다(Dreyfuss, 2007). 인간의 지각은 적극적으로 구성되고, 우리는 전체 형상의 지각을 능동적으로 창조하는 확실한 패턴의 규칙을 따른다. 예를 들어, [그림 1-1]에서 제시하는 폐쇄성(closure)의 규칙을 보면, 끊어진 선이 나타난 것에서 우리는 첫 번째로 상자를 보고, 나중에야 상자가 끊어진 선들로 만들어졌다는 것을 지각한다. 점들이 둥글게 놓인 그림에서 우리는 원을 먼저 보고, 그다음에야 이 원이 점들로 구성되었다는 것이 눈에 들어온다.

게슈탈트 치료는 게슈탈트 심리학의 지각적 연구를 통해서 우리의 정서적 장면과 관계 형성 의미에 관해 구성주의적 접근을 적용

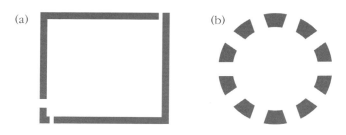

[그림 1-1] 전체의 지각

했다. 우리의 창조적 적응의 설정 방식들은 우리의 관계 경험과 그것의 의미를 통해 관점이 된다. 프리츠 펄스와 로라 펄스의 통합 중 핵심적인 부분은 정신분석의 혁명적인 심리학적 통찰을 가지고 게슈탈트 심리학에 대한 전체적이고 구성주의적이며 지각적인 심리학을 한데 모으는 것이었다. 게슈탈트 치료는 전통적인 것으로부터 구분되는 어떤 통합에서 생겨났다. 게슈탈트 심리학과 달리, 게슈탈트 치료는 지각의 이슈를 넘어서서 더욱 폭넓게 움직였고 내담자 삶의 핵심 정서를 다룬다. 전통적인 프로이트 학파와 달리, 게슈탈트 치료는 주로 정서적 핵심을 다루는데, 내담자가 어떻게 자신의 관계적·정서적 세계를 지금 여기에서 구성하는지를 살펴본다.

　게슈탈트 집단치료에서는 각 집단 구성원들이 집단에서 자신들의 지각을 능동적으로 창조하는 것을 이해하는 데 구성주의적인 접근이 기초가 된다. 일부 집단 구성원에게는 의식의 문턱을 겨우 넘긴 집단 사건들이 다른 몇몇 구성원에게는 매우 중요할 수 있고, 어떤 구성원들은 다른 집단 구성원들이 지각한 정서적 분위기와는 다소 거리가 먼 집단의 정서적 분위기를 지각할 수도 있다. 게슈탈트 접근 이후로, 모든 종류의 집단에서 무엇이 '실제로' 일어났는지 설명하는 것이 큰 도움이 되지 않는다는 점을 예측할 수 있다. 보기

에 따라서는 각 개인의 지각이 자신의 지각적 세계를 구축하는 본인들에게는 진실이다. [2]

이러한 이해는 게슈탈트 집단치료 리더에게 광범위한 영향을 미친다. 즉, 리더를 '설명가' 또는 '해석가'에서 '경청자'라는 역할로 좀 더 끌어오게 된다. 이는 집단 경험에 관한 각 구성원의 지각적 해석의 미묘한 다양성과 무한성 때문에 리더를 점점 집단에 매혹시킨다. 그리고 집단 리더가 기록을 정정하는 부담을 감소시키고 다른 사람의 경험에 대해 해석하기보다는 서로 다른 관점들이 접촉할 수 있도록 개입하게 한다.

의미의 다른 구조가 어떻게 나타나는지 우리의 집단 수련 중 한 장면을 예로 들어 보겠다. 집단 구성원들이 삶에서 기회를 놓친 경험에 관해 나누던 중이었다. 한 집단 구성원의 의학 연구는 허리케인 카트리나로 인해 되돌릴 수 없을 정도로 파괴되어서 중단되었다. 다른 집단 구성원은 무용가로서의 촉망된 미래를 포기해야만 했던 사실을 말하며 어찌할 바를 모를 정도로 비통해했다. 다른 집단 구성원은 질병으로 인해 심리치료사로서 어렵게 얻은 성공을 중단할 수밖에 없었다고 이야기했다. 상실과 후회하는 감정이 동반되는 것과 관련해 집단 구성원 사이에 두 가지 뚜렷한 관점이 형성되는 것 같았다. 이러한 후회에 관한 하나의 하위 의미 구조는 원래 꿈을 향해 계속해 나갈 수 있다는 기본적인 메시지를 담으면서 '그것을 하기에는 결코 늦은 시기란 없다.'는 것이다. 다른 한쪽은 삶이 당신에게 무엇을 주든지 포용하고 슬픔을 받아들이며 삶의 한 부분으로서 후회를 수용하는 것이 최선이라는 관점이었다. 집단 리더로서 이 실존적 어려움에 관한 '진실한' 답을 찾는 것은 필요하지 않았다. 우리의 게슈탈트 집단치료는 하나의 진실을 찾거나 최고의 구조 또는 이야기를 추구하기보다는 집단에서 형성되는 집단에 관한 의미와 지각의 다양한 구조물에 대해 되돌아보며 서로를 지지한다.

🌱 창조적 적응, 고정된 게슈탈트, 고정된 관계적 게슈탈트, 알아차림 그리고 접촉

펄스, 헤퍼린, 굿맨(Perls, Hefferline, & Goodman, [1951] 1994, p. 7)은 "심리학은 창조적 적응을 연구한다."라고 언급했다. 부모에 의해 아동이 그 자신의 본성과 욕구에 대한 조율에 오류가 생겼을 때, 아동은 대처하기 위해 자연스럽게 어떤 창조적 적응을 한다. 예를 들어, 파트리샤(Patricia)라는 내담자는 매우 크고 유명한 성공회 가문 출신이다. 겉으로 보기에는 모든 것이 '완벽'하게 보였지만, 어머니의 음주 문제와 아버지의 늦은 퇴근 등으로 인해 파트리샤의 내면과 그녀의 자매들은 방치되어 있었다. 아동기 때 파트리샤의 창조적 적응의 주요 요소는 내적으로는 정서적 방임을 계속 느꼈지만, 겉으로 보기에는 모든 것이 완벽해 보이도록 유지하며 고통을 숨기는 것이었다. 이것은 어린 시절 그녀의 상황을 고려할 때 매우 순응적이고 창조적인 적응이었다. 그녀는 완벽한 딸로서 역할을 했고, 부모에게 사랑을 받기 위해서 가정에서 결코 문제가 될 행동을 하지 않았다. 그러나 내면의 진실한 감정들을 숨기고 완벽해 보이려는 유년 시절의 창조적인 적응 방식은 성인기가 되어서 그녀의 낮은 자존감과 우울, 진실한 감정을 덮는 심각한 수준의 완벽주의적인 허세를 유지하려는 고정된 게슈탈트로 굳어졌다.

고정된 게슈탈트

아동기에 우리가 형성한 창조적 적응 방식들(특히 외상적인 환경에 대처하기 위해 유지되었던 창조적 적응 방식들)은 성인기가 되어 현재 대처 방식과 더불어 지금 상황에서 더는 긍정적으로 작용하지 않을 때 부적응적으로 나타날 수 있다. 오래된 창조적 적응은 매우 빠르게 현재의 고정된 게슈탈트(fixed gestalts)가 될 수 있다. 즉, 지각과 행동 방식들은 우리의 알아차림의 배경에서 기능하고 우리 자신과 세계의 경험을 구조화한다.

예를 들어, 핼(Hal)은 어릴 때 그의 아버지로부터 신체적 학대를 당했고 과민해지는 방식으로 유년기에 창조적으로 적응했다. 그는 아버지가 예고 없이 때릴까 봐 항상 예의주시했다. 핼의 과민성을 유지하는 창조적 적응 방식은 가끔 그를 아버지의 공격으로부터 피할 수 있게 하는 데 도움이 되었다. 그러나 핼이 나에게 치료를 받으러 왔을 때, 그의 과민성은 습관이 되었고 고정된 게슈탈트로 자리 잡혀 있었다. 이러한 특성은 그가 다른 남성을 두려워하게하는 소심함으로 발전했다. 장기간 지속한 남성 집단치료에서, 핼은 집단의 다른 남성 참가자들과 함께 새로운 실험을 해 보았다. 그는 천천히 다른 남성과 함께 그의 목소리를 내는 것을 배웠고 진실을 말했으며, 그들로부터 돌봄을 받으며 함께하는 경험을 할 때 그의 과민성을 놓아줄 수 있었다.

고정된 관계적 게슈탈트: 애착, 흥분, 수치심

어린 시절에 놀이를 할 때 경험한 조율과 조율의 오류 패턴은 개인의 현재 삶에 강력한 영향을 미친다. 가정 내에서 사랑을 추구하는 우리의 아동기 때 방식은 이후 우리의 관계를 이끄는 애착 방식의 기원이 된다. 각 집단 구성원들은 독특한 애착 방식을 발달시켰다. 이와 매우 밀접하게 관련 있는 것이 각 구성원들이 흥분과 매력을 다루는 방식이다. 게슈탈트 집단치료자는 안전한, 회피적인, 양가적인, 혼란형의 애착 유형을 발달시킬 수 있기 때문에 애착 이론과 애착 유형을 공부하는 것은 매우 유익할 수 있다. 우리는 애착 유형에 대한 논의와 관련해 성격 유형, 집단의 단계와 집단의 역할에서 논의한 것과 동일한 절차를 제시한다. 즉, **지도는 영토가 아니다**. 게슈탈트 집단치료자이기는 하지만 현대의 애착 이론을 배우고, 항상 집단 구성원과 리더의 현상학적 경험을 지지하기 위한 기능과 배경으로서 게슈탈트 치료 이론을 가지고 있어야 한다. 게슈탈트 집단치료는 애착이 대인관계의 연결과 알아차림, 연민 등의 경험을 불어넣게 하는 집단 과정의 지금 여기에서 매력, 흥분, 애정 추구를 따라 일어나기 때문에 집단 구성원이 자신의 독특한 애착 유형의 알아차림을 향상시키는 데 뛰어난 환경이다.

　수치심은 집단 구성원에게 자주 흥분, 애정 추구, 애착을 어렵게 하는 매개체이다. 이 수치심은 구성원들이 다른 사람과 연결되면서 종종 집단 구성원의 알아차림 밖에 있다(Aledort, 2009; Lee, 1996; Wheeler, 2013). 우리는 집단 구성원들에게 이전에 자리 잡힌 흥분, 매력, 애착에 대한 대처 방식이 **고정된 관계적 게슈탈트**(fixed relational gestalts)로 자각하지 못한 수치심에 의해 중개된다는 점을 주목한다. 이러한 고정된 관계적 게슈탈트는 양육 환경에서 조율 오류에 대해 창조적 적응이었던 최초의 상황에서 형성되었다. 집단 구성원의 고정된 관계적 게슈탈트는 구성원들 간 관계 그리고 구성원과 리더와의 관계에서 종종 일어날 것이다. 왜냐하면 수치심은 종종 집단 구성원의 알아차림 수준 밖에 있고 그들의 흥분과 개방에 대해 아직 자유롭지 않기 때문이다. 집단 내에서 애착이 커지는 것이 어려움의 근원과 탐색 및 성장을 위한 비옥한 토지가 될 수 있다.

　명확하고 안전한 성적인 경계는 이 탐험을 위한 중요한 전제 조건이다. 성적인 감정을 표현하면서도 행동으로 옮기지 않는 안전한 공간에서 집단 구성원들이 그들의 매력을 탐색할 수 있다는 명료함은 개방성과 이해심을 지니고 그 매력에 부응하는 다른 집단 구성원 또는 집단 리더에게 자유롭게 매력을 표현할 수 있게 한다.

　　　클레어(Claire)는 30세의 집단 구성원으로, 그녀가 어릴 때 아버지가 가족을 버렸다. 클레어가 가족에게 사랑으로 헌신하는 동안에 클레어의 어머니는 자주 우울함, 외로움과 싸우며 압도되었다. 클레어는 우리(피터와 데이지)가 이끄는 장기 게슈탈트 집단치료에 참여했는데, 우리는 클레어가 거의 항상 다른 집단 구성원이나 데이지에게는 직접적으로 의사소통을 했지만, 피터에게는 결코 단 한 번도 그러지 않았다는 점을 알아챘다.

　다음의 발췌에서 클레어는 사회복지 석사 학위 과정 공부를 위해 학교로 돌아가던 것에 관해 이야기하고 있다.

　피터: 클레어, 사회복지학은 제 분야예요. 당신이 사회복지학 석
　　　　사 학위 과정에 들어가는 것을 고려하는 게 매우 기쁘네요.
　클레어: 고마워요, 피터. 하지만 전 당신이 제게 관심이 있는지

모르겠어요.

피터: 그 말을 들으니 슬프네요, 클레어. 하지만 제게 그 말을 해
　　　줘서 기뻐요. 네. 저는 당신한테, 삶에서 당신이 선택한 것
　　　에 대해 매우 관심이 있어요.

클레어: 저한테 와닿지는 않네요.

피터: 좋아요. 그래요. 그걸 얘기해 주어서 기뻐요. 저도 가끔 비
　　　슷한 걸 느껴요. 당신이 저를 보지 않거나 집단에서 저한
　　　테는 이야기하지 않는 거요.

클레어: 전 제가 그다지 흥미로운 집단 구성원이라고 생각하지
　　　　않아요. 제 인생은 지루해요.

피터: 당신이 나누어 준 이야기를 들으니 슬프네요. 클레어, 하지
　　　만 동시에 우리를 위한 새로운 출발이라는 느낌이 들어요.
　　　저는 당신한테 정말 관심이 있어요. 당신이 학교로 돌아가
　　　는 것에 관해 생각하는 것이 훌륭하다고 생각해요. 그리고
　　　저는 당신이 사회복지에 대해 생각하는 것이 좋아요.

클레어: 고마워요. 저는 남자한테 이렇게 격려받아 본 적이 예전
　　　　에 한 번도 없었어요. 새로운 느낌이에요.

피터: 바로 지금 이 순간 어떤 느낌이에요?

클레어: 좋아요. 무서워요.

피터: 좋아요. 전 아마도 우리가 좋은 시작을 했다고 봐요. 집단
　　　에서 서로 연결되는 것에 좀 더 주의를 기울여 봐요.

클레어: 좋은 생각이에요.

이 사례에서, 우리는 클레어의 고정된 관계적 게슈탈트를 중개하
는 수치심에 대한 작업의 시작을 본다. 그녀는 다른 집단 구성원보

다 남성 리더에게 적은 관심을 나타낸다. 이 고정된 관계적 게슈탈트는 격려와 멘토링을 수용하는 그녀의 능력을 방해했다. 집단 리더와의 새로운 접촉으로 관계에서 창조적 적응의 과정이 시작되고 강력해지며, 그녀는 고정된 관계적 게슈탈트를 꺼내 보기 시작한다. 시간이 지나면서 피터와 클레어는 이러한 접촉의 방식을 지속했고, 클레어는 그녀의 발전에 대한 피터의 관심을 기꺼이 즐겼다.

알아차림

어떤 창조적 적응도 그것의 알아차림에 대한 지지가 적으면 고정된 게슈탈트가 될 수 있다. 고정된 게슈탈트가 한곳에 고착되고 영원히 제한적이거나 우리의 실제를 방해하는 등 자각하지 못한 채 남아 있는 한, 알아차림(awareness)은 고정된 게슈탈트를 다루는 데 핵심적이다. 게슈탈트 집단치료의 방법론은 특히 우리의 관계를 보여 줌으로써 고정된 게슈탈트를 알아차리기 위한 지지를 끌어오게 되어 있다. 이 알아차림으로 우리는 아주 오래전 우리가 어릴 때 발견한 최선의 방법이 아니라 오늘 주어진 현재 상황에서 도전과 기회에 초점을 맞추어 우리의 지각을 통해 창조적 적응의 과정을 어떻게 되돌릴 수 있는지 배운다.

우리의 오래되고 고정된 게슈탈트에 대한 알아차림은 지각, 행동, 적응의 시대에 뒤떨어진 방식으로부터 우리가 자유로워지도록 돕는다. 고정된 게슈탈트를 알아차리면 우리는 지금 세상에 존재하는 새로운 방식을 선택할 가능성을 갖는다. 오래된 고정된 게슈탈트를 놓아주고 새로운 경험을 포용하는 것은 게슈탈트 집단 구성원에게 일반적으로 상당히 어려운 일이다. 변화는 기본적으로

집단 과정의 지금 여기에서 다른 집단 구성원과 접촉하는 경험을
통해 이루어진다. 그것은 인지적, 정서적, 신체적, 관계적 측면에
서 일어난다.

접촉

접촉(contact)은 완전히 연결되는 유동적이고 체화된 과정이다.
우리는 타인, 일상의 다양한 것들 그리고 심지어 우리가 자각할 수
있는 우리 자신의 측면들과 만날 수 있다. 그러나 흔히 게슈탈트 치
료자들은 한 사람이 다른 사람과 연결되는 인생 경험에 대해서만
접촉의 개념을 기술하곤 한다. 우리의 관계에서 질 좋은 접촉을 만
드는 것은 우리의 공감, 연민, 진실함을 부르는 타인에 대한 나–너
관계 능력을 포함한다. 접촉은 단지 정신적인 차원의 경험일 뿐만
아니라 신체적인 측면도 포함한다. 이것은 접촉이 신체적인 터치
를 반드시 필요로 한다는 뜻이 아니다. 그러나 타인에 대한 우리 신
체의 반응과 우리에 대한 타인의 신체적 반응에 대한 개방성이 포
함된다. 접촉은 모든 감각을 포함한다. 그것은 사람과 사람 사이의
체화된 연결이다.

우리가 의식하고 다른 사람과 함께 있을 때, 자기 자신과 타인에
게 모두 주의를 기울이며 경청할 때, 우리는 '질 좋은 접촉'을 만든
다. 반대로, 우리가 고정된 게슈탈트에 고착되어 있고 창조적 적응
의 흐름 밖에 있게 되면, 우리는 빈약한 수준의 접촉을 만들게 된
다. 게슈탈트 집단치료의 궁극적인 목표는 구성원들의 고정된 게
슈탈트를 알아차림으로써 새롭고 보다 충만한 방법으로 관계하는
경험을 통해 질 좋은 접촉을 만들어 갈 수 있도록 지지하는 것이다.

🌿 전경 형성과 경험 주기

전경(figure)과 배경(ground) 사이의 관계는 게슈탈트 치료의 개념적 틀에 기초한다. 전경은 우리 경험에서 눈에 띄게 앞에 드러나 있는 것이고, 배경은 배후에 있는 것이다. 어떤 순간이든 거기에는 경험의 무한함이 있고 어떤 하나를 생각할 수 있도록 초점을 둘 수 있다. 한 예로, 이 순간 나의 많은 경험 중 잠재적으로 지금 여기에서 나에게 전경으로 떠오를 수 있는 경험 하나를 적어 보겠다.

> 내가 이것을 적고 있는 바로 지금, 나는 비행기에 앉아 회의에 가고 있다. 나는 헤드폰을 쓰고 베토벤(Beethoven)의 9번 교향곡을 듣고 있다. 시간이 지날수록 음악에 동요되고 눈을 감기로 선택하며 온전히 나를 베토벤에게 맡길 수 있었다. 나의 아내이자 공동 저자인 데이지가 왼편에 앉아 있고, 그녀의 아이폰이 잘 작동되지 않아서 나는 잠깐 그녀를 돕고, 우리 관계에서 확실한 정서적 주제의 암시를 느끼며 깊은 토론을 우리 사이에 전경으로 끌어온다. 우리 앞에 활발히 대화를 시작하는 다른 인종으로 보이는 젊은 남녀가 앉아 있다. 나는 새로운 사랑이 시작되는지 궁금해한다! 그들의 대화는 달콤하고, 나는 누가 누구에게 사랑에 빠졌는지에 대해 궁금해하는 나 자신을 발견한다!

이러한 가능성(그리고 셀 수 없이 더 많은 가능성)이 있다는 사실에도 불구하고 바로 이 순간 나는 이 단어들을 적는 데 주의를 기울이고 있다. 글을 쓰는 것이 이 순간 나에게 전경(figural)으로 떠오른다.

나의 알아차림의 배경(background)에 다른 사건들이 남아 있다. 게
슈탈트 치료에서는 이 전경과 배경의 관계를 필수적으로 보며, 전경
과 배경은 우리의 지각뿐만 아니라 우리의 정서적 삶에 쓰인다. 예
를 들어 보겠다.

> 며칠 전, 나의 사촌이 오랫동안 암으로 투병하다 사망했다. 나는
> 그녀를 잃어서 매우 슬펐고, 만약 내가 슬픔에 빠졌다면 매우 쉽게 그
> 것이 나의 전면에 드러나는 전경이 되었을 것이다. 또한 배경 속에서
> 내 딸의 삶에 일어난 어떤 긍정적 발전에 대해 흥분을 느꼈다. 덧붙여
> 서, 배경에는 나 자신의 심리치료에서 한참 뒤에 다루어 왔던 원가족
> 과 관련된 주제가 있는데, 이는 매우 복잡한 비탄과 불안의 감정을 불
> 러일으켰다.

이러한 정서적 잠류는 모두 내가 다른 사람으로부터 충분히 지
지를 받고 충분한 자기지지를 줄 때 나의 전경으로 드러날 수 있고
드러난다. 이 순간 나에게 형상화되는 감정은 이러한 글쓰기 경험
이다. 독자인 당신과 소통하고 싶은 욕구가 일어나고, 내게 매우 강
력한 도움이 되는 이 생각들은 내가 집단치료자로서 당신의 일을
더 잘 이해할 수 있게 돕고 싶다는 마음을 갖게 한다.

🪴 경험 주기와 행동의 중요성

우리 의식의 배경으로부터 무엇이 드러나고 우리에게 전경이 되
는지는 흔히 우리의 필요(need)와 관계된다. 이와 관련한 확실한 하

나의 예로, 요리할 때 나는 음식 냄새는 배고픈 사람에게는 매우 크게 전경으로 형상화되는 반면, 배가 불러 만족한 사람에게는 이것이 의식의 배경에 있고 눈에 띄지 않는 일이 될 것이다. 이와 관련해 좀 더 미묘한 예로는 내가 사랑하는 사람의 죽음에 대해 애도가 필요할 때이다. 배경으로 제임스 테일러(James Taylor)의 슬픈 노래를 은은하게 틀어 놓았는데 갑자기 소리가 강하고 아름답게 들린다면, 그것이 전경으로 형상화된 것이다. 그 노래가 나의 사랑하는 이의 죽음에 대한 애도라는 미해결 과제에 주목하게 한 것이다.

　조셉 징커 박사(1977, 1998)는 우리에게 전경이 형성되는 것과 우리가 세상에서 취하는 행동 사이에서 건강한 흐름의 지도에 관한 **경험 주기**(cycle of experience)를 소개했다. 나는 여기에 징커의 단어와 개념을 살짝 변형해 소개하겠다.

　　　감각 → 알아차림 → 에너지 동원 → 접촉 → 새로운 균형

　한 집단 리더십의 예를 다음과 같이 들어 보겠다.

　감각: 데이지와 나는 한 집단치료를 이끌었고, 나는 집단에서 내가 말할 때마다 계속 정정하려고 하는 토니(Tony)에게 짜증스러운 감정을 느꼈다. 나는 그가 나를 방해할 때 화/아드레날린이 상승하는 감각(sense)이 있었고, 이를 주목하고 그에게 말했다.

　알아차림 → 에너지 동원: 토니와 나 사이에 갈등이 형성되었다. 내가 이러한 느낌을 가지고 앉아 있을 때 집단 내 우리의 관계에서 무언가가 일어나고 있다는 것을 알아차리기 시작했다. 하지만 나는 그게 무엇인지 확실하지 않았다. 나는 동료 자문집단에 이 상황을

가져가는 데 나의 에너지를 동원했다. 그리고 그들의 지지로 새로운 알아차림을 얻으면서 토니와 나 사이에 무엇이 진행되는지 깨달았다. 동료 자문집단에서 나는 집단 내에서 나의 권위에 도전을 받는다고 느낄 때 올라오는 화를 탐색했다. 그들은 내 취약함에 대한 분노 이면을 들여다보도록 나를 도와주었다. 그것은 나의 슬기롭지 못했던 아버지에 의해 형성된, 보이지 않았던 오래된 게슈탈트와 아버지로부터 배우지 못했던 남자다움에 대한 것이었다. 이것은 특히 내가 지도력을 발휘해야 할 때 도전받는 것을 별로 좋아하지 않는 권위와 통제의 필요성을 촉발시켰다. 더불어, 나는 집단 내에서 토니의 주제, 특히 그의 아버지가 능력이 부족하고 약했으며 토니가 그의 아버지에 대해 매우 불안하고 화가 난 느낌에 관한 통찰도 얻었다.

접촉: 다음 집단치료 회기에서 토니가 나를 방해했을 때, 나는 그를 접촉해 만날 수 있었다. 나는 오래된 게슈탈트를 알아차릴 수 있었기 때문에 화가 나거나 위협받지 않았다. 게다가 그에게 지금 우리 사이에서 그리고 그 자신에게 무엇이 일어나고 있는지 탐색을 권유하는 동안, 이것이 나에게 무엇을 불러일으키는지에 대해서 토니에게 말할 기회가 온 것이 반가웠다. 이 접촉을 통해 깊이 있는 작업의 한 부분이 발전되었다.

새로운 균형: 지금 토니, 집단, 나는 우리 모두의 성장으로부터 하나의 새로운 경험을 했다. 토니와 나의 갈등인 오래된 전경은 지금 해결되었다. 우리는 새로운 균형 상태를 이루었다. 이 새로운 지점으로부터 새로운 전경이 형성되고 새로운 행동과 새로운 접촉이 이끌어진다.

경험 주기는 게슈탈트 치료의 장 지향으로부터 흐른다. 경험 주기는 어떻게 개인이 장의 맥락 내에서 알아차림과 접촉하는 행동을 통해 장 내의 자기를 창조적으로 적응시키는지 이해하기 위한 작업 모델이다. 그것은 자기 역량 강화의 모델이면서 자기−사회 격차(self-social disparity)보다는 게슈탈트의 뿌리인 진보적 정신분석에 공감하는 자기−사회 통합(self-social unity)을 위한 사회적 행동 모델이다(Lichtenberg, 2013). 건강한 상태에서 자신의 잠재력을 발휘할 수 있는 개인은 장의 전반적인 풍요로움을 더할 것이다.

　게슈탈트 집단치료 리더로서 경험 주기는 앞서 토니와의 한 예에서 논의했듯이 하나의 개입 모델로서 제공될 수 있고, 집단 구성원들을 위한 역량 강화 모델로서도 제공될 수 있다. 우리는 집단 구성원들에게 그들의 삶에서 상황에 대한 자신들의 반응이 자신에게 어떻게 욕구를 충족시켜 나가는지에 관한 소중한 정보를 제공한다는 것을 가르친다. 짧은 예로, 테일러(Taylor)는 집단에서 아버지와의 시간이 더 필요하다고 이야기했다. 그러나 그녀의 이런 감정은 질투심에 찬 새어머니에 의해서 매우 방해받고 있었다. 그녀가 아버지와 접촉할 때 견고하고 강하게 느껴지는 감각은 아버지와의 시간이 더 많이 필요하지만 새어머니에 의해 방해받는다는 **알아차림**으로 이끌었다. 테일러는 그녀의 **에너지를 동원**하고 아버지에게 다가갈 때 일어나는 그녀의 저항을 극복했다. 이것은 그녀가 아버지와 함께 시간을 더 보내고 싶은 욕구를 확고히 하면서 새로운 **접촉**을 끌어냈다. 테일러는 새어머니에게서 떨어져 아버지와 격주로 카페에서 만나 운동을 하기로 약속했다. 테일러, 그녀의 아버지, 그녀의 새어머니는 테일러의 욕구에 주목하면서 **새로운 균형**에 도달했다.

🌿 경계와 경계 혼란

앞의 예에서처럼, 우리는 테일러가 그녀의 아버지와 새어머니 사이 관계에서 어떻게 경계를 재측정하고 싶어 하는지를 보았다. 그녀는 아버지와는 가까워지고 싶었고 새어머니로부터는 좀 더 멀어지고 싶었다. 건강한 경계는 내담자들이 잘 지내기 위해 필수적이다. 게슈탈트 치료적 접근에서 경계는 우리를 다시 장 지향적인 태도로 안내한다. 우리 개개인은 장 내에 포함되어 있다. 우리는 장의 창조물이다. 동시에 우리는 아직 정해진 경계 안에 존재한다. 만약 구분되지 않은 장 내에 존재한다면, 어떤 면에서 우리는 개인으로서 존재하는 것을 멈출 것이고, 경계 없이 우리는 아예 존재하지 않을 것이다.

경계에 관해 생각해 보면, 어머니는 아기를 위해 주의를 기울이면서 자신의 신체와 아기를 돌보며 위험으로부터 아기를 보호한다. 그녀가 제공하는 보호 경계가 없다면, 어린아이는 분명 죽을 것이다. 보호 경계 없이 만약 장이 구분되지 않는다면, 어떤 아이도 잘 자랄 수 없다.

그렇다면 우리는 '어떻게 게슈탈트 치료에서 건강한 상태의 경계라는 영역과 좋지 못한 건강 상태의 경계가 방해받는가?' '우리는 어떻게 삶의 공간을 확장시켜 장 내에서 우리의 존재를 구분하는가?'와 같은 질문을 해 볼 수 있다. 경계는 다음의 독특한 세 가지 유형으로 광범위하게 이해될 수 있다.

• 융합(confluence)

- 고립(isolation)
- 접촉(contact)

융합은 구분되지 않은 경계와 관련이 있다. 두 개의 강줄기가 어느 지점에서는 섞여 하나가 되듯이, 사람도 개개인의 정체성을 잃고 휘말릴 수 있다. 융합은 우리 고유의 관점을 잃고 다른 사람과 섞이는 것을 알아차리지 못할 때 문제가 될 수 있다. 융합의 전형적인 예로는 배우자의 중독에 관한 자신의 고유한 관점을 잃은 알코올 중독 환자의 의존적 배우자이다.

고립은 사람 사이의 관계가 매우 적거나 아예 없는 상태와 관련된다. 고립은 소외와 단절로 묘사된다. 고립은 우리가 대인관계 연결에서 얻는 자극이나 애정 어린 돌봄이 필요하지만, 이 연결을 추구하기 위한 지지가 결핍될 때 문제가 된다. 고립의 한 예로, 매우 성공적인 경영인이 암을 진단받음으로써 일에서 물러나야 했을 때, 지원을 요청하는 데 익숙하지 않았던 그는 매우 고립되었다.

접촉은 연결과 자율성 간의 건강한 균형을 함축하는 경계 유형이다. 접촉은 우리 자신의 내적 세계와 대인관계 세계 사이에서 오가는 흐름이다. 앞에 언급한 경영인은 전형적으로 힘 있고 강하며 권한이 있는 위치로부터 타인과의 접촉을 만들었다. 집단에서 그는 자신의 자원과 취약성, 그리고 타인에 대한 인류애를 어떻게 활용해 접촉을 만들어 가는지를 배웠다. 그것을 배우는 것은 그를 매우 풍요롭게 했다.

투사(projection)는 자신의 내면에서 아직 통합되지 않은 부분을 타인에게서 보는 경계 혼란이다. 게슈탈트 집단치료에서 우리는 투사를 자주 맞닥뜨린다. 투사는 한 집단 구성원이 다른 집단 구성원에게 특히 강하게 반응을 보일 때 종종 작용한다. 우리 집단에서의 한 예를 들어 보면, 메리(Mary)는 엘렌(Ellen)에 대해 싫어하는 마음이 강해지고 있었다. 메리는 엘렌이 집단의 시간과 지지를 지나치게 많이 차지하는 것을 발견했다. 엘렌이 가끔 집단의 시간을 집중적으로 사용하는 것을 맞닥뜨릴 때, 메리는 엘렌에게 강한 부정적 감정을 투사했고 엘렌이 사용하는 집단의 시간이 매우 부적절하다고 판단했다. 한편, 다른 집단 구성원들은 엘렌이 시간을 지나치게 많이 사용할 때 약간 짜증이 나는 경향이 있었지만 큰 문제로 삼지는 않았다.

이윽고 메리는 엘렌이 정말 원하는 지지를 그녀에게 보이는 노력이 불가능하다는 것을 알게 되었다. 메리는 좀 더 집단의 시간을 원했고, 그것에 대한 자기지지를 바랐다. 엘렌이 집단의 시간을 사용했을 때, 메리는 자신의 부모가 여동생에게만 관심을 기울이고 자신은 무시했던 가족에게서 비롯된 오래된 감정을 촉발시켰다. 메리는 자기 여동생을 향한 분노를 엘렌에게 투사했고, 집단으로부터 관심을 받고 싶은 욕구도 단절했다. 집단에서 풀어내는 자신의 투사는 투사되고 있는 사람과 투사된 감정을 재소유하는 과정을 목격하는 사람에게 강력해질 수 있다. 메리는 천천히 엘렌을 향한 그녀의 투사를 재소유하는 과정을 만들었다. 동시에 그녀는 집단 시간을 위해 좀 더 노력했다. 게슈탈트 집단치료에서 집단 구성원이 그들을 투사할 때 그들의 보이지 않았던 측면들이 통합되고 다른 집단 구성원을 향한 투사는 멈춘다.

🌿 반전

　반전(retroflection)은 우리 자신에게 자신의 공격성을 되돌려줄 때 일어난다. 영화 〈맨하탄(Manhattan)〉(1979)에서 우디 앨런(Woody Allen)의 캐릭터는 "나는 분노를 표현할 수 없다. …… 나는 대신에 종양을 키우고 있다."라고 혼잣말을 하는데, 이것이 반전이다! 반전은 집단 구성원이 우울감, 낮은 자존감, 수동성 또는 수동–공격적인 행동들을 드러낼 때 있을 수 있다. 반전과 함께, 건강한 상태에서 행동의 변화를 위한 에너지 동원은 나쁜 상황에서는 자기 자신에게 향하게 방향이 바뀐다. 분노의 유턴이다. 반전의 전형적인 사례는 학대 피해로서, 학대를 견디는 것이 지속되는 동안 자기혐오로 그들의 분노가 일어난다. 반전된 분노를 무효로 만드는 것은 게슈탈트 집단치료에서 목격할 수 있는 자유롭고 강력한 과정이다. 그것은 집단 구성원이 자기혐오의 굴레로부터 자신을 자유롭게 하고 새로운 권한을 부여하는 것을 목격하게 해, 집단 구성원들에게는 아주 흥미로울 수 있다.

　찰리(Charlie)는 술을 많이 마시고 취하면 폭언을 퍼붓는 여성과 결혼했었다. 그의 자기존중감은 낮았고 우울했다. 집단 구성원들은 집단 내 상호작용이 드러났을 때 그의 반전된 분노에 직면했다. 그리고 그녀가 그에게 못되게 굴 때 그의 아내에 대해 한계 짓기를 격려했다. 수년에 걸쳐 찰리는 자신을 위해 집단에서 좀 더 충분히 말하기 시작했고, 아내의 폭력적 행동에 대해서 좀 더 한계를 분명히 지어 가는 것을 배웠다.

🌱 대화

철학자 마틴 부버는 제2차 세계대전 이전 프랑크푸르트에서 로라 펄스의 스승이었다. 그녀는 부버에 대해 "그는 다른 어떤 심리학자나 정신분석가보다 나에게 많은 영향을 미쳤다."[3]라고 했다. 로라에게 부버의 '존중받는 사람(respected people)'은 매우 인상 깊었다. 게슈탈트 치료는 부버의 대화적 접근과 나-너 관계/나-그것 관계의 영향에 중심을 두고 있다. 다음에서 우리는 게슈탈트 집단치료에서 특히 매우 핵심적인 부버의 대화의 다양한 측면에 관해 탐색하겠다(Hycner, 1993; Yontef, 1993).

🌱 나-너/나-그것

부버([1923] 1970, p. 72)에게는 "모든 삶은 만남이다". 우리가 나-너(I-Thou) 관계의 태도로 다른 사람을 만날 때, 우리는 나 자신과 우리가 만나고 있는 다른 사람 모두에게 깊이 있게 자신을 개방한다. 나-너의 기본적인 견해를 유지할 때, 우리는 타인의 경험, 그들의 기쁨, 고통, 의식, 신체적ㆍ심미적ㆍ정신적 경험을 포함한 주관적 경험과 진짜처럼 만난다.

나-그것(I-It)의 기본적 태도는 사람들이 피상적인 수준에 머무는 것과 관련된다. 이 의미는 타인을 세상에 대한 그들 고유의 생생한 경험을 가진 사람으로서 보기보다는 대상으로 보는 것이다. 기본 단어인 **그것(It)**은 타인과 그 또는 그녀의 세계를 대상화한다. 이러한 입장은 타인과 함께하기보다는 타인을 이용하는 세상과 마주하는 만남의 한 종류를 대변한다. **4** 부버의 나-너 그리고 나-그것의 개념은 이것이 처음 발표된 1923년에 게슈탈트 치료에 큰 영향을 미쳤다. 게슈탈트 집단치료에서 나-너의 입장은 치료자가 집단 구성원을 존중하고 포괄적인 접근을 하게 한다. 그것은 치료자와 집단 구성원 간 동등한 관계 수준을 지향하며, 치료자가 다양성의 가치에 관심을 두고 각각의 집단 구성원의 경험과 현상의 존엄성을 중요시하는 것을 의미한다. 게슈탈트 집단치료는 집단 구성원이 그들의 관계에 대해 드러내고 피드백을 주고받으며 실험해 보는 기회를 가질 수 있어서, 인간관계에서 나-너 그리고 나-그것 관계를 배우기에 이상적인 환경이다.

🪴 사이

부버는 다음과 같이 말했다(1992, p. 39)

> '사이(between)'는 관습적으로 개인의 영혼이나 그것들을 포용하고 결정하는 보편적인 세상에서 인간 존재 간 관계를 더 이상 국한하지 않음으로써 획득되지만, 실제로 그들 사이에 있다. '사이'는 보조적인 구조물이 아니라 사람 사이에 무엇인가가 일어나는 실제 공간이며 전달자이다.

치료자는 내담자의 진단, 성별, 인종, 집단 내 역할 등에 근거해 내담자가 누구인지에 대해 가졌던 예상을 괄호 안에 두고 독특한 개인으로서 내담자에게 전념할 때 그 사이(between)로 들어갈 것이다. 치료자와 내담자는 '좁은 산등성이(narrow ridge)' 위에서 만나는데, 이곳은 온전히 고유한 한 인간 존재가 다른 고유한 인간 존재를 만나는 곳이다. 경험으로 가득 채워진 치료자와 내담자 모두 각자의 역사와 의미 체계를 가지고, 치료자의 의자에 앉은 개인은 내담자의 의자에 앉은 개인을 만난다. 치료자와 내담자는 만나고, 이 만남은 하나의 고유한 성격을 가진다. 집단 상황에 빗대어 보면, 개성이 있는 모든 집단 구성원의 만남은 각 집단에 고유의 향을 만들어 낸다. 한 집단의 향은 결코 반복될 수 없고 독특한 잠재력과 도전을 갖는다.

🌿 포함, 확인, 현전

포함(inclusion)이 타인을 온전히 받아들이는 태도라면, 확인(confirmation)은 대화 속에서 상대방에게 이 포함을 전달하고 상대를 깊이 확인하는 행동이다.

부버(1992, p. 78)는 이를 시적으로 표현했다.

경험하는 감각들과 감각 작업이 발견한 완성인 실제에 대한 상상은 전체로서 그리고 그 자신 그대로인 사람으로서 함께 작용해 독특한 존재로서의 다른 현재를 만들어 낸다. 그러나 말하는 사람은 이러한 방식으로 앞에 있는 사람을 인식하지 않는다. 그는 그를 자신의 파트너로서 인식하고, 이 의미는 그가 확인하는 한에서 다른 존재를 확실히 하는 것이다.

현전(presence)은 한 사람의 온전한 자기를 가져오는 태도이고, 대화에 대한 자신의 온전한 진실이다. 현전하는 것은 지금 이 순간 일어나는 자신의 진실한 생각과 감정을 기꺼이 위험을 무릅쓰고 앞으로 가져오는 것이다. 다시 부버로 돌아가서, 그는 이를 시적으로 뛰어나게 표현했다.

> 만약 진실한 대화가 일어나려면 거기에 있는 모든 사람이 참여해야
> 한다. 그것의 의미는 또한 대화 주제에 관해 그의 마음에 무엇이 실제로
> 있는지를 매번 기꺼이 말해야 한다는 의미이다. 그리고 그것은 앞으로
> 매번 자신의 배경을 바꾸거나 축소하지 않고 그의 정신에 기여한다는
> 의미이다. (ibid)

하지만 현전은 모든 것을 말할 수 있는 하나의 자격증을 주지 않는다. 부버는 자신의 진실한 내면에 도달하고, 그런 다음 타인과 진행 중인 대화를 확인하는 방식으로 자신의 진실을 말하기 위해 필요한 마음챙김을 아름답게 묘사했다.

> 모든 것은 '내가 할 말'의 타당성에 달려 있다. 물론 나는 속마음을 끌
> 어올리고, 이 순간 내가 아직 말로 나타내지는 않았지만 무슨 말을 하고
> 자 하는지에 전념해야 한다. 본성과 작업 모두 말하기 위해서는 무엇인
> 가 자라고 만들어져야 하며, 매우 신뢰할 만한 환경에서 대화체로 어딘
> 가 드러나 둘의 일치를 새롭게 실현해야 한다. (p. 79)

🌱 대화의 관리

게슈탈트 치료자로서 대화의 관리(stewardship of the dialogue)에 관해서는 두 가지 측면을 살펴볼 수 있다(Hycner, 1993). 대화적 관점 유지와 대화에 대한 전념이 그것이다.

- 대화적 관점 유지: 게슈탈트 치료자는 내담자가 '부버식' 대화에 관해 아무런 생각이 없거나 능력이 없을지라도 대화적 태도를 유지해야만 한다. 실제로 치료자가 대화적 태도를 취하기 위해서 내담자가 '대화'의 개념을 가질 필요는 없다. 그러나 치료자의 방어가 촉발되었을 때 대화적 관점을 유지하는 것이 하나의 도전이 될 수 있다.
- 대화에 대한 전념(Yontef, 1993): 게슈탈트 치료자는 접촉과 내담자에 대해 가질 수 있는 모든 주제에 관한 대화 그 자체에 보편적인 가치를 두고자 한다. 대화하는 경험은 치료자가 나눌 수 있는 어떤 조언만큼이나 내담자에게는 치료적인 요인이며, 치료자가 내담자의 주제에 애착을 갖는 것은 대화적 태도를 취하는 것에 불리할 수 있다. 치료자가 대화를 펼칠 때, 내담자는 관심 있는 이슈를 가져오기 위한 대화의 치유적 힘에 대해 확신한다.

대화라는 주제에 관한 마틴 부버의 마지막 인용을 제시한다 (1992, p. 79).

대화가 그 존재 자체로 충족되는 곳, 파트너 사이에 진실로 서로 의지하며, 주저함 없이 그 자신을 표현하고 겉치레에 욕심이 없으며, 어디에서도 찾아볼 수 없는 잊지 못할 공동의 결실이 있는…… 인간 간 그렇지 않으면 공개되지 않은 채 남아 있을 대화가 시작된다.

🪴 체화

대화를 맺기 위해서 다른 사람과 함께 나-너 연결을 체화한다. 그것은 단지 우리의 마음과 심장뿐만 아니라 우리의 신체까지도 타인을 향해 방향을 완전히 바꾸는 것이다. 내가 다른 사람 앞에 있을 때, 그들에 대해 아는 것의 대부분은 그들이 말했거나 내가 생각하는 어떤 단어와도 매우 적게 관련된다. 내가 아는 것의 대부분은 내 몸의 반응을 감지하는 것으로부터 아는 것이다. 어떻게 이 사람이 나의 감정을 만들어 낼까? 그와 함께 있을 때 나는 확장되는 것을 느끼는가? 작아지는 것을 느끼는가? 내 마음 안에서 무슨 일이 일어나는가? 내 생식기와 성적인 반응들에서 무슨 일이 일어나는가? 그와 함께 나는 무거워지는가, 가벼워지는가? 도망가고 싶은가, 폐소공포증을 느끼는가, 사로잡혀 있는가? 내 가슴이 두근거리며 화가 나는가? 내가 작고 하찮게 느껴지는가? 지쳐 있는가, 아니면 생동감이 느껴지는가? 죽은 기분인가? 우리 몸의 감각은 다른 사람과 연결될 때는 언제든지 우리에게 말하고 있다. 이러한 감각은 우리의 접촉을 만들어 가고 대화를 위한 우리 능력의 핵심 구성요소이다.

게슈탈트 치료는 자기와 타인에 대해서 우리 몸이 우리에게 무

슨 이야기를 하는지 알아차리고 있도록 우리를 지지한다. 신체 알
아차림은 게슈탈트 치료에서 마음과 신체 사이의 분열된 치유를 추
구하는 게슈탈트 치료의 근본적인 인식을 위한 전체주의의 핵심이
다. 신체 알아차림은 우리가 인지적으로 학습하는 것만큼 우리의
지능에도 이바지한다. 몸은 우리가 무엇 그리고 누구에게 매료되
는지에 대해서, 우리에게 필요한 사람에 대해서, 우리가 무엇을 원
하는지에 대해서 우리에게 많은 말을 한다. 우리의 몸은 우리 자신,
타인 그리고 우리가 직면하는 상황에 대해서 우리에게 알려 준다.

🌱 모든 사람의 삶은 소설 한 권의 가치가 있다

게슈탈트 치료는 각 내담자의 개인사, 그들의 이야기와 삶에 대
한 묘사에 매우 감사한 마음이 있다. 게슈탈트 치료자인 어빙 폴
스터(Erv Polster)는 프랑스의 소설가 귀스타브 플로베르(Gustave
Flaubert)의 "모든 사람의 삶은 소설 한 권의 가치가 있다."라는 문
장을 게슈탈트 치료가 내담자들의 이야기를 작업하는 많은 방법
을 설명하는 그의 사랑스러운 책 제목을 위해 빌려 왔다. 프리츠 펄
스(Fritz Perls)에게 수년 동안 수련을 받으며 폴스터는 어떻게 그가
"마치 사람들이 타임캡슐 여행을 온 것처럼 느끼며 생생하게 복원
된 초기 삶의 경험을 재연하도록 사람들을 이끄는 대가였는지" 논
의했다(Polster, 1987, p. 172). 폴스터는 '지금 여기'와 내담자의 역사
모두를 게슈탈트 접근에서 가치 있게 두는 것을 설명했다. 우리의
역사와 서술로부터 맥락과 의미가 얻어지는 동안에 삶의 에너지와
흐름이 지금 여기에 소속된다.

고정된 관계적 게슈탈트가 우리를 불가피하게 우리의 역사와 연결시키는 동안에 우리는 지금 여기에서 접촉한다. 게슈탈트 집단 치료에서 우리는 우리의 서사와 비밀, 크고 작은 이야기들을 나눌 때 생생하게 참여한다(Polster, 1987). 집단 구성원들은 다른 사람들의 삶에서 기록이 아닌 개개인의 삶의 이야기에서 살아 숨 쉬고 있는 중요한 인물을 알게 된다. 집단 구성원들의 이야기는 구성원으로서 알게 되고 타인의 이야기를 내재화함으로써 상호 연결되고 서로 섞여 짜인다. 이야기들은 집단 구성원들 사이에서 연결과 공감의 근원이 된다. 또한 이야기들은 그 속에 보편적인 인간 조건에서 우리에게 연결되는 많은 것이 있어서 각 집단 구성원에게 그들이 혼자가 아니라는 감각을 준다.

　물론 우리가 한 이야기를 회상하고 말할 때, 비록 우리가 회상하고 있는 그 사건이 과거에 일어났던 일이라고 할지라도 우리는 지금 여기에서 회상해서 말하고 있다. 회상은 통합, 치유 그리고 오래되고 고정된 게슈탈트를 놓아주기 위한 많은 가능성에 대해 개방적인 치료적 대화 안에서 지금 일어난다.

　　한 집단 구성원이 과거에 그녀가 아름답고 뛰어났을 때만 그녀의 아버지로부터 느꼈던 감정에 관해 이야기를 시작했다. 지금 여기에서 이 한 가지 이야기는 다른 한 가지를 이끌어 냈다. 그녀는 안경을 쓰는 것이 훨씬 더 편안하지만, 집단에서 항상 렌즈를 착용하고 있다는 것을 알아차렸다. 그녀는 자신이 가장 아름다울 때만 사랑받을 수 있다는 그녀의 고정된 게슈탈트가 지금 여기에서 반복되는 것을 알아차렸다. 집단 구성원들은 그녀가 안경을 쓰는 실험을 할 수 있도록 그녀를 격려했다. 그녀는 다음 주에 그렇게 행동했고, 완벽해야 하는 것이 아니라 실제 있는 그대로의 자신이 사랑받고 수용받는, 완전히 새로운 게슈탈트를 실험할 수 있게 도와준 집단 구성원들과 매우 기뻐했다.

🌱 변화의 역설적 이론

우리는 이 장을 '현재 있는 것'을 깊이 있고 충분히 수용할 때 진짜 마지막 기회가 될 수 있는 최선이 일어날 수 있다는 간단하지만 강력한 아이디어인 변화의 역설적 이론(paradoxical theory of change)과 함께 마무리 지으려고 한다. 자기수용과 현재 상황에 관한 현실적 평가는 변화의 역설적 이론을 위한 초석이다. 자기수용의 의미는 나 자신의 감정이 싫거나 탐탁하지 않더라도 어떤 판단도 없이 나의 현재 입장과 감정에 주의를 기울이는 것이다. 더불어, 그것은 나의 현재 상황이 모든 기회, 장애물, 어려움, 가능성 등으로 매우 복잡할지라도 최선을 다해 그것을 지각하는 것을 의미한다. 그것은 의지를 갖추고 행동하겠다는 것이 포함되기는 하지만 기본적으로 진짜 지속적인 변화를 위한 의지력을 뜻하는 것이 아니다. 대신에, 그것은 우리의 고정된 게슈탈트를 고착된 곳으로부터 이완시키는 것이다. 이는 우리 삶의 흐름을 돌려주는 것을 허용한다. 변화를 위한 에너지는 삶 자체가 역동적이기 때문에 이미 현재에 있다. 삶은 우리가 추구하는 변화를 위한 에너지를 제공할 수 있는 거센 흐름이 함께하는 강과 같다. 지속적인 변화의 길은 강을 밀어젖히는 것이 아니라 그 자체로 흐르도록 두는 것이다. 그러면 강을 밀어젖히는 것보다 삶이라는 큰 강에서 우리의 배를 조종하는 훨씬 많은 변화가 일어난다(Stevens, 1970).

　게슈탈트 치료에서 변화의 역설적 이론을 처음으로 발달시킨 정신건강의학과 의사 아놀드 바이서 박사(Dr. Arnold Beisser)는 프로 테니스 선수였고 외과 의사였으나 30대에 소아마비를 앓았다. 신체적으로나 운동적으로 매우 뛰어난 사람이었으나 마비가 되었고, 단지 숨을 쉬기 위해서 인공호흡 장치가 필요해졌다. 바이서는 정신의학과 수련을 다시 받고 캘리포니아의 정신건강 체계에서 인정하는 정신건강의학과 의사가 되었다. 바이서가 국립 정신병원에서 스태프들과 수련 회기들을 진행하기 위해 프리츠 펄스를 섭외하면서 그와 가까이 관계를 맺게 되었다. 바이서는 펄스와의 우정에 대해서 감동적으로 적었고, 바이서가 작성한 변화의 역설적 이론을 발달시킨 논문이 펄스의 기념 논문집(R. Resnick, 개인적인 대화, 2016년 7월 20일)에 수록되었다. 게슈탈트 치료자인 리브 에스트루프(Liv Estrup, 2010)는 바이서의 삶을 다룬 〈Flying Without Wings: Life with Arnold Beisser〉(2010)라는 영화를 만들었다.

　그것은 바이서의 신체 마비와 그의 이론 발달 사이의 관계를 살펴보는 데 있어서 유익하다. 바이서가 운동선수에서 사지마비 환자로 변화된 상황을 받아들이기 위한 한 가지 방법은 '현재 있는 것'을 완전히 수용하기 시작하는 것이었다. 그는 그의 새로운 한계들, 그의 상실에 대한 정서적 반응, 끊임없는 고통과 불편함에 대처하기 위한 도전, 기동력의 상실과 모든 극한의 도전에 대한 자율성의 상실 등 '현재 있는' 그의 경험과 함께 머물며 삶의 흐름이 다시 연결되는 가능성에 눈을 떴다. 그는 무언가에 열중해서 집중할 때 그의 신체적 불편함을 일시적으로 잊게 된다는 점을 발견했다. 마비가 수년간 지속되는 동안 바이서는 많은 환자, 학생, 동료들의 삶에 긍정적인 영향을 미치며 정신건강의학과 의사로서 중요한 경력을 발전시켰고, 영감을 주는 글을 쓰고, 강하고 사랑하며 친밀한 관계를 발전시켰다. 그의 변화의 역설적 이론은 극한의 한계에 직면했을 때 충분히 살아낼 수 있었던 철학이었다. 그는 자기 자신과 그의 상황을 수용하는 것을 배웠다. 이 수용은 그의 삶에 여전히 현재하는 가능성과 그가 연결될 수 있도록 허용했고, 그의 환경에 창조적으로 적응했으며, 그 자신의 성취와 세상에 많은 기여를 만들어 낼 가능성을 극대화했다.

프리츠 펄스에게 보내는 편지에 바이서는 이렇게 적었다(1991, p. 126).

프리츠, 당신이 나를 위해 한 모든 것에 고맙습니다. 당신은 내 삶에 때마침 다가온 친구였습니다. 나는 당신으로부터 참 많이 배웠습니다. 당신이 나의 수정된 원고를 축하해 주었지만, 당신과 함께하지 않았다면 나는 이것을 상상하지도 못했을 겁니다. 당신은 나의 장애에 새로운 감각을 만드는 것을 도와주었습니다. 당신은 내가 무엇이 다가오는지 신뢰할 수 있게 도와주었고, 무엇이 일어나든지 이해할 수 있게 도와주었습니다. 나는 항상 나에게 어떤 선택이든 열어 둘 것입니다.

주석

1. 우리는 특히 우리에게 매우 유용했었던 아리아드네 벡(Ariadne Beck)에 의해 기술된 집단치료의 단계와 역할에 가치를 두고 있다. 우리는 벡의 작업에 대해서 가르쳐 준 짐 피쉬맨(Jim Fishman)에게 고마운 마음을 전한다.

2. 물론 이것은 극도의 감각을 의미하지 않는다. 정신질환이나 정신병리적인 편집증적 집단 구성원은 와해된 지각으로부터 틀림없이 시달릴 것이다. 하지만 좀 더 '정상적' 기준 척도 내에서 살펴볼 때, 예를 들어 한 구성원은 집단을 사랑하고 지지적으로 경험하는 반면, 다른 구성원은 집단을 경쟁적이고 틀린 것을 입증해야 하는 것으로 경험할 수 있는데 이 두 경우 모두 완전히 타당할 수 있다.

3. www.gestalt.org/laura.htm.

4. 게슈탈트 치료는 나-그것 관계를 인간 기능의 기본적인 차원으로 인식한다. 더불어, 나-너 만남의 순간은 상대방에 대한 개방성과 존중을 통해 준비한 만큼 목표를 둘 수 없는 상호성과 은혜를 포함한다.

참고문헌

Agazarian, Y. (2004). *Systems-centered therapy for groups*. London: Karnac Books.

Aledort, S. (2009). Excitement: A crucial marker for group psychotherapy. *Group, 33*(1), 45-62.

Beck, A. P. (1981). Developmental characteristics of the system-forming process. In J. E. Durkin (Ed.), *Living groups: Group psychotherapy and general system theory*. New York: Brunner/Mazel.

Beisser, A. R. (1971). Paradoxical theory of change. In J. Fagan & I. L.

Shepherd (Eds), *Gestalt therapy now* (pp. 77-80). New York: Harper Colophon.

Beisser, A. R. (1991). *The only gift*. New York: Doubleday.

Bocian, B. (2010). *Fritz Perls in Berlin, 1893-1933: Expressionism, psychoanalysis, Judaism*. Bergisch Gladbach, Germany: EHP.

Buber, M. ([1923] 1970). *I and thou* (W. Kaufmann, Trans.). New York: Charles Scribner's Sons.

Buber, M. (1992). *On intersubjectivity and cultural creativity*. Chicago, IL: University of Chicago Press.

Dreyfuss, H. (2007). Heidegger. Retrieved from https://archive.org/details/Philosophy_185_Fall_ 007_UC_Berkeley.

Estrup, L. (Producer and Director). (2010). *Flying Without Wings: Life with Arnold Beisser* [Motion picture]. Available from livestrup.com

Fairfield, M. (2004). Gestalt groups revisited: A phenomenological approach. *Gestalt Review*, *8*(3), 336-357.

Fairfield, M. (2009). Dialogue in complex systems: The hermeneutical attitude. In L. Jacobs & R. Hycner (Eds), *Relational approaches in gestalt therapy* (pp. 193-220). Santa Cruz, CA: Gestalt Press.

Feder, B. (1980). *Beyond the hot seat: Gestalt approaches to group*. New York: Brunner/Mazel.

Feder, B. (2006). *Gestalt group therapy: A practical guide*. New Orleans, LA: Gestalt Institute Press.

Feder, B. (2013). *Gestalt group therapy: A practical guide*. Illawara, Australia: Ravenwood Press.

Freud, S., & Sigmund Freud Collection (Library of Congress). (1962). *Civilization and its discontents*. New York: W. W. Norton.

Gaffney, S., & O'Neill, B. (2013). *The gestalt field perspective: Methodology and practice*. Illawara, Australia: Ravenwood Press.

Handlon, J. H., & Fredericson, I. (1998). What changes the individual in Gestalt groups? A proposed theoretical model. *Gestalt Review*, *2*, 275–294.

Hycner, R. (1993). *Between person and person: Toward a dialogical psychotherapy*, 2nd edition. Highland, NY: Gestalt Journal Press.

Jacobs, L. (1992). Insights from psychoanalytic self psychology and intersubjectivity theory for gestalt therapists. *Gestalt Journal*, *15*(2), 25–60.

Kepner, E. (1980). Gestalt group process. In *Beyond the hot seat: Gestalt approaches to group* (pp. 5–24). New York: Brunner/Mazel.

Lee, R. G. (1996). Shame and the Gestalt model. In *The voice of shame: Silence and connection in psychotherapy* (pp. 3–21). New York: Routledge.

Lichtenberg, P. (2013). *Community and confluence: Undoing the clinch of oppression*. New York: Taylor & Francis.

Lobb, M. S. (2014). *The now-for-next in psychotherapy: Gestalt therapy recounted in post-modern society*. Siracusa, Italy: Istituto di Gestalt HCC Italy.

Nevis, E. C. (2013). *Organizational consulting: A Gestalt approach*. New York: Taylor & Francis.

Nevis, S., Backman, S., & Nevis, E. C. (2003). Connecting strategic and intimate interactions: The need for balance. *Gestalt Review*, *7*(2), 134–146.

Perls, F., Hefferline, R., & Goodman, P. ([1951] 1994). *Gestalt therapy: Excitement and growth in the human personality*. New York: Gestalt Journal Press.

Polster, E. (1987). *Every person's life is worth a novel*. New York: W. W. Norton & Co.

Polster, E. (1995). *A population of selves: A therapeutic exploration of personal diversity*. San Francisco, CA: Jossey-Bass.

Polster, E., & Polster, M. (1974). *Gestalt therapy integrated*. New York: Vintage.

Sacks, O. (1995). Foreword. In K. Goldstein, *The organism* (pp. 7-14). New York: Zone Books.

Spinelli, E. (2005). *The interpreted world: An introduction to phenomenological psychology*. London: Sage.

Stevens, B. (1970). *Don't push the river (it flows by itself)*. Boulder, CO: Real People Press.

Welton, D. (Ed.) (1999). *The essential Husserl: Basic writings in transcendental phenomenology*. Bloomington, IN: Indiana University Press.

Wheeler, G. (2013). *Gestalt reconsidered: A new approach to contact and resistance*. New York: Taylor & Francis.

Wundt, W. M. (1897). *Outlines of psychology*. New York: W. Engelmann.

Yontef, G. (1993). *Awareness, dialogue and process: Essays on gestalt therapy*. Highland, NY: Gestalt Journal Press.

Yontef, G. (2009). The relational attitude in gestalt theory and practice. In L. Jacobs & R. Hycner (Eds), *The relational approach in gestalt therapy* (pp. 37-59). New York: Gestalt Press/Routledge.

Zinker, J. (1977). *Creative process in gestalt therapy*. New York: Brunner/Mazel.

Zinker, J. (1998). *In search of good form: Gestalt therapy with couples and families*. New York: Taylor & Francis.

제 2 장

게슈탈트 집단치료의
관계적 발전

Peter H. Cole & Daisy Reese

이 장**1**, **2**에서는 관계적 발전을 촉진하는 게슈탈트 집단치료 모델 중 우리가 추구하는 것이 드러나는 몇 가지 주제, 사고의 방식, 방법을 소개하려 한다. 우리는 자기 자신과 타인에게 깊이 연결되는 창조적이고 힘 있는 성장 능력으로서 **관계적 발전**(relational development)을 정의한다. 게슈탈트 집단치료에서 진전되는 관계적 발전을 위한 우리의 치료적 접근은 각각의 집단 구성원과 인간적이고 촉진적인 환경이 증가함으로써 집단 그 자체의 성장을 촉진할 수 있다는 점을 포함한다. 우리의 모델은 다음의 세 가지 실가닥이 함께 직조되며 발달한다. 처음의 두 가지는 집단 구성원 개인을 포함하는 발달적인 실가닥이고, 세 번째는 전체로서의 집단의 작업을 포함한다. 이러한 세 가지 실가닥은 다음과 같다.

- 성장에 관한 고전적인 게슈탈트 치료 관점은 알아차림, 진실함, 주체, 건강한 경계, 실험, 자기지지, 선택을 강조한다. 우리는 이 고전적 관점의 실가닥에서 관계적 발전의 **자기 활성화**(self-activating) 측면을 참조한다(Perls, 1973; Resnick, 1978; Simkin, 1998).
- 성장에 관한 현대의/관계적 게슈탈트 치료 관점은 공감, 연결, 대화, 관계성을 수반하는 취약성에 대한 민감함을 강조한

다. 우리는 이번 실가닥에서 관계적 발전의 **밀접하게 연결되는** (intimately connected) 측면을 참조할 것이다(Jacobs & Hycner, 1995; Staemmler, 2009; Wheeler, 2000; Yontef, 1993).

- 집단 발전의 장 지향적 관점은 집단 과정과 집단역동의 원칙을 통합한다. 이 관점에서 집단은 각 집단 구성원의 성장과 발전을 촉진하는 환경으로 보인다. 우리는 이 실가닥에서 게슈탈트 집단 발전의 **전체로서의 집단**(group-as-a-whole) 측면을 참조할 것이다(Aylward, 1996; Fairfield, 2009; Feder, 2006; Kepner, 1980).

이러한 실가닥들을 직조하면서 게슈탈트 집단치료에 대한 새로운 생각이 우리에게 일어났다. 그것은 우리의 초기 수련과 경험에서 시작되었지만, 단순히 이전에 배운 것을 선형으로 거슬러 올라갈 수 없었다. 왜냐하면 이러한 새로운 방식들은 게슈탈트 집단과 정신역동 집단들을 이끌고 공부하며 참여하는 등 다년간의 고난 속에서 흡수되어 만들어진 과정의 생산물이기 때문이다. 이 장의 목적은 사고, 개입, 게슈탈트 집단 작업의 이러한 새로운 방식을 분명히 표현하는 것이다. 이 장의 기초적인 아이디어를 조직하는 모든 사색, 성찰, 사례 예시는 간단하게 진술되었다. 게슈탈트 집단은 집단 구성원의 관계적 세계의 소우주로서 적절하게 접근할 수 있고, 관계적 발전을 위한 구성원 능력의 성장과 발달을 위한 풍부한 기회를 입증하는 집단 과정을 창조적으로 만들어 간다.

🌿 게슈탈트 집단과 함께하는 우리의 여행: 몇 가지 개인적인 배경

우리는 함께 게슈탈트 치료를 하면서 성장하고 20년 이상 수련 집단을 이끌었다. 처음 10여 년 정도는 우리의 게슈탈트 멘토들이 가르쳐 준 집단 내에서 개인에게 초점을 둔 방식을 기본적으로 작업하는 게슈탈트 집단치료 형식을 실습했다. 이 방식은 매우 의미 있었고, 여전히 집단에서 자주 개인 작업을 한다. 그러나 시간이 지나면서 우리는 집단 작업에서 개발되지 않았다고 느껴지는 집단 경험과 주제의 배경에서 발달하는 이슈, 차원, 문제에 주목하기 시작했다. 이러한 주제들은 전체로서의 집단 현상을 포함했는데, 그 예로는 집단 내 갈등 또는 불화가 일어나거나, 집단 구성원이 배제되었다고 느끼거나, 집단 구성원이 상처 입거나 집단 경험으로 위험하다고 느끼는 것, 예상치 못한 성적 표현이나 경쟁 등을 들 수 있다. 더불어, 거기에는 사람들 사이의 많은 부정적 감정이 있고, 드러나지 않은 자료들이 우리 또는 집단 구성원들에게 영향을 미치며 우리를 집단 경험으로부터 넋이 나가게 해 버렸다.

버드 피더(Bud Feder)와 루스 로날(Ruth Ronall)의 세미나 모음집인 『Beyond the Hot Seat: Gestalt Approaches to Group』(1980)은 우리에게 게슈탈트 집단에 관한 새로운 생각을 제시했고, 집단의 과정과 발달을 이해할 수 있는 모델을 제공했다. 우리는 피더와 로날이 언급한 다음의 내용을 상기하고 싶다(p. xii).

전체로서의 집단은 부분의 합과 같지 않은 그 이상이며, 좋든 나쁘든

강력한 힘이다. 만약 리더에 의해서 인식되거나 기술적으로 풍부하게
사용된다면, 집단에 내재된 힘은 성장과 치유를 위한 중개물이 된다. 만
약 무시되거나 오해받거나 오용된다면, 이러한 힘은 성장과 움직임을
막거나 방해할 수 있으며 그것의 영향은 유해할 수 있다.

『Beyond the Hot Seat』은 더 많은 훈련이 필요하다는 것을 우리
에게 이해시켰다. 이 새로운 내용을 읽으며, 우리는 아직은 상호작
용적이고 과정 지향적인 방식의 작업에 필요한 기술이 매우 부족
함을 느꼈지만, 게슈탈트 집단 작업을 위한 좀 더 상호작용적인 접
근이 우리의 호기심을 자극했다. 우리는 변화의 역설적 이론, 대화
를 위한 조언, 알아차림의 촉진, 장 이론 등 기본적인 게슈탈트 치
료에 관한 이해들이 집단에서 개인이 전체로서의 집단 발전을 추
구하는 내용적 맥락에서 충분히 적용될 수 있다는 것을 느꼈다.

　게슈탈트 집단을 이끄는 새로운 기술에 대해 더 동기가 부여되
는 끔찍한 사건이 하나 있었다. 사랑받는 게슈탈트 치료 트레이너
가 있었는데, 남성이었고 뜨거운 의자 모델 작업에서 나(피터)의 주
요 멘토였으며, 수년 동안 나의 치료자였다. 그런 그가 게슈탈트 치
료 훈련 집단을 이끈 후 어느 날 밤에 갑자기 자살했다. 이 비극적
이고 외상적인 사건은 우리에게 게슈탈트 치료집단에서 작업 시
강력한 힘을 이해하는 것의 중요성을 강조했다. 그 힘은 집단의 구
성원과 리더 모두에게 똑같이 영향을 미친다.

　이 탐색은 우리를 워싱턴 의과대학 산하 국립 집단 심리치료 연
구소(Washington School of Psychiatry's National Group Psychotherapy
Institute)로 이끌었다. 워싱턴 의과대학에서 우리는 체계로서의 집
단을 좀 더 잘 이해하는 것을 배웠고, 개인 및 집단 발달을 위탁받

고 있는 집단 리더의 역할에 관해 깊이 있게 생각할 수 있었다. 우
리는 어떻게 그리고 왜 전체로서의 집단 관점을 가져야 하는지, 해
로운 방법으로 형성되고 드러날 수 있는 정형화된 집단의 역할들
에 관해서, 경쟁과 성적인 표현 같이 집단 배경에서 강하게 작동하
는 문제를 어떻게 다룰지, 그리고 집단역동을 이해하는 새로운 방
법 등에 대해서 배웠다.

　우리는 지금 수년에 걸쳐 게슈탈트 집단 멤버십과 리더십을 모
두 경험했다. 이 장에서는 우리가 이 여정으로부터 배우고 실습한
모델에 관해 생각해 보려 한다. 그것은 우리의 현재 작업에 활기를
불어넣은 게슈탈트 집단치료에 관한 사고의 방식을 반영한다.

🌱 게슈탈트 집단치료에서 자기에 대한 관계적 접근

　우리가 제1장에서 논의했던 바와 같이 게슈탈트 치료의 목적은
자기(self)가 개인과 환경이 만나는 지점인 접촉 경계에서 능동적인
삶의 과정으로 가장 잘 개념화될 수 있게 하는 것이다. 접촉 경계에
서 존재하는 자기는 항상 발전하고, 변화하고, 과정 중에 있다. 자
기에 대한 게슈탈트 치료의 이해는 굳어진 확실한 것이라기보다는
유동적이고 드러나는 과정을 강조한다. 우리가 환경을 말할 때, 우
리는 개개인이 존재하고 있는 곳의 타인과 물리적이며 자연적이고
사회적인 환경을 고려한다. 환경은 마찬가지로 항상 유동적이고
발전하며 역동적이다.

　펄스, 헤퍼린, 굿맨(Perls, Hefferline, & Goodman, 1951, p. 235)은

자기에 대해 "어떠한 순간에서든 접촉의 체계로서…… 자기는 기능하는 접촉 경계이다."라고 했다. 게슈탈트 치료에서 때때로 "자기는 동사이다."라고 말한다. 이것은 자기에 대한 능동적이고 과정 지향적인 접근이 집단치료에 관한 과정 지향적 접근에 실질적으로 잘 들어맞는다는 것을 입증하는 것이다. 게슈탈트 집단치료에서 접촉이 이루어지는 것은 양방향적이다. 집단 과정은 누군가 다른 사람과 접촉을 시작할 때, 그리고 누군가 접촉을 수용하고 그 또는 그녀에게 접촉의 고유한 주관적 경험을 돌려주는 것이 집단에 드러날 때 작업을 위한 많은 기회를 제공한다. 접촉하는 과정은 알아차림, 성장, 공감, 참됨이라는 가치가 담긴 집단이라는 그릇 내에서 일어난다. 그리고 점점 상황이 정서적 성장을 이끌 수 있도록 관계적으로 풍족한 방향으로 무르익게 된다. 이러한 정서적 성장은 자기와 타인의 인간적인 모든 것과 연결되어 머무르기 위한 능력을 자라나게 하는 데 영향을 미친다. 우리는 게슈탈트 집단치료의 상호작용적 연결에서 일구어진 이 정서적 성장을 관계적 발전이라 한다.

🌱 관계적 발전의 두 측면: 자기 활성화 측면과 밀접하게 연결되는 측면

우리는 관계적 발전이라는 창조적 직물을 함께 직조하는 두 가지 구분된 실가닥을 확인했다. 자기 활성화 측면과 밀접하게 연결되는 측면이 그것이다. 각각을 한번 살펴보자.

우리가 자기 활성화 측면이라고 언급한 고전적 학파 또는 펄스 학파의 게슈탈트 치료는 자기의 민감성을 추구하고, 충분한 공격성과 내사된 것을 해체하며 자신의 목소리를 발견해서 주장하고 진정으로 충만하게 잘 지내기 위한 주체 의식과 함께 접촉 경계에서 나타난다. 이 방식의 중요한 비유는 씹는 행위이다. 씹는 행위의 의미는 우리가 음식을 통째로 삼키지 않는다는 것이다. 심리학적으로 '씹는다'는 우리가 '당위'를 해체하는 것으로, 우리는 내사되고 진정성과 선택을 가진 삶에 대해 배운다. 예를 들어, 펄스 학파의 흐름 중 한 가지 중요한 요소는 역사적으로 게슈탈트 치료에서 동성에 대한 성적인 매력 수용과 병리적인 동성애에 대한 필요 및 욕구를 거부하는 것이다. 자기 활성화 측면은 사회나 가정 또는 전통적인 프로이트 학파의 편견에 순응하기 위해서가 아닌 진정성을 위해 탐색한다. 자기 활성화 측면의 미학은 강점, 명료함, 진정성을 반영한다.

　게슈탈트 치료에서 동시대의 특징은 공감과 취약성, 상호관계, 개방성 등과 같이 질 좋은 접촉의 경계를 불러오는 대인관계의 질에 초점을 맞춘다. 우리는 이 차원을 밀접하게 연결되는 측면이라고 언급한다. 이를 안내하는 이미지는 제1장에서 논의했던 마틴 부버(Martin Buber)의 대화에 관한 비전이다. 이것은 친밀하고, 서로 상처받기 쉽고, 관계에서 상호 위험을 감수하는 것을 포함한다. 이것은 각자 잘 갖추어진 입장을 기꺼이 감수하고 진실과 의미 있는 연결을 추구하는 중에 깊이 파고들기 위해 방어하는 대화이다. 이 방법에서 사람들은 서로에게 보이고 알려지고 이해받기 위해서, 접촉과 공감을 통해 서로를 보고 알며 이해하기 위해 대화에 참여한다. 밀접하게 연결되는 측면에서 접촉에 자주 방해가 되는 것은 수치심이 포함되는 경우이다. 밀접하게 연결되는 측면의 미학은 연결, 취약성, 손상, 회복의 뒤엉킴을 반영하는 것이다.

우리는 게슈탈트 집단치료에서 **관계적 발전**에 대한 접근에 가치를 둔다. 게슈탈트 집단치료는 자기 활성화와 밀접하게 연결되는 측면의 질과 미학 모두를 평가하고 둘의 균형을 맞춘다. 우리는 자기 활성화 측면이 미숙한 수준으로 발달한 내담자를 여러 차례 경험했는데, 이들 대부분이 밀접하게 연결되는 측면에서 이에 상응하는 어려움을 함께 겪고 있는 것을 보았으며, 반대의 경우에도 마찬가지였다. 나아가 우리는 집단치료 작업에서 뜨거운 의자를 넘어서는 움직임인 전체로서의 집단을 발견했고, 이것에 새롭게 주의를 기울이게 되면서 내담자와 수련생이 자기 활성화와 밀접하게 연결되는 측면 둘 모두를 포함해 다룰 때 관계적인 능력이 더 발전하도록 도울 수 있었다.

🪴 전체로서의 집단과 상담하기

전체로서의 집단과 상담을 한다는 것은 집단을 마치 가족 체계처럼 복합적인 체계로서 보는 것이며, 이 체계에는 명시적 · 암묵적 규칙, 규범, 요구가 포함된다. 리더를 포함해 집단의 구성원들은 전체로서의 집단의 부분이고, 게슈탈트 집단이 가능한 한 건강한 방식으로 기능하는 것은 모두에게 이득이 된다. 각각의 모든 개인과 마찬가지로, 모든 집단은 집단 작업을 가능하게 하는 건강하고 기능적인 경향과 집단 작업을 지연시키는 건강하지 않고 역기능적인 경향을 모두 지닌다. 전체로서의 집단과 효과적으로 작업하기 위해서 우리는 개방을 격려하고, 집단 과정에서 나타나는 이러한 경향들에 대해 집단 내에서 피드백과 대화가 지속되는 것을 중요하게 생각한다. 우리는 이 피드백과 대화를 분명하게 지지함으로써 관계적 발전을 촉진하는 건강하고 기능적인 집단의 공동 창조 속에서 모든 구성원을 존중하고 가치를 두는 문화가 형성될 수 있도록 한다.

우리는 집단 구성원이 전체로서의 집단에 관한 그들의 감정을 표현할 수 있게 돕고, 구성원들이 전체 집단의 이슈에 관해 숙고하고 논의할 수 있게 격려한다. 이를테면, 집단 내의 안전 수준, 사람들이 '모두 알지만 말하지 않는' 규칙과 규범, 목소리를 낼 때 너무 위험하다고 느끼는 어떤 주제, 리더에 대한 부정적인 감정, 집단의 배경에 형성된 이슈 전체와 같은 것이다. 우리의 목표는 아무 문제가 없는 완벽한 집단이 되는 것이 아니라 우리의 문제, 도전, 어려움에 관해 이야기할 수 있는 집단이 되는 방향으로 작업을 하는 것이다.

집단을 하나의 전체로서 보고 상담할 때 우리가 사용하는 다른 기술적인 측면은 우리의 관찰, 추측, 해석, 집단에서 질문과 대화의 요점으로서 직감을 제안한다. 이를테면, "저는 종종 메리(Mary)가 그녀의 절망감을 공유하면서 집단의 관심을 받는 것을 알아차려요. 만약에 우리가 한 집단으로서 그녀가 표현하는 이러한 종류의 감정들을 믿어 본다면 어떨지 궁금하네요."와 같은 말을 집단에서 한다. 그런 질문을 하면서 리더는 이 관점이 '진실'로서 집단에 받아들여져야 한다고 고집하지는 않는다. 대신에 리더는 모두를 고려하는 생각을 정중히 제시한다. 대화의 정신으로, 리더는 이에 대한 반응으로 집단 구성원을 위해 무엇이 일어나는지 개방한다. 이러한 질문에 관한 대화는 사색의 대상으로 발전될 것이다. "메리가 묘사한 절망감이 당신에게 울림이 있나요?" "집단에서 감정을 나

누고자 하는 마음이 있나요?"와 같은 질문들을 이어서 집단에 불러
올 수 있다.

🪴 집단 과정

집단 과정은 리더를 포함한 모든 집단 구성원 간 진행 중인 대화
를 참조한다. 이 진행 중인 대화는 피드백, 공감, 대립, 이미지, 함
께 경험하면서 드러나는 모든 사고와 감정의 방식을 포함한다. 집
단 과정에 주목할 때 우리는 특히 집단에서 일어나는 지금 여기에
서의 상호작용에 초점을 맞춘다(Feder, 2006).

이 공간에서의 관계는 집단 과정에서 지금 여기 무슨 일이 일어
나는지에 초점을 맞추며 배우고 성장하며 실험하고 변화하는 기초
자원이 된다. 복잡한 관계적 직물은 집단 구성원 서로 간, 리더, 그
리고 스스로의 집단 경험을 통해서 직조되고, 집단 경험의 풍부함
은 성장과 통합을 위해 가치 있는 다양한 기회를 제공한다. 집단 과
정을 좀 더 창조적으로 작업할 때 집단 구성원들은 우리의 집단이
안전하고 좀 더 솔직하며 평등하고 활기차다는 것을 발견한다. 관
계적으로 자기 활성화와 밀접하게 연결되는 측면은 강하고 깊어지
는 것으로 보이고, 내담자의 삶을 향상시키는 것 같으며, 우리의 집
단은 건강한 환경처럼 느껴진다.

댄 블룸(Dan Bloom)의 논문 「In Pursuit of Gestalt Therapy Group
Process: Group Process as Self Process」(2008)에서, 그는 게슈탈트
치료 이론에서 집단 과정에 관한 기초적인 이해를 설명했다. 블룸
은 게슈탈트 치료 이론의 몇 가지 근본적인 측면을 탐구했고, 어떻

게 그들이 집단 과정을 이해하는 데 훌륭한 토대를 만들었는지 보여 주었다. 블룸의 정의와 주장은 매우 정밀하고 우리는 여기서 그의 논문을 전부 다룰 수는 없지만, 간단한 요약을 제시한다.

- 자기는 세상과 접촉하는 과정이고 경험을 통합한다. 그래서 과정 중인 행동은 인간으로서 우리 존재의 근본이다.
- 자기는 사회적으로 둘러싸인 환경 속에 내장되어 있고, 명백하게 사회적이고 관계적이다.
- 자기는 '나' 그리고 '우리' 모두에 들어 있는 현상학적인 장의 드러나는 속성이다.
- '집단 과정'은 (자기) 과정으로서 (집단) 과정에서 집단 구성원들이 서로에게 주의를 기울이는 것이다.

게슈탈트 치료 관점으로 블룸의 논문에서 우리가 이야기하고자 하는 점은 개인 그리고 집단을 포함해서 모든 것이 과정 중이라는 점이다. 우리는 모두 우리의 사회적 환경에 완전히 속해 있고, 개인이 자신의 사회적 환경 바깥에 존재한다는 생각은 실제로 터무니없는 추상이다. 개인은 그 또는 그녀가 속한 사회적 장으로부터 나오고, 집단 과정에서 때로는 자기의 개인적 측면이 표면화된다. 반면, 다른 때에는 자기의 집단적 측면이 전경에 나타난다. 그래서 집단 과정은 한 집단의 사람들이 항상 그들의 내재성과 개성 두 측면 모두를 가지고 과정 중에 있는 인간 존재로서 서로 참여할 마음을 가지고 모였을 때 발생한다고 볼 수 있다.

서로 연결되는 집단 구성원들에게 있어서 본질이 고정되어 있지 않고 항상 열린 인간 존재로서 서로 알아차리는 것은 쉬운 일이 아니다. 그것은 집단 과정의 근본이며, 안전하고 좋지 않은 일을 방지할 수 있는 높은 수준을 요구한다. 또한 그것은 공감, 위험 감수, 신뢰, 전념을 포함한다. 다음에 제시하는 게슈탈트 집단치료의 아홉 가지 원칙에서, 우리는 댄 블룸이 언급한 게슈탈트 치료집단 과정에서 창조적이고 효율적으로 작업하기 위한 영역 지도를 그려 보았다.

🌷 게슈탈트 집단치료 실제에서의 아홉 가지 원칙

우리는 이 장의 나머지 부분을 과정 지향적 게슈탈트 집단치료의 실제를 위한 아홉 가지 원칙을 소개하는 것으로 구성했다.

- 관계적 집단 문화는 각 집단 구성원의 관계적 발전을 지지한다.
- 안전한 공간을 함께 창조하는 것은 관계적 발전에서 밀접하게 연결되는 측면을 지원한다.
- 리더의 주의는 집단 경험의 세 수준 사이에서 전환되고 흘러간다. 세 가지 수준은 개인적 수준, 양자적 수준, 전체로서의 집단 수준이다.
- 관계적으로 접촉하려는 태도와 멀어지며 접촉을 회피하는 태도 사이의 긴장은 게슈탈트 집단치료에서 개인적 수준, 양자적 수준, 전체로서의 집단 수준으로 나타난다.
- 버텨 주기, 경청하기, 공명하기는 집단 리더의 핵심 기능이다.
- 리더의 고유한 게슈탈트 형성 과정의 알아차림은 집단 리더십

의 가장 강력한 도구가 된다.

- 변화의 역설적 이론에서처럼 집단 리더가 양극성의 긴장을 유지할 때 리더는 집단이 복잡성을 버티는 것을 돕게 되고, 이는 결국 상징화가 일어나기 위한 양분이 된다.
- 감정 전류(affective current)는 게슈탈트 집단치료가 헤엄치는 물과 같다. 감정 처리(affective processing)는 게슈탈트 집단치료에서 작업이 이루어지는 과정이다.
- 자기대상 유대의 손상(rupture)과 회복(repair)에 관한 대화는 게슈탈트 집단치료에서 진행 중인 과정이다.

이러한 원칙들은 특히 게슈탈트 집단치료에서 관계적 발전에 초점을 맞추게 한다. 우리는 각각에 대해서 논의하고 몇몇 사례를 들어 이러한 원칙을 분명히 설명하려 한다.

관계적 집단 문화는 각 집단 구성원의 관계적 발전을 지지한다

인간의 성장과 발전은 고립된 상황에서 이루어지지 않는다. 관계적 성장과 발전은 타인에 대해 열린 마음을 유지하고 타인과 연결되어 있음으로써 어렵게 얻게 되는 보상이다. 우리는 우리의 삶, 연결된 감정, 내면과 외부 세상 간에 오가는 것 등에 대해 명료하게 생각하기 위해서, 그리고 자기지지(예를 들어, 자기 활성화 측면)와 접촉성(예를 들어, 밀접하게 연결되는 측면)에 대한 우리의 능력을 발전시키기 위해서 관계적 연결이 필요하다. 또한 우리의 즐거움, 성생활, 흥분되는 일들을 지지하기 위해서, 인간으로서 처한 상황의 불가피한 부분들을 결과적으로 받아들이기 위해서, 연민을 발전시키기 위해서도 관계적 연결이 필요하다. 우리는 공감, 연민과 더불어 균형 있는 개인적 힘을 발전시키기 위해서 관계적 연결이 필요하다.

그러나 관계적으로 산다는 것은 때로는 고통과 종종 타인에게 자신을 개방하는 험난한 과정을 수반한다. 물론, 타인에게 자신을 개방하는 것은 무수히 많은 도전과 어려움을 포함한다. 이것은 배신, 버려짐, 파괴적인 경쟁, 유혹, 또는 관계의 여정에서 안정적인 파트너가 되는 것에 관해 충분히 준비되지 않은 타인에게 굴욕감을 느끼는 위험 등을 포함한다. 그리고 거기에는 우리 자신이 관계 패턴을 바꾸는 것에 관련된 상당한 어려움이 있다. 이 패턴은 우리를 모욕, 기만, 거부 그리고 아동·청소년기에 직면했었을 수 있는 버려짐 등으로부터 매우 많은 방식으로 우리를 보호했다. 게슈탈트 치료자에게 잘 알려진 융합, 내사, 투사, 반전 등의 접촉 경계 혼란은 모두 이러한 상처들로부터 어떻게든지 우리를 보호한다. 그것들은 상처받는 세상에서의 삶에 대한 우리의 창조적 적응이고, 이러한 적응은 현재 순간에서의 접촉을 만들고, 오랜 시간에 걸쳐 관계를 위한 우리의 능력을 분명히 하고 제한시키기도 하며 우리만의 방식을 형성한다.

이는 우리를 게슈탈트 집단치료에서 공동으로 창조하기 위해 추구하는 관계적 문화로 데려간다. 우리는 집단 참여자들이 그들 간 의미 깊고 밀접하게 연결되는 관계를 형성할 수 있으며, 감정과 정서적 장애를 탐구하고 좋은 수준의 접촉을 할 수 있게 충분히 안전한 공간을 만들기 위해 노력한다. 좋은 수준의 접촉은 집단에서 상처, 매력, 어려움, 불화 등이 증가하면서 나타난다. 이러한 관계적 문화 안에서 집단 구성원들은 그들이 경험하는 감정이 긍정적이든 부정적이든 모든 감정을 불러일으켜 집중적으로 탐구하고 작업할 수 있는 필수적인 집단 과정인 '안전한 위기 상황(safe emergency)'에 처하게 된다. 우리는 집단 문화에서 이상적인 경험을 추구하지 않는다. 대신에, 구성원들이 각자의 방식으로 삶의 모든 어려움을 발견할 것이라고 예상하며, 솔직하게 말할 수 있도록 지지받은 집단에서는 구성원들이 어떻게 경험하고 관계하며 선택하는지에 대한 폭넓은 가능성을 개방하도록 격려받을 수 있고 격려받게 될 것이다. 우리의 목표는 알아차리고 숙고하며 서로 연결하는 분위기를 조성하는 것이고, 그 분위기는 인생의 가장 위험한 소재들을 작업할 수 있을 만큼 충분히 안전해야 한다.

안전한 공간을 함께 창조하는 것은 관계적 발전에서 밀접하게 연결되는 측면을 지원한다

집단 구성원으로서 집단 과정에 들어갈 때 그들의 참여, 열정, 취약성, 그리고 이전에는 가려져 있던 민감성 등이 전면으로 드러나며 점점 더 연결된다. 이것이 정확히 우리가 일어났으면 하고 바라는 것이다. 집단 구성원으로서 집단 과정 중 지금 여기 나타나는 그들의 취약성과 고정된 게슈탈트를 만날 때 선뜻 통합을 위한 작업을 할 수 있고 변화하게 된다. 하지만 집단에서 이러한 종류의 재료를 전면에 부각시키는 것은 종종 집단 구성원들을 취약한 상태에 놓이게 하는데, 이때 집단 경계들이 이러한 종류의 개방에 중요한 지지가 된다. 우리는 안전하고 강한 공간을 공동 창조함으로써 삶의 가장 위험한 작업을 할 수 있도록 충분한 안전을 보장하는 것이 집단 경계라고 생각한다.

45세로 기혼이며 대학교수였던 짐(Jim)은 집단 구성원인 32세의 미혼인 간호사 메리(Mary)에게 매력을 느꼈다. 짐은 일부 여학생들과의 접촉에서 동요되며 성적인 감정을 느꼈지만 강하게 억압했던 것처럼 그는 이러한 사실을 매우 위험하게 느꼈다. 그는 성적인 욕구를 깊이 숨겼고, 이것은 그에게 큰 다툼, 갈등, 죄책감을 불러일으켰다. 다른 집단 구성원에게 매력을 느끼는 그의 감정을 집단 과정에서 꺼낸 것은 자신의 성생활에서 성장과 치유를 위한 긍정적인 잠재력과 수치심을 경험하고 성적인 주제들을 깊이 숨기게 하는 부정적인 잠재력 두 가지 모두와 관련해 용감한 행동이었다.

메리의 입장에서는 그녀에 대해 짐이 드러낸 감정들이 그녀의 신경을 건드렸다. 그녀는 최근에 그녀가 술집에서 만났던 남성과의 성적인 경험에 대해 집단에서 나누었다. 그녀는 이러한 정사에 대해 다소 양가적이었다. 짐의 고백은 그녀에게 혼란스러운 감정을 끄집어냈다. 그녀는 짐이 자신을 원한다는 점에 즐겁고 흥분되었지만, 이전에 그녀가 이야기 나누었던 가벼운 성관계에 대한 생각과 짐이 그녀에 의해 성적으로 자극받았다는 것이 불편했고, 그가 이제 그녀를 단지 성적인 대상으로만 볼 것 같다는 생각으로 수치심을 느꼈다.

앞의 예에서 우리는 집단에서 관계적 발전의 밀접하게 연결되는 측면에 관여할 때 발생하는 어려움, 민감성, 복잡성 등과 함께 성장을 위한 가능성을 보기 시작한다. 밀접하게 연결되는 측면은 자주 성적 관심의 흐름과 함께 나타나고, 게슈탈트 집단치료에서 이러한 감정들은 안전한 표현을 찾을 필요가 있다. 여기에서 우리가 고려할 문제는 어떻게 짐과 메리, 그리고 나머지 집단 구성원에게도 마찬가지로 친밀하고 성적인 주제들이 잠재적으로 종종 불러일으키는 흥분과 수치심을 다루며 생산적으로 탐구하고 논의할 수 있도록 충분히 안전한 공간을 만드는가이다.

이것은 우리를 안전한 공간에 관한 논의로 이끈다. 짐과 메리 모두를 위해서 이 대화에는 잘 정의된 경계 또는 우리가 말하는 안전하고 강한 공간이 요구된다. 그녀의 탐색을 계속하기 위해서, 메리는 짐이 관계를 위해 집단 밖에서 접촉하지 않을 것이라는 신뢰가 필요하다. 그리고 짐과 메리 모두 집단 구성원이 비밀을 유지한다는 믿음이 필요하다. 게슈탈트 집단치료 리더는 경계와 규칙을 명시해야 한다. 그것은 집단이 밀접하게 연결되는 차원에서 위험을 감수할 만큼 충분히 안전하다는 감각을 고취시킨다.

현실적으로, 각기 다른 집단은 서로 다른 경계를 요구하기 때문에 우리는 모든 집단에 규칙을 융통성 없이 정하지 않는다. 예를 들어, 수련 집단은 치료집단과는 다른 경계를 요구하고, 성격장애가 있는 사람들이 모인 집단의 경우에는 기능 수준이 좋은 사람들이 모인 집단과는 다른 규칙이 요구된다. 그러나 여러 집단에 공통될 수 있는 몇 가지 기본적인 안내를 다음과 같이 제시한다.

- 비밀 유지는 각 구성원에게 요구되는 기본적이며 근본적인 약속이다.
- 만약 집단 구성원이 집단 밖에서 만난다면, 그들은 다른 집단 구성원에 대해서 험담하지 말아야 하고, 그들은 외부에서의 만남을 집단에서 이야기하도록 약속한다.
- 집단은 성적인 파트너를 찾거나 추구하는 장소가 아니다.
- 의사소통은 모욕적이지 않게 표현한다.

물론, 여기에는 회피해야 하는 결과적 행동 수준보다는 안전한 상담 공간을 위한 공동 창조의 이유가 더 크다. 사실, 이 장의 모든 원칙은 안전하고 강한 공간의 공동 창조를 지지하기 위한 의견이라고 할 수 있다. 그럼에도 불구하고, 우리는 집단의 규칙에 대한 명확한 설명이 지지가 된다는 점을 발견했다. 종종 집단 경계를 둘러싼 논의와 대화가 많이 일어난다. 규칙이 깨질 때 이것은 중요한 재료가 된다. 우리는 그들이 안전하고 강한 상담 공간을 위한 공동 창조를 촉진함으로써 이러한 논의를 반긴다.

이제 곧 밝혀지겠지만, 짐과 메리는 이러한 주제들에 대해 시간을 들였고 경험으로부터 둘 다 성장했다. 둘 다 드러나는 감정에 관해 이야기할 수 있었고, 집단의 경계를 관찰할 수 있었다. 그리하여 그들은 대화를 통해 위험을 감수할 수 있을 만큼 성장했다. 시간이 흘러 짐은 메리에 대해 느끼는 성적인 끌림을 좀 더 수용했고, 억압하거나 행동하지 않고 이러한 감정을 멈추고 통합할 수 있다는 자신감이 생겼다. 그는 '책임지는 것'을 배웠다. 직업상 일하고 있는 캠퍼스에서 그는 수치심의 근원으로서라기보다는 인간적인 조건의 부분으로서 자신의 욕구를 수용하는 능력을 크게 발전시켰다. 메리는 남성에 대한 자신의 반응에 대해서 많이 배웠고, 자신에 대한 남성들의 욕구와 남성들을 마주쳤을 때 그녀 자신을 잃지 않는 능력을 크게 발견했다.

리더의 주의는 집단 경험의 세 수준 사이에서 전환되고 흘러간다. 세 가지 수준은 개인적 수준, 양자적 수준, 전체로서의 집단 수준이다

우리는 일반적으로 집단 구성원과 리더 간 일대일 방식으로 개인적 수준의 문제를 다루는 것에 친숙하다. 양자적 문제는 두 집단 구성원 간 문제가 있을 때 정리를 위해 집단의 지지가 필요한 두 구성원을 포함한다. 전체로서의 집단 문제는 분열, 개인이 틀에 박힌 고정된 역할로 내몰리는 것, 집단의 규범 등과 같이 우리가 다루는 가족 또는 체계처럼 집단의 모든 것을 포함한다.

개인적 수준

우리가 현재 진행하는 집단 작업에서 리더와 함께 이루어지는 개인 작업의 부분은 '뜨거운 의자/열린 자리'처럼 보인다. 우리는 이전의 것이 쓸데없다고 여겨 버리지 않고 여전히 집단에서 리더와의 작업을 위해 뜨거운 의자를 위한 공간을 마련하고 있다. 그러나 지금은 더 많은 흐름이 있고, 개인 작업의 조각들에서도 다른 구성원들이 기꺼이 포함되며 양자적이거나 전체로서의 집단으로 흐르는 경향이 있다.

광범위하게 보자면, 우리는 개인 작업의 범주에서 집단 구성원과 리더 간 감정에 대한 탐색 과정을 포함한다. 한 집단 구성원이 리더에 대한 감정을 다룰 때 다른 구성원이 공감이나 공명의 방식으로 이러한 감정을 자주 활성화할 것이다. 그리고 개인적 수준의 작업에서 전체로서의 집단 작업으로 쉽게 흘러갈 수 있다.

양자적 수준

양자적 수준의 작업은 매우 흥미롭고, 집단 구성원을 포함하며 전체 집단으로 확장할 수 있다. 두 사람 간의 작업은 다음과 같은 경우에 유용하고 생산적이다.

- 두 집단 구성원 간 어려움이 일어났을 때. 예를 들어, 한 구성원이 다른 구성원의 말 한마디로 인해 무언가를 경험했을 때
- 두 집단 구성원 간 연결이 발전했을 때. 예를 들어, 성적인 매력과 같이 그들의 바람을 탐색할 때
- 두 집단 구성원 간 감정 또는 경험이 공유되었을 때. 예를 들어, 두 여성이 아버지로부터 버려졌던 경험이 있고 그들의 경험, 감정, 남성에 대해 접촉하는 방식 등을 함께 탐색할 때

전체로서의 집단 수준

전체로서의 집단과 작업하는 것은 체계로서 전체 집단을 보는 것이다. 이 수준에서 집단 구성원과 집단 리더는 어떻게 집단이 느끼고 기능하는지를 추적한다. 예를 들어, 집단 구성원들이 집단에 의해 특정 역할을 수행하게 되며, 다른 구성원들이 소유하고 있지 않은 감정을 집단에 가져오는 방법의 발전을 본다. 집단치료 이론에서 개인은 집단을 위한 감정을 실어 나르는 **감정가**(valency)를 가지고 있다고 한다(Bion, 1960; Rutan, Stone, & Shay, 2007). 예를 들어, 한 집단 구성원은 리더에 대한 집단의 분노를 실어 나르는 감정가를 지녔다. 다른 사람은 아마도 집단의 성적 관심 또는 집단의 우울증을 담은 감정가를 지닐 수 있다. 또 누군가는 거부되거나 비난받는 것에 대한 감정가를 가질 수 있다. 이러한 감정가는 단순히 개

인이 자신의 일상적인 문제를 집단에 투사하는 것이 아니다. 대신
에, 감정가는 집단과 개인이 다양한 수준의 알아차림으로 결탁하
여 집단 구성원들에 의해 부정되고 있는 것을 드러내고자 강력한
무언가를 제정하는 데 대한 개인의 취약성이다.

　　티파니(Tiffany)는 치료 집단의 다른 구성원들에 의해서 은근히 무
　시당하고 있었다. 티파니가 12살일 때 약물 중독이었던 그녀의 어머
　니는 약물 과다복용으로 사망했고, 그녀는 아버지와 양어머니 사이
　에서 세 명의 이복동생과 함께 성장했다. 양어머니는 티파니를 잘 돌
　보아 준 적이 전혀 없었고, 티파니는 그녀가 생물학적인 자녀들에게
　주는 사랑과 보호로부터 늘 배제되었다. 티파니의 이복동생들은 그
　녀를 종종 괴롭혔다. 티파니가 그녀의 집단 관계 내에서 불평을 늘어
　놓고 자기연민을 드러내며 구구절절하게 이야기해서, 다른 사람들
　은 그녀와 함께하는 것에 대해 짜증 나고 불편해했다. 집단은 그들이
　원치 않고 인정받지 못한 자질을 투사할 희생양 역할을 하는 티파니
　를 찾아냈다. 티파니의 소외되고 애정에 굶주린 감정과 경멸과 무시
　를 참는 희생양에 대한 집단의 원초적인 욕구가 섞여 본격적인 실연
　(enactment)이 진행되고 있었다.
　　전체로서의 집단이라는 관점과 개입의 아름다움은 이러한 실연의
　유형이며 집단의 모두를 포함한다. 티파니가 접촉하기 위해서 구구절
　절하게 말하는 방식은 단지 문제의 한 부분이고, 집단의 부분을 보지
　않고 이것만 다룬다면 그녀를 더 희생시킬 수 있다. 이에 대한 성찰에
　전체 집단을 포함하는 것은 집단의 모두를 더 성장하도록 돕고, 티파
　니는 자신의 그림자 측면을 보고 소유하기 위해 노력하며 집단의 일
　부가 되는 경험을 허용할 수 있다. 더 나아가 치유는 집단 구성원으로

서 그들의 고유한 행동에 책임을 지는 노력에서 생겨날 것이다. 이는
집단에서 티파니가 다른 사람들과 관계를 맺는 그녀의 불편한 방식
을 볼 기회를 제공할지도 모른다.

　우리는 전체 집단에게 티파니가 소외되고 원하는 감정을 표현하는
데 있어서 집단을 위해 무엇을 버티고 있는지를 살펴보라고 요청했
다. 집단 구성원으로서 집단에서 그리고 그들의 삶에서 도움이 필요
하다고 느끼는 그들의 경험을 나누었다. 티파니의 압박감이 줄어들었
고, 그녀는 다른 집단 구성원들에게 접촉을 만들어 가는 새로운 방식
을 탐색할 수 있었다.

　전체로서의 집단 관점의 다른 이점은 수치심을 감소시키는 것을
도울 수 있다는 점이다. 집단 리더가 특정 집단 구성원에게 수치심
을 일으키는 문제를 전체 집단에 포함시키고자 할 때 수치심은 감
소할 수 있다.

　에단(Ethan)은 성매매 종사자들과의 높은 위험의 성적인 행동에
중독되어 있다는 것을 집단에서 드러냈다. 이것이 집단에 드러났을
때, 그는 강한 수치심 반응을 경험하기 시작했다. 간단하게 전체로서
의 집단 개입은 이 주제를 집단에 가져온 그의 용기에 감사하는 것이
었고, 그의 나눔으로 더 깊이 있는 작업을 위한 위험을 감수한 것에
대해 집단에서 그의 리더십을 칭찬했다. 그들이 지켜 왔던 성적인 비
밀을 나누는 것은 다른 구성원들도 마음을 열게 한다. 리더십에 대한
관점에서 에단은 전체로서의 집단을 위해 자료를 제공했다. 그의 자
료 공유는 그를 안정되게 하는 대신에 수치심을 불러일으켰지만, 집
단에서 그의 안내를 따르며 예민한 성적 주제를 나누려는 다른 집단

구성원과 매우 친밀하게 느껴졌다.

관계적으로 접촉하려는 태도와 멀어지며 접촉을 회피하는 태도 사이의 긴장은 게슈탈트 집단치료에서 개인적 수준, 양자적 수준, 전체로서의 집단 수준으로 나타난다.

게슈탈트 집단치료에서 우리가 작업하는 기본적인 양극성 중 멀어지며 접촉을 회피하는 태도를 취하는 것은 안전하고 명백히 자기충족적이다. 이와 대조적으로, 관계적으로 접촉하려는 태도의 역동적인 불확실함은 우리의 삶을 풍부하게 한다. 관계적으로 접촉하려는 태도로부터 우리는 다른 사람을 알려고 노력하고 연민을 키우며 개방하고 창조적이기 위해 애쓴다. 멀어지며 접촉을 회피하는 태도로부터 우리는 타인으로부터 우리 자신을 방어하고 통제하기 위해 노력하며 진실을 찾기 위한 불확실성을 감수하기보다는 우리의 위치를 감시한다. 관계적으로 접촉하려는 태도로부터 우리는 연결, 정직, 겸손에 따르는 고통을 수용한다. 멀어지며 접촉을 회피하는 태도로부터 우리는 친밀함과 연결을 회피함으로써 오는 고통에서 우리를 보호한다.

어떻게 이 기본적인 양극성이 개인적 수준, 양자적 수준, 전체로서의 집단 수준으로 나타나는지 한번 살펴보겠다.

개인적 수준: 관계적으로 접촉하려는 태도의 삶에 대한 지속적인 선택 대 멀어지며 접촉을 회피하는 태도의 삶에 대한 선택

　게슈탈트 집단치료에서 개별적인 참가자들은 각 구성원의 작업에서 고유한 맥락과 선택의 진행으로 자신만의 방식으로 특정한 긴장과 마주한다. '안전한' 선택은 숨겨진 상태를 유지하고, 단절하거나 멀어지며 접촉을 회피하는 등 다양한 전략으로 자신을 보호하는 것이다. 멀어지며 접촉을 회피하는 태도를 고수하는 것은 우리를 안전하게 유지시키지만, 통합과 연결로부터 느리지만 멈출 수 없이 도망가게 하는 무서운 불이익이 따른다. 그것은 관계적으로 접촉하려는 삶을 선택함으로써, 우리를 발전시키고 우리의 다양한 자기들과 감정 상태들을 통합시킨다(Polster, 1995). 접촉을 회피하는 태도를 고수하는 것은 관계와 연결의 취약성이 일어나 자기 발전으로부터 우리를 방해한다. 우리는 모두 접촉을 회피하며 소외되는 방향에 맞서는 경향이 있고 접촉이 충만한 관계를 지향하려 노력한다. 균형과 통합에 있어서 접촉을 회피하는 것은 다른 사람과 단절된 정적이고 고착된 상태에서 지속적인 관계를 지원하는 건강하고 일시적인 접촉 철회로 전환된다. 이는 징커(Zinker, 1998)가 설명한 경험 주기에서 철회 단계와 유사하다.

　우리는 각각의 사람이 항상 관계성을 선택하려는 경향과 소외를 선택하려는 경향을 모두 가지고 있기 때문에 이 근본적인 긴장을 해결하려고 애쓰지 않는다. 게슈탈트 집단은 피드백, 장기적인 관계, 돌봄, 솔직함과 더불어 우리 모두 나누고 함께해야 하는 이러한 선택에 대해 좀 더 잘 배울 수 있는 이상적인 환경이다. 다시 말해, 우리의 치료적 목표는 삶의 문제를 해결하는 것이 아니라 가능한 최대로 자기를 발전시킬 수 있도록 배우고, 성장하고, 삶의 모순, 실망, 상실, 양극성을 마주할 때 사랑할 수 있도록 하는 것이다. 우리는 소외되고 접촉을 회피하는 태도를 넘어서서 관계적으로 접촉하는 태도를 취하는 승리를 바라지 않는다. 대신에 우리는 이 양극성을 연결을 위한 지속적인 선택 과정으로 강조하면서, 동시에 고립되려는 경향도 높이 평가한다. 우리는 내담자가 관계를 위해 애쓰는 중에 철회하는 것과 관계에 대항해서 고립되는 것 사이의 차이를 구분할 수 있도록 돕는다.

　게슈탈트 집단치료자는 관계적으로 접촉하려는 태도 대 멀어지며 접촉을 회피하는 태도를 선택하는 양극성에 관한 대화를 시작하고 감사하며 버티는 작업을 한다. 종종 이 소재를 집단에서 다룰 때 낮은 수준의 참여, 즉 늦게 도착하거나 중요한 삶의 문제에 대해서 침묵하거나 모순이 드러나면서 집단 구성원들이 집단을 떠날 계획을 하게 할 수도 있다.

　　샐리(Sally)는 나(데이지)와 함께 개인치료와 집단치료를 진행했다. 그녀는 어머니가 아픈 뒤로 집단에 자주 참여하지 못했다. 그녀는 어머니가 앓고 있는 질환에 대해서 개인치료 때 이야기했지만 집단에서는 이야기하지 않았다. 이 부분에 대해 개인치료 회기 때 탐색하며 샐리는 자신의 어머니가 아프다는 이야기는 "집단에서 나누기에는 너무 개인적인 것"이라고 말했다. 우리가 "나누기에는 너무 개인적인 것"에 관해 탐색하기 시작하며, 샐리는 만약에 사람들이 그녀의 어머니의 질환에 대해서 그녀가 얼마나 괴로워했는지 알게 된다면 집단에서 매우 상처받기 쉬울 것이라고 말했다. 샐리는 아일랜드계 미국인 가정 출신인데, 이것이 가족 문제에 대해 외부에 말하는 것은 약하다는 신호이고 침묵하는 것이 강한 것이라고 여기게 된 내사라는 것을 알아차렸다. 이 알아차림은 어떻게 그녀가 사람들과 거리를 유지하면서 풍부함과 지지를 놓치게 하는지에 대해 많은 것을 이끌어 냈다. 개인상담에서 이러한 문제를 작업한 것은 샐리의 마음을 열게 했고, 집단에서 어머니의 질환과 이와 관련된 고통을 말하게 했다. 그녀는 다른 집단 구성원들로부터 지지와 수용을 받았고, 집단에서 사랑과 지지를 받는 것이 약하다는 신호이기보다는 회복하고 강해지는 자원이 된다는 점에 대해 말했다.

양자적 수준: 관계적으로 접촉하려는 태도와 멀어지며 접촉을 회피하려는 태도는 종종 두 집단 구성원 간의 상호작용에서 드러난다.

두 집단 구성원 간의 문제들은 종종 한 명 또는 둘 모두에게 갈등, 경쟁심, 매력 등을 유발하며 강렬한 느낌이 들게 할 것이다. 강한 감정에도 불구하고 서로가 관계에 머물도록 두 구성원을 지지하는 것은 관계와 접촉을 향상시킬 수 있다.

어릴 때 패트릭(Patrick)은 선생님에게서 추행을 당했고, 그의 어머니는 어린 시절에 그에게 성적으로 매우 자극적이었다. 패트릭은 성인으로서 여성과 친밀한 관계를 형성하고 유지하는 데 큰 어려움을 갖고 있었다. 그가 전형적인 자기비하적 용어들로 자신을 설명했을 때, 매력 넘치는 집단 구성원인 클로에(Chloe)가 패트릭에게 그를 좋아했고 그가 자신을 비하하는 방식이 걱정스럽다고 말했다. 패트릭은 손을 들어 손바닥을 내밀며 마치 교통경찰이 '멈춤' 신호를 보내듯이 행동했다. 그리고 그녀가 '그의 말을 듣지 못했다'는 것에 대해 꽤 방어적으로 설명을 계속했다. 나(피터)는 우리가 그것을 작업할 수 있게 천천히 개입하기를 희망하며 이 변화에 끼어들었다. 나는 패트릭에게 그가 했던 교통경찰의 멈춤 신호 같은 동작을 상기시켰고, 그에게 그 동작을 다시 하면서 그의 손이 클로에에게 하고 싶었던 말이 무엇이었는지 알아차려 보도록 했다. 이 시간에 그는 자신의 손을 올리고 클로에에게 "저는 지금 무섭고 당신이 멈췄으면 좋겠어요."라고 말했다. 나는 그에게 계속 그 상태로 머물면서 무엇이 무서운지 물어보았다. 패트릭은 "전 이런 방식으로 여성과 대화해 본 적이 없어요. 저는 클로에를 좋아하는데, 상대방도 저를 좋아한다고 하는 게 부끄러워요."라고 말했다. 나는 클로에에게 이야기를 들어 보아도 좋겠냐고 물었다.

클로에는 그녀가 놀랐다는 것을 이야기해 주었고, 패트릭이 그녀를 좋아한다는 것에 기뻐했다. 그녀는 전혀 몰랐고, 그가 그녀를 귀찮게 생각하는 줄 알았다고 말했다. 사실, 패트릭이 그녀를 좋아한다는 것이 클로에에게 특히 중요했다. 그녀는 남성들과의 관계에서 많은 어려움이 있었고, 그녀에게 남성들이 어떻게 반응하는지에 대해 혼란스러웠었다.

패트릭과 클로에는 모두 활력을 되찾고 부끄러워하며 미소를 지었다. 나는 패트릭에게 그의 신체에 주의를 기울여 무엇을 느끼는지 알아차려 보도록 했다. 그는 육체적인 쾌감과 흥분 그리고 정서적 확장을 공유했다. 클로에는 뜨겁고, 상기되며, 연결되어 있는 감정을 나누었다. 나는 패트릭에게 이 순간 기쁘고 연결되는 감정의 경험에 주의를 기울여 보도록 했다. 나는 그에게 시각적으로 그녀를 보도록 부탁했고, 그가 무엇을 느꼈는지 그녀에게 말해 보도록 부탁했다. 그는 클로에와 그의 경험에 관해 이야기했고, 그러고 나서 나에게 이것으

로 충분하다고 말했다. 클로에도 충분하다고 했다. 그리고 그들 사이
에 강한 접촉은 즐겁게 마무리되었다.

　　그다음 한 주 동안 패트릭과 클로에는 그들이 데이트하고 관계를
맺은 진척 상황을 나누어 주었다. 비록 그들이 집단에서 작업할 때 그
들의 사적인 관계 진전을 연결시키지는 않았지만, 우리는 집단에서
즐길 수 있는 그들의 능력이 향상되었고 그것이 그들의 친밀한 삶에
도움이 되었을 것이라고 느꼈다.

　접촉을 만들어 가는 양자적 수준에서 집단 구성원의 지지와 관
련해, 게슈탈트 집단치료 리더는 두 집단 구성원 간 만남의 순간들
을 지지하며 좀 더 밀접하게 연결되는 집단이 되도록 돕는다. 관계
적으로 접촉하려는 태도 대 서로 멀어지며 접촉을 회피하려는 태
도의 양극성은 종종 양자적 수준에서 강렬함과 열정으로 집단 전
체를 활기차게 만드는 역할을 한다.

전체로서의 집단 수준: 관계적으로 접촉하려는 태도와 멀어지며 접촉을 회피하는 태도 사이의 긴장은 건강하고 유동적인 하위 집단화 대 파벌, 분열, 건강하지 않은 하위 집단화로 나타난다

　인간은 집단에서 불행히도 분열되고 파벌을 형성하는 경향이 있
다. 집단에서 사람들은 대립하는 진영에 대해 분열되는 원시적인
경향을 보인다. 분열은 게슈탈트 집단치료에서 경계의 혼란으로
드러나고, 이는 분열의 한쪽에 있는 구성원과 분열의 다른 쪽에 있
는 구성원의 투사 사이의 융합으로 볼 수 있다. 우리는 리더가 보기
에 행복하고 만족스러운 집단이 구성원들에게는 무언의 동맹이 만

연하고 상처와 파괴적인 경쟁이 있는 중학교 댄스파티처럼 느껴질 수 있다는 것을 힘든 경험들을 통해서 배웠다. 이 고통의 상당 부분은 숨겨진 분열과 알력 다툼 때문이다. 우리는 이러한 종류의 분열 징후를 찾는 방법을 배웠다. 그것은 집단 구성원이 다른 집단 구성원에게 드물게 반응하거나 하위 집단 간에 반응하듯 방해의 형식으로 미묘하게 나타날 수 있다.

건강한 측면에서, **유동적인**(fluid) 하위 집단화는 꽤 유익하다. 유동적인 하위 집단화와 함께 우리는 하위 집단에 내재된 이점을 활용하려 한다. 이는 구성원들이 동맹과 특별한 관계를 통해 받을 수 있는 지지와 유사한 어려움이나 고통을 가진 사람을 발견하는 것에 대한 지지이다. 그러나 건강한 하위 집단 형성을 지지하는 동안 우리는 집단이 감정적으로 위험한 환경으로 변할 수 있는 분열과 힘의 다툼을 게을리하지 않는다. 나아가 우리는 하위 집단들이 막히거나 아주 많이 다루기 힘든 반대 진영이 되는 경향에 관해서도 주의를 기울인다. 유동적인 하위 집단은 사람들이 하나의 논의에 대해서 특정 구성원으로 이루어진 한 하위 집단에 있다가도 다음 논의가 시작되면 다른 집단 구성원과 다른 하위 집단으로 이동할 수 있다는 것을 의미한다. 이러한 하위 집단의 유동성은 사람들이 한 하위 집단의 밖에 있다가도 몇 분이 지나 지금은 새로운 하위 집단의 구성원일 수 있기 때문에 문제가 될 만한 분열과 투사를 적게 만든다. 초기의 투사들은 다양한 하위 집단의 구성원이 역동적으로 변화할 때 유지 기회가 적어진다.

집단 구성원들이 희생양이 되거나 건강하지 못한 투사 방식을 보이며 집단이 반대 진영으로 분열되는 것을 볼 때 또는 집단의 에너지 수준이 낮거나 불만이 있거나 만성적인 갈등이 있을 때, 우리는 더 큰 유대감을 회복하기 위한 노력의 일환으로서 전체로서의 집단에 개입해서 분열과 건강하지 못한 하위 집단화에 대한 탐색을 목표로 하는 태도를 종종 취할 것이다.

치료자를 위한 치료집단에서, 세 집단 구성원이 집단 작업 후 밖에서 거리의 건물들에 관해 이야기했다. 네 번째 집단 구성원인 루스(Ruth)가 건물에서 걸어 나오며 그들을 보았고, 그들의 이야기에 참여하려 시도했다. 그녀는 그들이 자신을 반긴다는 느낌이 들지 않았고, 상처받고 거절당한 느낌으로 집으로 갔다. 그녀는 다음 집단에서 다소 화가 나 있었고 상처를 준 다른 집단 구성원들을 비난했다. 다른 세 명의 집단 구성원은 놀라며 루스의 비난에 불쾌해했다. 두 명의 다른 집단 구성원이 루스의 편을 들면서 집단은 완전히 반으로 나뉘었다. 다음 몇 회기에서 두 진영 간 좋지 않은 감정들이 이어졌다. 우리는 우리의 자문집단에서 이 문제를 논의했고, 전쟁 중인 두 진영에서의 분열이 관계적으로 접촉하려는 태도에서 집단을 멀리 떨어뜨리며 소외시키고 접촉을 회피하려는 태도로 향하게 한다는 것을 이해했다. 우리는 집단이 분열되어 싸우느라 연결되고 개방하며 작업하는 것으로부터 회피하고 있다는 관점을 제시했다. 그리고 집단이 집단의 갈등 때문에 방치되고 있던 감정과 문제들을 탐색하도록 요청했다. 이 탐색은 집단 구성원들로부터 새로운 개인적 나눔을 개방하는 문을 열었고, 새로운 연결을 만들었으며, 새로운 유동적인 연결과 투사와 갈등에 사로잡혀 반대 진영에 고착되기보다는 기본적인 지지에 기반한 하위 집단을 만들었다. 우리가 이 막다른 골목을 헤쳐 나가면서 모든 부분이 처음의 나쁜 감정을 유발한 사건으로 돌아와 손상된 부분을 복구할 수 있었다.

버텨 주기, 경청하기, 공명하기는 집단 리더의 핵심 기능이다

버텨 주기, 경청하기, 공명하기 작업에서 리더는 악기와도 같다. 기타의 몸체가 기타 줄을 일정한 힘으로 잡아 주고 그 소리의 아름다움을 방 안으로 끌어내듯이, 리더는 집단을 잡아 주고 집단 구성원들이 나누는 감정을 경청하며 그것의 감정들을 공명하고, 감정과 생각에 대해 모두를 위한 반향을 집단에 끌어온다. 리더의 버텨 주기와 공명에 대한 리더의 관심으로, 집단 구성원들이 능동적으로 배우고 성장하며 탐색하여 함께 발전하게 할 수 있다. 집단과 집단 내 개별 구성원의 안팎에서 일어나는 삶의 전 영역은 집단 작업이 펼쳐질 수 있도록 집단에 생기를 불어넣는다.

게슈탈트 집단치료 리더의 중요한 기능은 개입하기, 실험 제안하기, 개인 작업 수행하기 등을 포함한다. 버텨 주고, 경청하고, 공명하는 것은 배경에서 항상 유지되는 중요한 부분이다. 자크 라캉 학파의 정신분석가이며 마르크스주의 철학자인 슬라보예 지젝(Slavoj Žižek, 2011)은 지금 세상이 필요로 하는 것은 더 많이 생각하고 더 적게 행동하는 것이라고 지적했다. 그는 행동을 줄이고 좀 더 올바른 질문을 만드는 데 주의를 기울여야 한다고 제안했다. 게슈탈트 집단치료 영역에서 우리는 그의 이러한 조언을 발견했다.

그래서 여기 게슈탈트 집단치료 리더십의 중요한 배경적 기능에 대한 몇 가지 생각을 제시한다.

버텨 주기

촉진집단과 동료집단 사이의 차이에 대해서 생각해 본 적이 있는가? 경험상 이 두 종류의 집단은 각각 매우 다른 느낌이다. 촉진

집단에는 매우 특정한 방식으로 집단 경험에 참여하는 것에 대한 책임감을 부여받은 누군가가 있다. 리더는 집단을 버텨 주며 다른 집단 구성원과는 다른 방식으로 참여한다. 리더는 자리를 잡고 어떻게 집단이 기능하는지 귀 기울이며, 집단의 감정 톤을 조율하고 과정을 숙고하며 집단의 안녕을 위해 큰 책임을 맡는다. 리더가 없는 집단에서는 덜 안전한 경향이 있고, 과정에 대해 덜 생각하고, 생산적으로 사람들과 집단이 잘 작동하기 위해 처리해야 하는 집단의 문제를 대면하는 것이 좀 더 어렵다.

경청하기

집단을 이끌면서 대부분의 시간은 경청하며 보낸다. 우리는 집단 구성원들에게 귀를 기울인다. 우리는 우리의 상상을 듣고, 전체로서의 집단을 듣는다. 우리는 적극적으로 경청하며, 우리의 능력을 지켜보고 집단에서 무슨 일이 일어나는지를 추적한다. 우리는 우리 마음속에서 흘러나오는 음악을 들으며 집단에 대해 무슨 말을 할지 질문한다. 그리고 우리는 내부에서 통합적인 알아차림이 있을 때까지 기다린다. 알아차림은 개입, 사색, 해석 또는 실험을 위한 에너지를 준다.

우리가 리더로서 집단치료에서 정형화된 접근을 하지 않고 게슈탈트적인 접근을 좋아하는 한 가지 이유는 게슈탈트 집단치료의 창조성, 자발성, 자유로움에 대한 강조를 소중히 여기기 때문이다. 그래서 우리는 치료자가 어떻게 듣는가에 대해서 매우 흥미가 있다. 치료자가 사람들을 받아들이는 방식과 정보는 집단에서 드러난 재료들을 어떻게 통합하며 창조적으로 작업할지에 대한 기초가 된다. 그리고 이것은 지극히 개인적이다. 우리는 모든 게슈탈트 집단치료 리더에게 어떻게 다른 사람을 잘 경청하고 자기 내면의 음악에 주의를 기울이는지에 대해 깊이 생각해 보도록 격려한다.

한 가지 경험을 통한 법칙은, 당신이 리더의 자리에 앉아 있을 때 당신의 신체 또는 마음 등 당신 내면의 무엇이든지 그것이 집단에 대한 정보라는 것이다. 우리는 당신 내면에서 일어나는 것에 귀 기울여 보고 자신에게 '이 집단이 나에게 무슨 말을 하고 있지?'와 같은 질문을 던져 보라고 격려한다. 내 마음을 어지럽게 하는 것들은 종종 아주 어리석고 진부하지만, 이러한 작은 상상들은 여전히 내게 많은 것을 말해 준다.

나(피터)는 집단에 앉아 있었다. 뭔가 막힌 상태였지만 집단 구성원 중에 누구도 집단의 진짜 문제에 대해서 말하지 않았다. 나는 모두가 집단을 그만두는 상상을 하는 나 자신을 발견했다. 그러고서 나는 〈Homicide〉라고 불리는 경찰 쇼 프로그램 중 한 이야기를 기억해 냈다. 몇 년 전에 본 것인데, 나이 든 남성이 그의 아내를 죽이는 내용이었다. 많은 조사 끝에 경찰은 그 남자가 고등학교 시절의 연인과 바람을 피웠고 다른 여자와 지내기 위해 결혼생활을 벗어나려 그의 아내를 죽였다는 것을 알아냈다. 경찰은 그에게 "왜 그냥 이혼하자고 하지 않고 그녀를 냉정하게 죽였나요?"라고 질문했다. 그 남자의 대답은 "난 그녀의 감정에 상처를 주고 싶지 않았어요!"였다.

나는 이 이야기를 집단에 말해 주었고, 아마도 우리 집단이 어렵고 불안한 진실을 말하기보다는 집단을 죽이는 것을 더 선호할지도 모르겠다고 말했다. 내 말이 끝나자 집단에 에너지가 극적으로 올라오며 집단 구성원 모두와 연관된 어려운 상호작용의 문제들이 나왔고, 이를 작업했다. 집단은 좀 더 생기 넘치고 더 접촉하는 장소가 되면서 그 회기를 마무리 지었다.

공명하기

집단 리더를 기타의 몸체로 비유했던 부분으로 돌아가 보면, 집단 구성원들은 기타의 줄과도 같고, 음악가로서의 삶 그 자체이다. 이 은유에서 리더의 가장 중요한 일은 버티고 공명하는 것이다. 기타가 기타 줄을 확실한 장력으로 잡고 있어야 소리를 낼 수 있듯이, 리더는 집단 구성원들의 현재, 주의, 경계, 집단에 대한 헌신 등을 함께 잡고 있다. 이러한 버팀은 구성원들이 그들의 생각, 감정, 신체적 상태를 공유하는 것을 허용하고 집단이라는 공간으로 내면의 삶을 가져오게 한다.

리더는 집단 구성원들이 가져오는 재료에 공명한다. 리더는 집단에 존재하는 감정을 집단에 다시 반영하고, 리더의 공명을 통해 집단 구성원들은 새로운 빛을 스스로 보는 기회를 얻는다. 예를 들어, 우리의 혼성 집단에서 한 엔지니어는 컴퓨터 도구로 자신이 대체될 수도 있다는 느낌을 말했고, 한 내과 의사는 진료 보기에 너무 늙어 버린 것 같고 실수를 하면 안 된다는 느낌을 이야기했고, 한 어머니는 우울한 딸에 대해 초조해하는 등 몇몇 집단 구성원은 그들이 무서움을 느끼는 것들에 관해 이야기했다. 이러한 감정들에 대한 리더의 공명은 집단이 어떠한 판단과 충고 없이 사적인 걱정과 고민을 꺼낼 수 있는 특별한 장소가 되도록 하는 것이다. 집단이 이러한 공명을 들었을 때, 그들은 각 구성원을 위해 고마움과 애정을 표현하고, 힘과 자신감이 생기는 것 같은 새로운 느낌을 나타낸다.

리더의 고유한 과정 형성의 알아차림은 집단 리더십의 가장 강력한 도구가 된다

징커(1977)는 게슈탈트 형성 과정에 관해 집필했다. 필립슨 (Philippson, 2009)은 출현 속성에 대해서 저술했다. 여기에서 우리 는 게슈탈트 집단의 출현 속성으로서 게슈탈트 집단치료 리더의 게슈탈트 형성을 살펴볼 것이다. 게슈탈트 형성 과정에서 우리는 무엇이 우리 안에 있는지 알아차리게 되고, 우리 내면에 있는 어떤 것이 어떤 면에서 장 또는 집단과 연결되고 어떤 방식으로 기능하 는지 생각해 보는 시도를 한다. 게슈탈트 집단치료 리더인 우리가 집단의 기능으로서 우리의 게슈탈트 형성 과정에 대해 생각하는 과정을 발전시키면, 집단에서 진정으로 대화를 심화시키는 일을 하게 된다.

징커(1977)에 의하면, 우리가 제1장에서 약간 수정했던 게슈탈트 형성 과정은 감각, 알아차림, 에너지 동원, 행동, 접촉/변화, 새로운 균형 단계를 거친다. 다음의 예를 통해 리더에게 형성되는 게슈탈 트가 집단 과정으로부터 나오는 것일 때, 어떻게 리더의 게슈탈트 형성 과정이 집단을 이끄는 데 중요한 기능으로서 제공되는지 소 개해 보겠다.

감각: 레아(Leah)는 그녀가 오랫동안 구성원으로 참여했던 치료 자 집단을 떠날 계획이라고 갑자기 알렸다. 그녀가 이 말을 한 순 간, 데이지와 나는 그녀가 떠나는 것에 대해서 약간 슬프고 불안하 며 실망스러운 감정이었다.

알아차림: 집단 작업 이후, 데이지와 나는 레아가 집단을 떠나기

로 결정한 것에 대한 실망스러운 감정을 나누었고, 우리가 딜레마에 빠진 느낌이라는 것을 함께 발견했다. 동시에 우리는 그녀가 집단에 머물도록 영향을 미치려 시도함으로써 강압적으로 보이는 것을 원치 않았다. 다른 한편으로는, 집단에서 수면 아래에 끓고 있는 문제들 때문에 떠나는 것을 선택했을지도 모른다고 느꼈다. 특히 우리는 레아가 집단에서 더 강렬하고 친밀하기를 원했을 수도 있다고 느꼈지만, 집단은 이를 회피하는 것 같았다.

에너지 동원: 우리는 이 문제를 우리의 자문집단에 가져가 다른 사람의 조언을 구했다. 그 후 다음 회기에서 레아와 이 문제에 관해 이야기해 보기로 했다.

행동: 우리는 레아에게 우리의 딜레마를 이야기했다. 한편으로는 그녀의 결정을 존중하고 그녀가 떠나는 것에 대해서 무겁게 다루거나 강압적으로 하고 싶지 않으면서, 다른 한편으로는 몇 가지 의구심이 있다는 것을 말했다. 우리는 혹시 우리의 의구심들을 표현하는 것이 괜찮은지를 물었고, 그녀는 괜찮다고 했다.

접촉/변화: 데이지는 집단과 관련해 레아에게 무슨 일이 일어나고 있는지에 관한 생각과 상상들을 공유했고, 레아가 데이지와 나에게 가지고 있을 수도 있는 감정을 탐색했다. 이것은 좋은 접촉과 함께 집중적인 개인 작업의 부분이었고, 리더인 우리가 어떻게 기능하는지 집단에 대해 많이 탐색하게 해서 모든 집단 참여자에게 매우 흥미로운 개인 작업이었다. 레아는 집단에 대해서, 그녀 자신에 대해서, 그녀의 관계, 결혼, 데이지와 나에 대한 감정 등에 대해서 많이 표현했다. 집단 구성원들은 대화로 깊이 연결되었고, 시간이 지나며 그들의 생각, 감정, 작업에 대한 공명이 시작되었다. 레아는 집단에 머물기로 결정했다.

새로운 균형: 이 작업 이후, 집단의 응집력(Yalom, 1995)과 구성원들이 함께하는 유대감이 회복되었다. 데이지와 나는 레아가 떠날 거라고 했을 때 우리의 슬픔, 불안, 실망스러운 감정들을 작업한 것에 만족했다. 곧 또 다른 작업이 시작되고 다른 게슈탈트가 데이지와 나, 마찬가지로 집단 구성원들에게 형성되기 시작할 것이다. 그러나 새로운 작업은 방금 끝난 레아의 작업에 의해 영향을 받게 되고, 복잡성과 숙련도를 발전시키는 과정이 방 안에서 감지된다. 이는 집단 내에서 새롭고 복잡한 문제의 출현에 더 큰 지지를 제공한다. 집단에 레아의 작업이 통합되었고, 이제 서로 좀 더 친밀하고 강렬하게 다가갈 준비가 되었다.

변화의 역설적 이론에서처럼 집단 리더가 양극성의 긴장을 유지할 때 리더는 집단이 복잡성을 버티는 것을 돕게 되고, 이는 결국 상징화가 일어나기 위한 양분이 된다

바이서(1971, p. 77)는 게슈탈트 치료에서 변화의 역설적 이론에 관해 다음과 같이 분명히 표현했다.

> 변화는 자신이 아닌 무엇이 되려고 노력하기보다는 있는 그대로의 자신이 될 때 일어난다. 변화는 개인 또는 다른 사람이 변화하라고 요구하는 강압적인 시도를 통해서 일어나지 않는다. 그러나 만약 시간을 가지고 자신의 현재 상태들을 완전히 들여다보며 자기 본연의 모습이 되려 노력한다면, 변화는 일어난다.

바이서가 여기 명시했듯이 그는 현재 상황이 단일한 상태라기보

다는 양극성이나 갈등의 하나일 수 있기 때문에 '상태들'이라는 복
수를 사용했다.

변화의 역설적 이론은 게슈탈트 집단치료에서 나타나는 많은 양
극성을 작업하기에 훌륭한 틀을 제공한다. 우리는 누군가 매우 의
지에 가득 차서 스스로에게 변화를 강요할 때 변화의 역설적 이론
이라는 용어를 생각한다. 그것은 또한 게슈탈트 집단치료 리더에
게 우리의 일이 양극성과 복잡성에 대한 해답을 찾는 데 비중을 두
고 있지 않다는 점을 상기시킨다. 즉, 우리는 구성원들이 오히려 복
잡함을 버티도록 돕고, 시간을 가지고 자신이 누구인지 정확히 알
수 있도록 지지하며, 심지어 여러 상태로 모순되거나 반대 극에 있
는 것처럼 보일지라도 현재 그 처지들을 충분히 다루어 보기 위한
작업을 한다. 변화의 역설적 이론은 변화가 의지보다는 통합된 행
동에 가깝고, 우리가 모순의 복잡성을 버틸 때 새로운 알아차림이
일어날 것이라는 점을 우리에게 상기시킨다.

앞서 관계적으로 접촉하려는 입장과 멀어지며 접촉을 회피하려
는 입장의 기본적인 양극성을 논의했었다. 이제 정신의 현상학으
로서 그것들의 양극성을 한번 살펴보려 한다. 펄스는 개인의 존재
와 자신이 가지고 있는 신분의 심리적 상태가 서로 반대되는 것으
로 나타나는 경향이 있다는 점을 지적했다. 예를 들어, 펄스(1973)
는 냉혹하고 완벽주의적인 상전은 여전히 결함이 있는 인간인 하
인의 반대쪽에 있다고 했다. 우리는 매우 신앙적인 사람이 비밀스
러운 성생활을 하고 있거나, '대지의 여신'처럼 매우 부드럽고 감각
적인 사람이 비밀스러운 원한이나 적개심을 가졌거나, 겸손한 아
내가 남편의 권력 남용을 부추기거나, 사회적 책임감이 강하고 정
치적으로 진보적인 사람이 부와 권력이 없는 자들을 속으로 무시

하는 것 등 인간 양극성의 끝없는 연속을 본다. 물론, 때때로 우리
는 겉으로는 무자비한 사업가가 다른 한편으로는 다정하고 연민을
느끼며 부드러운 내면을 비밀스럽게 지니고 있거나, 지나치게 밀
어붙이며 야심에 찬 어머니가 친절한 마음을 억누르고 있는 것 등
의 경우처럼 사회적으로 덜 용인되는 부분이 눈에 잘 보이고 '고결
한' 부분은 숨겨져 있는 것을 본다.

　게슈탈트 집단치료에서 우리는 삶의 모순, 문제, 복잡성의 해답
을 찾으려 하지 않는다. 우리는 치유법을 찾지 않는다. 그보다는
오히려 어려움을 불러일으키고 갈등에 머물게 하는 문제들과 깊은
관계를 추구하려 애쓴다. 우리는 자기의 감각을 발전시키고 관계
가 형성되는 감각을 키우며 삶의 고통스러운 문제들과 갈등, 도전
에 대한 압박감 등이 있을지라도 자기가 계속 흐르고 성장할 수 있
게 애쓴다. 갈등에 대한 해답을 찾기보다는 자기의 발전을 추구하
고, 일어나는 문제나 갈등들을 작업할 수 있게 하는 집단의 안전을
유지하려 노력한다. 이것이 특정 어려움이나 갈등의 해결을 끌어
낸다면 우리는 이를 환영하지만, 그 자체가 목표는 아니다.

　게슈탈트 집단치료에서 우리는 삶의 양극성을 다룬다. 더불어,
원치 않고 통합되지 않은 것들이 집단 구성원들에게 투사될 수 있
는 방식으로 양극성을 다루기도 한다. 예를 들어, 집단 구성원이 그
의 분노를 통합하는 것을 어려워하고, 집단의 분노를 짊어질 감정
가를 지닌 한 구성원이 그것에 집착하게 되고, 그렇게 함으로써 다
른 구성원들은 그들의 통합되지 않은 분노와 그것을 가지고 있는
사람 모두를 거부할 수 있다. 이는 집단에서 통합되지 않은 감정으
로 쉽게 일어날 수 있는 희생양의 한 형태이다.

　변화의 역설적 이론은 여기에서 큰 도움이 된다. 리더가 각 구성

원이 자신의 감정을 느끼고 무엇이 **실재하는지** 충분히 경험할 수 있게 격려할 때, 다른 집단 구성원에게 감정을 투사하는 것과 같은 지름길을 포함할 수 있고, 집단 구성원들은 그들 양극성의 모든 측면을 소유하는 데 수반되는 복잡성을 생생하게 경험할 기회를 얻게된다. 이것은 자신의 한쪽 부분만을 보고 그 부분에만 투자해 동일시하면서 동시에 양극성의 끊어진 다른 부분은 억누르는 데 힘쓰는 집단 구성원을 힘들게 할 수 있다. 자기 자신의 양쪽 측면을 소유하는 것은 자아 이질적이고, 자신을 변변치 않게 느끼게 하며, 불안을 유발할 수 있다. 그러나 우리의 다양한 자기 측면의 소유, 심지어 우리가 인정하지 않는 자기까지도 소유하는 불편함 속에서 우리는 새로운 무언가의 출현에 대해 문을 연다. 즉, 새로운 이해, 새로운 수용의 수준, 새로운 감정 등이 출현하기 위한 문을 열게된다.

이 '새로운 무엇'은 반대되는 부분들이 통합되는 그 순간에 일어나고, 상반되는 부분들이 통합된 한 전체로서 유지되는 능력이며, 반대되는 것들의 복잡성을 버팀으로써 전적으로 새로운 무엇이 생겨나게 된다. 이 '새로운 무엇'은 상반된 것들이 버티는 상태를 벗어나는 새로운 게슈탈트의 형성이다.[3] 이 '새로운 무엇'은 양극성에 대한 구체적인 사고로부터 상징화하는 능력으로 이동할 수 있는 능력을 포함한다. 우리는 구체적 사고로부터 움직이는 것의 중요성에 관해 몇몇 사례를 소개하며 논의하려 한다.

이 장의 앞부분에서 우리는 징커(1977)의 경험 주기를 따른 게슈탈트 형성 과정에 대해 논의했다. 우리는 여기서 드러나는 속성을 가진 특정한 종류의 게슈탈트를 일으키는 다른 과정을 제안한다. 이 게슈탈트 형성 과정에서 반대되는 것들은 서로 연결되어 붙게 된다. 양극의 부분들이 같이 유지되고 있다는 것은 불가능한 일처럼 보이는 변형이며, 넓은 의미의 자기에 근거한 새로운 온전함, 그리고 장에 대한 보다 더 큰 알아차림과 같은 새로운 게슈탈트의 탄생이 일어난다. 단지 유기 화합물, 열, 물이 적절히 혼합된 최초의 생명체 같은 '원시시대의 수프'로서 어떤 새로운 것이 주어진 것처럼, 상반된 것들 간 복잡성의 지탱으로부터 새로운 게슈탈트 형성이 일어나고 드러난다. 그리고 우리가 말했듯이 새로운 게슈탈트는 대립하는 것들을 구체적으로 붙들고 있기보다는 오히려 그것들을 상징화하는 능력을 수반한다.

개인적 수준에서의 상징화

　미셸(Michelle)은 집단에 있는 모든 사람에게 이 집단이 그녀에게 얼마나 중요하고 자신이 얼마나 많은 관심을 여기에 기울이고 있는지에 대해서 여러 번 언급했다. 그러나 그녀는 집단 회기에 불참하거나, 회기 비용을 내지 않거나, 지각하거나, 편을 나누어 집단을 분열시키거나, 새로운 구성원을 반기지 않는 등 집단에 해로운 행동들을 많이 했다. 우리는 이러한 그녀의 행동에 대해 말하면서, 우리를 피해 그녀가 속으로 누르고 있는 감정에 대해 궁금해한다는 것을 전했다. 그러나 시간이 지나면서 리더와 다른 집단 구성원의 대화가 이어졌다. 그러다 어느 순간 그녀는 자신의 파괴적인 경향을 인정하기 시작했고, 그러한 행동들이 아동기에 성적인 학대를 당하는 고통과 엮여 있으며, 그것은 외상으로 가득한 위험한 유년기에 생존하기 위한 창조적 적응이었다는 것을 식별했다. 파괴적인 측면을 인정함과 동시에 집단을 사랑하고 원했던 마음을 가지고 있던 미셸은 반대되는 측면들의 긴장을 느꼈고, 그녀와 전체 집단은 그녀가 겪는 혼란스러움을 견뎌

냈다. 이것으로부터 좀 더 유연하고 덜 까다롭고 더 인간적인 자기에 대한 다른 감각인 새로운 게슈탈트가 나타났다. 이 새로운 자기에 대한 감각으로 더 이상 파괴적인 측면에 대한 회피적인 대화는 필요치 않게 되었고, 그녀는 그것에 대해 경청하며 책임지고 행동을 상징화할 수 있게 되었다.

상반된 측면들의 복잡성을 버티는 것으로부터 드러나는 새로운 게슈탈트의 특성 중 하나는 상징화하는 능력이다. 상징화하는 것은 전체를 유지할 수 있다는 것이고, 현재의 자극과 행동을 이전의 이력과 연결시킬 수 있으며, 그것이 우리에게 의미하는 바에 대한 감각으로 우리를 촉발시키는 것을 붙들 수 있다.

미셸이 집단을 돌보면서 집단을 필요로 하는 측면과 다른 한편으로는 집단을 해롭게 하는 자신의 상반된 측면들을 버틸 수 있었을 때, 이러한 양극성이 모두 유지되면서 그녀의 내면에서 활성화되었던 집단에 대한 애착이 커지며 생기는 복잡한 감정들을 상징화하기 위한 능력이 생기게 되었다. 그녀는 아동기 때 자기애적인 어머니와 폭력적인 아버지가 비참할 정도로 공감하는 데 실패했던 원가족에서 기원한 애착을 집단에 대한 애착으로 연결했다. 그녀는 외적으로는 그녀의 자기애적인 부모를 완벽하게 반영하며 착한 아이 역할을 했고, 내적으로는 두렵고 상처 입고 분노로 휩싸여 있었다. 그녀의 파괴적인 행동은 가족이 좋은 것을 얻기 위해서 학대와 방치를 참아야만 했던 어린 시절의 분노를 표현한 것이었다. 그녀가 상징화하고 이러한 연결을 할 수 있게 되었을 때, 그녀는 집단, 집단 구성원, 집단 리더에게 애착이 커지는 것을 느낌에 따라 올라온 이러한 집중적인 감정들을 집단에서 나눌 수 있었다. 집단은 그녀의 이야기를 경청하고, 그녀와 함께 버티며, 집단의 나머지 부분들에서 연결되어 머무르며 그녀가 이러한 감정들과 연결되는 것을 도왔다. 상반된 측면들을 버티고 상징화하는 능력의 향상은 미셸이 그녀의 직장과 가정 생활에서 더 나은 관계를 유지하는 것을 의미한다.

집단 수준에서의 상징화

매트(Matt)는 집단에 한 가지 문제를 가져왔다. 그는 집을 청소하거나 물건을 옮기기 위해 움직이지를 못했다. 그는 집 안에 물건을 쌓아 두고 가까스로 그의 집 주변으로 움직였다. 그의 상전과 하인은 분열되어서, 하인이 움직이지 못하고 이 문제에 대해 기능할 수 없는 동안에 상전은 무자비하게 그를 질책했다. 비록 그가 이 문제에 대해서 약간의 진전이 있었지만, 그는 수치심에 압도되었다. 매트와 집단이 상전과 하인의 분열에 잡혀 있는 동안, 집단은 성과가 없고 수치심을 유발하는 일련의 '유용한 제안들'을 제시했다. 그의 저장 행동 문제의 구체적인 측면은 매트와 다른 집단 구성원들에게 모두 흥미롭게 느껴졌다. 나(데이지)는 우리 집단이 이 문제로 인해 강하게 일어난 감정의 풍부한 암류를 놓치고 있다는 것을 감지했다. 이 복잡성과 연결해서 나의 의식에서 한 가지 실험이 떠올랐다. 나는 전체 집단에게 "모두 꿈속에서 잡동사니로 가득 찬 매트의 집을 상상해 보는 걸 제안하고 싶어요. 이것은 어떤 느낌이고, 이것이 당신의 꿈이라면 당신에게 무슨 의미일까요?"라고 말했다.

지금 집단 구성원들은 내면 깊숙이 무엇인가 불러일으켜지는, 더 깊어지고 좀 더 연결되어 부르는 소리를 느낀다. 지금 그의 집과 관련된 매트의 문제는 상징적인 차원에서 느낄 수 있다. 데이비드(David)

는 로스앤젤레스 중산층 이웃이 있는 공영 아파트에서 성장한 것을
회상했다. 그가 어릴 때 그의 가족이 생활보호대상자라는 이유로 친
구로부터 거부당했던 것을 떠올렸다. 이것은 그의 현재 경제적 상황
이나 직업적 상태에 따라 집단에서 거부될 수 있다는 두려움을 이끌
어 냈다. 그것은 또한 타인에 대해 내재된 열등감을 지닌 가족 혼돈의
감정도 불러일으켰다. 다른 집단 구성원들은 매트의 집을 꿈에서 보
았다면 어땠을지를 상상하면서 올라온 감정과 기억을 나누었다. 매트
는 수치심이 줄어들었다고 말하고, 다음의 몇 회기가 진행되는 동안
그의 집이 깨끗해졌고, 공과금을 냈으며, 직장에서 그의 서류 작업을
마무리한 것 등에 대해 보고했다.

감정 전류는 게슈탈트 집단치료가 헤엄치는 물과 같다. 감정 처리는 게슈탈트 집단치료에서 작업이 이루어지는 과정이다

우리는 항상 우리 각자에게서 흐르는 진행 중인 감정의 흐름에
대해 참조할 수 있는 감정 전류라는 개념을 제시한다. 여기에서 우
리는 전류라는 단어에서 에너지의 흐름 그리고 지금 현재 순간에
서 발생하는 것이라는 두 가지 의미를 알아차린다. 우리가 살아 있
는 한, 감정 전류는 지금 흐르는 우리의 감정적 에너지이다. 이 감
정 전류는 우리가 현재 순간에 삶의 흐름 속으로 그 흐름을 타고 움
직일 때 펼쳐지는 우리의 정동, 즉각적인 장에 대한 감정적 반응,
우리의 성적인 흐름, 성적인 에너지, 흥분감, 위험, 매력, 혐오 등을
포함한다. [4]
　감정 전류는 인간 경험의 진행 중인 감정적 차원이다. 이 진행 중
인 감정 전류의 공통된 상징은 물줄기들이다. 대양, 강, 호수들은

종종 우리 삶에서 기분, 정서, 감정 차원의 상징으로서 우리의 꿈에 나타난다. 이것은 게슈탈트 집단치료가 헤엄치는 물이며, 인간의 삶 그 자체의 물이라 볼 수 있다. 우리는 집단에서 자주 이 물로 돌아가 집단과 구성원들에게 흐르고 있는 기분들의 흐름 또는 감정 전류를 접촉한다.

감정 전류는 우리가 헤엄치는 물이지만, 소리를 들을 사람이 없을 때 숲속의 나무가 쓰러지는 소리가 나는지를 묻는 것과 마찬가지로 우리는 알아차림의 외부에서 일어나는 감정 전류의 영향에 대해 질문해야만 한다. 감정 전류는 변함없지만, 감정 전류와 함께 **접촉**이 만들어지는 것은 흔하지 않고 도달하기 매우 어렵다. 이 작업은 삶 그 자체의 일로서 여겨질 수 있다. 우리는 감정 전류와 함께 접촉을 만드는 작업에 관해 **감정 처리**를 참조하려 한다. **감정 전류와 감정 처리** 사이의 차이는 결정적이다. 모든 사람은 그 내면에 기분의 지속적인 흐름을 가지고 있다. 이 장에 대한 우리의 유기체적 반응인 감정 전류는 자연스럽고 어디에나 있다. 그것은 우리 개개인이 우리 안에 항상 가지고 있는 세상에 대한 유동적인 감정 표현의 한 종류이다. 감정 전류는 작업할 때 항상 강력하고 우리의 주관성을 다채롭게 한다. 이것이 알아차림의 바깥에서 일어나면 우리는 우리의 지각, 사고, 접촉하려는 가장 강력한 욕구를 알아차리지 못한다. 이 알아차림의 결여는 우리의 지각을 왜곡하고, 우리의 관계를 손상시키며, 명료하게 생각하는 우리의 능력을 지연시키는 등 접촉 경계 혼란과 함께 감정 전류에 반응하기 때문에 많은 고통이 일어나게 한다.

집단의 힘을 사용해서 감정 전류, 즉 감정의 흐름을 알아차리는 것이 게슈탈트 집단치료의 작업이다. 우리는 감정 전류에 대한 알아차림 추구를 **감정** 처리라고 부를 것이다. 감정 처리는 쉬운 일이 아니다. 그것은 게슈탈트 집단치료에서 가장 중요하다. 감정 처리는 힘든 작업, 자기 반영, 고통을 참고자 하는 의지가 없이 얻어지지 않는다. 우리의 임상 실습에서 우리는 게슈탈트 집단치료가 감정 처리의 작업에 참여할 수 있는 가장 강력한 환경이라는 점을 발견했다. 알아차림은 관계적인 공백에서 일어나지 않는다. 각 개인은 우리가 헤엄치는 물이 잔잔하지 않기 때문에 깊이 있는 정서적 삶과 함께하기 위한 많은 지지가 필요하다. 그것은 강렬한 열정이다. 사랑, 혐오, 욕구, 필요, 버림받음과 같은 강한 감정들은 통합하기 쉽지 않다. 게슈탈트 집단치료에서 우리는 감정 전류에 대한 알아차림을 위해 필요한 감정 처리에 대한 지지를 제공한다. 우리는 이를 개인적 수준, 양자적 수준, 전체로서의 집단 수준에서 작업하며, 감정 처리의 도전적 과제를 위해 각 수준에서 지지를 보낸다. 자기 활성화 측면에서 감정 처리는 우리가 어떤 욕구를 쫓고 있는지에 대한 알아차림을 개선하는 데 도움을 준다. 밀접하게 연결되는 측면에서 감정 처리는 다른 사람들에게 다가가고 연결되어 머무르는 것을 돕는 복잡한 감정을 다루도록 우리를 돕는다.

여기에 게슈탈트 집단치료의 아름다움이 있다. 게슈탈트 집단치료에서 우리의 목적은 단순히 온전한 우리 자신의 성장이다. 우리는 자세히 살펴보고, 권한을 부여받고, 관계적으로 풍요로운 삶으로 가는 길로서 감정 처리를 추구한다. 게슈탈트 집단치료에서 집단 리더는 자기 향상, 우울증에서 벗어나기, 체중 감소, 좀 더 성공하기 또는 이상적인 친구 찾기 같은 목표를 추구하지 않는다. 게슈탈트 집단치료에서 우리가 노력하는 것은 삶에 대한 우리의 감정적 반응들에 접촉할 수 있게 이끌어 주는 감정 처리이다.

비교적 건강할 때 우리는 자신의 크고 작은 선택을 알려 주는 감정 전류와 좀 더 잘 연결되고 진행할 수 있다. 상대적으로 건강이 좋지 않을 때 우리는 감정 전류에 의해 지배당하지만 이를 알아차리지 못한다. 건강이 좋지 않을 때 비효율적인 감정 처리가 진행되고 현실에 대한 우리의 지각, 접촉하기 위한 우리의 능력, 풍부한 관계적인 삶은 제한된다. 감정 전류가 부족하고 비효율적일 때 우리는 감정적 자원과 신체적 반응으로부터 멀어지게 되고, 이로 인해 우리 내면의 삶은 우리 자신에게 낯설게 느껴진다. 강한 감정 처리는 우리 주관성의 매우 핵심에 놓여 있는 두렵고 알지 못하는 존재 대신에 우리 지혜의 큰 원천이 될 것이다. 감정의 흐름을 알지 못할 때, 그것이 친숙하고 강력할지라도 두려워진다. 원시적이고 근본적인 종교 체계가 사탄의 환상적인 이미지를 우리 삶의 차원에 투사하는 반면, 원시적인 정치 체계는 '타인'에 대한 증오와 두려움을 우리 자신의 이러한 측면에 투사하는 것은 아닐까? 사탄 또는 타인에 대한 증오와 두려움은 감정과 감각의 원자료를 지혜로 바꾸는 감정 처리의 도구를 지니지 않은 사람들의 감정 전류에 대한 완벽한 상징이다. 알아차림 없이 우리 안에 있는 것은 두려워지고 마치 미해결 과제인 것처럼 우리의 관심과 종결을 요구한다. 감정 전류는 불길해지고 원시적 두려움의 원천이 되어 투사, 분열, 온갖 고통이 생기게 한다. 감정 처리는 알아차림을 유지하기 위해 그리고 더 나은 선택을 하고 더 좋은 접촉을 발견하며 타인과 감정적으로 연결되어 머무르기 위해 계속 흐르고 있는 감정 전류로부터 받는 신호들을 모아 감정 전류에 머무는 능력이 향상되는 것을 수반한다.

게슈탈트 집단치료에서 리더는 이러한 기본적인 이해를 하고 시작한다. 감정 전류는 항상 집단에서 모든 사람 안에 살아 있고 움직인다. "정서적 수준에서 어떤 기분인가요?" "존(John)이 말할 때 당신에게서는 어떤 느낌이 일어났나요?" 또는 "지금 바로 이 순간 어떤 느낌인지 한번 살펴보겠어요?"와 같은 질문이 게슈탈트 집단치료자 전술의 기본 움직임들이다. 이러한 모든 질문과 집단 리더의 많은 개입은 그들의 감정 전류와 함께 접촉을 만들어 내기 위해 노력하는 집단 구성원들을 지지하며 이끌고자 하는 목적이 있다. 감정 처리는 집단의 다른 구성원들 그리고 자기 자신과 좀 더 잘 접촉할 수 있도록 이끈다.

감정 전류는 그 자체가 자동적으로 각 집단 구성원들을 서로 연결하지 않는다. 사실, 감정 전류는 만약 집단 구성원이 충분히 효과적인 감정 처리 과정을 끌어낼 수 없다면 집단 과정이 파괴될 수 있는 방식으로 자주 일어난다. 반대로, 감정 처리 과정은 집단 구성원 사이의 연결 조직을 제공하는 바로 그것이다. 우리의 감정에서 의미를 찾는 보편적인 탐색에서, 우리는 연결, 소통, 관계라는 것을 발견했다.

감정 처리 과정 작업에서 우리는 감정 전류를 발견하기 위해 의미상으로 구분되는 최소한의 두 수준을 발견했다. **신호 수준**(signal level)과 **상징 수준**(symbolic level)이 그것이다. 각각에 대해서 한번 살펴보겠다.

신호 수준에서 기분 또는 신체적 감각은 개인과 장에 대한 정보를 즉각적으로 제공한다.

조(Joe)는 메리(Mary)가 다른 집단 구성원과 접촉을 시도하는 중

간에 그녀를 방해하곤 했다. 메리는 그녀가 다른 집단 구성원과 상호
작용하려고 움직일 때 조에게 화가 솟구치는 것을 느꼈다.

메리의 불끈 치밀어 오르는 화는 하나의 신호로서 그녀에게 조와
의 관계에서 설정할 필요가 있다고 생각하는 경계가 침범받고 있다고
말했다.

그녀는 화가 나서 단호하게 "이봐요, 조, 날 방해하는 걸 멈춰요!
당신은 정말 날 짜증 나게 하네요!"라고 말했다. 조는 그녀의 말을 들
었고, 당황하며 소심하게 뒤로 물러섰다.

메리는 건강한 자기지지를 보여 주었다. 그녀는 경계가 교차하
는 것을 화의 신호로 지각했고, 이 감정을 행동으로 옮기며 그녀의
욕구를 지지했다. 그러나 조는 상처 입고 기분이 상하는 느낌이었
다. 동시에, 다른 수준에서 감정 전류는 뭔가 더 깊은 상징을 제시
했다. 감정 전류가 더 깊이 있는 접촉을 만드는 것은 우리가 감정
처리 과정이라고 부르는 것이다.

나(데이지)는 메리에게 조와의 제한적인 상황에서도 자기지지를
한 것을 알아보았다고 말했다. 나는 그녀가 단호히 말할 때 느낀 감
정에 대해서 물어보았다. 그녀는 자신의 분노가 신체적으로 경험되는
것에 관해 집단과 나에게 말했다. 그리고 이것이 약하고 상처받기 쉬
운 그녀의 아버지와 관련된 강한 기억을 불러일으켰다고 했다. 아버
지가 자주 그녀를 자기 마음대로 침범했지만, 그녀는 그를 해칠까 봐
두려운 마음에 분노를 삼켰었다.

지금 우리는 감정 처리 과정에 대해서 작업을 하고 있다. 감정 전

류의 물속에 깊이 뛰어들어 우리는 단지 신호로서뿐만 아니라 상
징으로서의 정서를 지각할 수 있다. 감정은 현재 상황 그리고 과거
사와 연결된다. 우리가 상징화의 심해로 뛰어들 때 거기에는 깊은
수준에서 나눌 수 있는 것이 매우 많으므로 집단 구성원들 간 연결
을 위한 수많은 잠재력이 있다.

> 나는 만약 우리가 메리와 조 사이의 감정을 다룰 수 있다면, 현시점
> 에서 연결을 위한 잠재력을 붙잡으려고 노력한다. 나는 메리에게 조
> 와 한계를 정한 것에 대한 느낌이 어떤지를 물었다. 그녀는 "좋은 느
> 낌이에요. 조가 강하다는 것을 알게 되었고, 그에게 솔직할 수 있어
> 요. 그는 괜찮을 거예요."라고 말했다. 나는 조에게 "메리가 당신에게
> 솔직할 수 있을 정도로 당신이 충분히 강하다고 경험한 것에 대해 어
> 떤 느낌이에요?"라고 물었다. 조는 나에게 "좋아요."라고 대답했다.
> 조는 메리에게 "메리, 당신이 제 강함을 보았다니 기분이 좋네요. 앞
> 으로도 제가 당신을 방해할 때 알려 주길 바라요."라고 말했다. 방 안
> 에는 메리와 조를 향한 감탄의 미소가 가득 찼다.

이 일화는 **신호 수준**에서 집단 구성원들의 힘을 북돋는 감정 처리
과정의 작업이고, 우리의 행동(메리의 분노에 대한 신호가 조와의 사
이에서 제한적인 환경을 설정하는 것을 지지하는) 중에서 자기 활성화의
측면을 지지한다. **상징 수준**에서의 작업은 우리에게 더 깊은 이해
를 불러오고, 지금 순간과 과거사를 연결한다(그녀의 분노와 깊이 연
결된 발견이 그녀와 조의 관계를 지지한다). 이 작업의 수준은 밀접하
게 연결되려는 자기를 지지하고 매우 깊이 있는 수준에서 경험을
공유하도록 집단 구성원들을 이끈다. 신호 수준과 상징 수준은 상

호보완적이고, 우리의 감정 전류에 대해 더 깊이 이해할 수 있게 한다.[5] 이는 자기 활성화 측면과 밀접하게 연결되는 측면이 상호보완적일 뿐만 아니라 게슈탈트 집단치료에서 두 가지가 모두 지원되어야 하는 것과 마찬가지이다.

자기대상 유대의 손상과 회복에 관한 대화는 게슈탈트 집단치료에서 진행 중인 과정이다

우리가 게슈탈트 집단치료에서 자기대상 유대의 손상과 회복에 대한 중요성에 초점을 맞추기 전에, 관계적 게슈탈트 치료와 자기심리학에서 사용되는 코헛(Kohut, 1971)의 **자기대상**(selfobject) 개념에 관해 검토하는 것이 도움이 될 것이라고 생각된다. 린 제이콥스(Lynne Jacobs, 1992)는 다음과 같이 말했다.

> 자기 구조는 다른 사람에 대한 '자기대상'의 유대를 통해서 발달하고 유지된다. '자기대상'이라는 용어는 특정한 기능들을 수행함으로써 주관적으로 경험되는 대상…… 자기 경험의 조직을 유지하고 회복하거나 통합하기 위해서 특정한 결합이 필요한 대상을 경험하는 차원을 언급한다. (Stolorow, Brandchaft, & Atwood, 1987, p. 16 인용)

> 일상에서, 동료 또는 이웃, 우리가 사는 국가에 대한 공통된 목적은 우리의 시간적 안정을 강화하고 타인과 함께하는 자기에 대한 긍정적인 감각을 지지한다는 것에 있어서 자기대상이다. (ibid, p. 29)

제이콥스의 '타인과 함께하는 자기에 대한 긍정적인 감각'은 게슈탈트 집단치료의 치유적 여정에서 집단 구성원을 위한 기초 지반에 지지를 제공한다. 이 지지를 위한 기반이 자기대상의 유대에 실패하거나 집단 구성원으로부터 위협을 받을 때, 우리는 이를 손상이라고 하며, 자기대상의 유대를 복구하는 작업을 회복이라고 한다.

월터 스톤(Walter Stone)은 자기 심리학의 장으로부터 집단치료 이론을 이끌었고, 치료집단이 집단 구성원을 위해 자기대상의 기능을 어떻게 제공할 수 있는지 논의했다. 스톤은 다음과 같이 설명했다(2012, p. 108).

> 집단 심리치료에서 대인관계의 환경은 특히 결핍이 있는 환자가 응집력 있는 자기감을 발달시키기 위해서 타인을 자기대상으로서 활용하는 데 적합하다. 집단 구성원들은 그들의 자기존중감을 안정시키고 잠재적으로 좀 더 지속적인 구조를 개발하고 자기애적인 상처에 덜 취약해지기 위해서 다른 한 명 또는 전체로서의 집단에 대한 내적 이미지를 사용한다.

한 가지 추가적인 공식은 각 집단 구성원과 전체로서의 집단에 대한 손상과 회복에서 정서적 중요성을 이해하는 것이 중요하다는 것이다. 스톨로로와 동료들(Stolorow et al., 1987)은 양극성을 반복되는 차원(repetitive dimension) 대 자기대상 차원(selfobject dimension)으로 기술했다. 반복되는 차원에서, 우리는 우리의 취약성이 원래 상황에서 우리가 만났던 기분의 비슷한 결핍을 만날 것이라는 기대를 지닌다. 그렇게 함으로써 우리는 자기방어를 위한 오래된 패턴이 담긴 고정된 게슈탈트로 들어가게 된다. 이 양극성의 반대편에는 치유와 성장의 새로운 자원으로 오래된 상처를 열어 보기 위해 충분히 안전한 조화를 이루고자 하는 희망이 있다. 스톨로로는 이 차원을 자기대상 차원이라고 불렀다. 스톨로로의 강력한 표현은 우리가 집단 구성원의 손상과 회복 과정의 이해관계와 의미를 이해하도록 돕는다. 손상은 고정된 게슈탈트와 함께 안전을 확립해야만 하는 반복되는 차원 속에서 집단 구성원을 회복시키지 않고 내던진다. 자기조정의 반복적인 루틴은 개방과 성장을 매우 방해할 수 있다. 반복되는 차원이 집단 구성원들이 서로 대인관계를 맺어 가고 경계를 조정하는 것을 종종 방해하면서, 한 집단 구성원은 집단 내 다른 사람의 반복적인 차원에 던져질 때 집단의 장이 자주 변하는 것을 느끼고, 그들 자신이 자기대상 차원에 대해 개방되어 머물기 어려운 경험을 한다. 우리는 과정을 식별하고 정상화하기 위해서 손상과 회복에 대해 집단에서 교육하는 것이 유용하다는 것을 발견했다. 더불어, 우리는 손상과 회복에 대한 교육이 집단 과정에서 일어나는 손상을 고치기 위한 식별과 도움에 있어서 모든 집단 구성원의 통찰과 지각 동원을 돕는다는 것을 발견했다.

　자기대상 유대의 손상은 알아차림의 수준이 낮은 상태에서 자주 일어난다. 우리가 생각해 볼 때 이것은 집단 구성원을 경험의 반복되는 차원으로 내던지려는 경향이 있고, 반복되는 차원은 그 이름에서 알 수 있듯이 각자에게 매우 친숙하다. 알아차리지 못한 상태에서 우리는 반복되는 차원의 삶에 고정된 방식으로 적응하고, 익숙한 경험 패턴의 일부로서 이 차원을 불러일으키는 사건은 집단 구성원에게 완전히 평범하게 느껴질 수 있다.

　　셰릴(Cheryl)은 그녀의 원가족에서 자신의 존재는 무시된 채 돌봄
　　을 주는 역할을 하던 집단 구성원이었다. 그녀가 집단에서 비슷한 역

할을 하는 것은 완전히 익숙한 일이었다. '무시당하는 돌보아 주는 사람'은 반복되는 차원에서 그녀에게 매우 익숙한 입장이었고, 따라서 집단에서의 이 경험의 형성을 충분히 인식하지 못하고 있었다. 그것은 자신이 헤엄치고 있는 물에 대해 생각하는 물고기와 유사할 것이다. 왜 그녀는 그것에 대해 생각했을까? 물은 항상 거기 있었는데!

그러나 집단이 그녀에게 참신하고 지지적인 방식으로 관심을 기울일 때, 그녀에게 새로운 감정이 들끓는 것을 느꼈다. 이 관심은 오랫동안 그녀의 놀랍고 많은 자질이 드러나고 인정받지 못한 것과 연결되어 있고, 집단 구성원들의 관심을 기반으로 하여 셰릴에게 자신에 대한 새로운 감각을 위한 희망을 불러일으켰다. 여기서 그녀의 자질이란 가벼운 농담을 주고받는 것이나 사랑스러운 섹시함이나 아름다운 목소리와 같이, 돌보아 주는 행동과 관련된 행위와는 전혀 상관이 없었다. 이 새롭고 아직은 섬세한 그녀 자신에 대한 감각은 집단과 그 집단의 리더와 자기대상 유대에 의해 함께 촘촘한 실처럼 짜였다.

어느 날, 집단치료 중 셰릴은 그녀의 데이트에 관해 이야기하기 시작했다. 이것은 집단에서 그녀의 자기대상 유대에 의해 뒷받침되는 성장을 드러내는 것으로, 그녀에게 뭔가 새롭고 흥미로웠다. 다른 집단 구성원이 그녀의 아픈 어머니에 대해 말했다. 전체 집단이 셰릴로부터 멀어지고 다른 집단 구성원과 관계했다. 셰릴은 나머지 회기 동안에 자신의 이야기를 멈추었지만 집단 리더를 포함해 집단의 어느 누구도 그녀가 철수한 지점으로 돌아가지 않았다. 다음 주에 셰릴은 그녀가 노숙자들을 위해 자원봉사하는 일에 시간을 더 쓰고 싶어서 집단치료에 참여하는 것을 그만둘까 생각 중이라는 것을 이야기했다. 그리고 나서 우리에게는 셰릴이 아마도 이전 회기에서 자기대상 유대에 관해 손상을 입었을지도 모르겠다는 것이 떠올랐다. 논의와 더불어 조심스럽게 이를 풀어내며, 셰릴은 이전 집단치료 회기에서 무슨 일이 일어났었는지 알아차릴 수 있었고 그것에 대한 그녀의 반응도 알아차렸다. 전체 집단은 그것에 대한 일부 책임을 지고 손상된 것을 회복할 수 있게 도왔고, 셰릴은 막 싹트기 시작한 새로운 관계에 관한 이야기를 우리에게 흥미롭게 나눌 수 있었다. 그녀는 이 집단과 2년을 더 함께했고, 그녀 자신에 대해서 새롭고 충만감을 느끼며 성장했을 때 집단을 떠났다.

알아차림 수준에 미치지 못한 깨지거나 부서지는 손상의 경험은, 예를 들어 한 집단 구성원이 갑자기 집단을 떠나겠다고 알려 오거나 "저는 명상을 하기로 했고, 제 영적 발달을 더 하기 위해서 집단을 그만하려고요." 또는 "저는 저 자신을 좀 더 잘 돌보기 위해 노력하고 있어요. 긴 하루 일을 끝마치고 여기 집단에 오는 것이 저에게는 참 어려워요. 집단을 떠나는 게 저 자신을 좀 더 잘 돌보는 선택인 것 같아요."와 같이 겉으로는 악의 없는 말들을 끌어오며 실연의 형태로 드러나는 경향을 지닌다. 우리는 자기대상 유대의 손상과 관련된 어떤 중요한 것이 그런 선언에서 제외된다는 점을 발견했다. 집단 구성원들이 아마도 알아차림의 수준 아래에서 일어나는 어떤 손상의 경험을 하는지에 대한 대화를 시작할 때 유익한 연구를 할 수 있다. 물론, 현재 게슈탈트 집단치료 리더는 집단에 머물지에 대한 집단 구성원의 자율적 결정을 존중할 의무가 있다. 그러나 집단 구성원의 자율성에 대한 리더의 존중은 집단을 떠나는 것에 대한 갑작스러운 결정과 연관될 수도 있는 자기대상 유대의 손상에 관한 리더의 민감성에 의해 잘 균형 잡혀야 한다. 그것은 우리가 보통 구성원들에게 집단을 떠나기 4회기 전에 알려 달라고 요청하는 이유의 일부이다.

상호작용적인 집단 과정에서 개별 구성원들이 지치고, 상처 입고, 오해받고, 무시되며, 지나치게 노출되거나, 잘못 만났다는 느낌을 겪게 되는 데에는 많은 원인이 있다. 이러한 모든 것은 자기대상 유대가 손상되는 경험에서 생겨날 수 있다. 이러한 상처들은 다른 집단 구성원으로부터 또는 집단 리더, 또는 둘 모두로부터 올 수 있다. 게슈탈트 집단치료의 정서적 분위기에서, 참여자들이 특히 취약한 것은 놀라운 일이 아니다. 왜냐하면 상처로부터 그들을 보호하는 일반적인 방어를 무너뜨리기 때문이다. 더불어, 집단의 정직함에 대한 가치는 상처를 표현하는 데 있어서 집단 구성원을 지지한다. 집단은 손상에 대해 다룰 수 있게 되고, 다양한 관점으로부터 일어난 손상을 상호작용 속에서 보게 된다. 그러면 모든 집단 구성원은 그들의 손상 부분을 위한 고유한 책임을 다루는 데 격려받을 수 있다. 이것은 회복의 작업이 일어나게 한다. 그래서 손상과 회복은 진행 중인 집단 과정이 된다.

회복은 자기대상 유대의 재확립과 집단에서 경험하는 자기대상 차원의 복원을 의미한다. 집단 과정에서 회복 육성의 기본적인 방법은 다음과 같다.

- 속도를 늦추기
- 꺼내어 보기
- 긍정적인 의도 탐색하기
- 공감 연결 복원하기

집단 과정 맥락에서 손상과 회복의 과정을 좀 더 가까이 보기 위해 우리는 이러한 손상이 발생할 수 있는 수많은 방법을 발견했다. 집단 과정에서 벌어질 수 있으며 손상의 경험이 생길 수 있는 상호 작용의 몇 가지 공통된 패턴을 다음에 소개한다. 이 목록은 결코 완벽하지는 않다. 우리는 자기대상 유대의 손상을 일으킬 수 있는 발생의 종류를 설명하기 위해 여기에 간단히 제시한다.

중단함: 집단 구성원이 그들에게 중요하다고 느끼는 무언가를 나누고, 집단이 조금 빨리 다른 주제로 이동함

해석함: 집단 구성원이 집단 리더 또는 다른 구성원에 의해서 해석 상자 안에 넣어진다고 느낌

과도하게 노출됨: 집단 구성원이 그가 편안하게 느끼는 것보다 더 많은 것을 드러내고 부끄러움을 느낌

무시당함: 집단 구성원이 집단에 의해 하찮게 느껴지거나 없는 것처럼 여겨짐으로써 혼자 떨어져 있음

강요당함: 집단 구성원이 아직 준비되지 않은 상태에서 무언가 해야 할 것 같이 압력을 받는다고 느낌

과잉보호받음: 집단 구성원이 집단 리더 또는 다른 구성원이 그들을 보호하기 위해서 위험을 감수할 기회를 제한한다고 느낌

이 목록을 읽는 동안 당신은 아마도 이러한 경우들을 완전히 피할 수 없다는 것을 인식할 것이다. 예를 들어, 집단 구성원들이 때때로 멈추어 있다는 느낌이 들지 않는 집단 과정이란 불가능하다. 사실, 이러한 모든 경우는 살아 있는 집단 과정의 평범한 상호작용 흐름 중 일부이다. 게다가 우리의 게슈탈트 집단치료에서의 목표는 어느 누구도 상처 입지 않아야 한다는 이상적인 집단 경험을 위

해 노력하는 것보다는 그들에게 일어나는 이러한 주제들을 다루는 것이다. 이는 손상과 회복이 특별히 기술을 요구하는 중요한 과제가 되는 지점이다. 손상의 경험이 집단 전체에게 배우고 성장할 기회가 된다는 것을 인식하면, 집단은 이러한 주제에 대한 창조적 대화 과정이 정상화된다. 그것은 회복의 가능성을 열어 두는 손상에 관한 대화이다.

회복은 집단 구성원의 상처받은 느낌에 관해 경청하고, 상처받은 사건이 그에게 어떻게 느껴졌는지를 받아들이고, 마음 아픈 상호작용에 대한 그의 이야기를 존중하는 것을 포함한다. 나아가 회복은 각 개인이 마음 아픈 상호작용 속에서 그들의 역할을 책임지는 것을 포함하는 과정이다. 또한 회복은 다른 구성원의 감정을 듣고 상처받은 사람과 그들의 사건에 대한 이야기를 포함하며, 깊이 있는 대인관계의 탐구이다. 모든 집단 구성원이 집단 장에서 모든 집단 사건에 영향을 미치기 때문에 회복은 상처 입은 사람, 사건에 관계된 사람, 집단 리더, 모든 집단 구성원의 경청, 공감, 고통에 대한 인내, 책임감, 열린 마음, 솔직함의 여정이다.

게슈탈트 집단치료의 치유적 작업에서 가장 중요한 몇 가지는 손상과 회복에 관한 대화의 과정에서 일어난다. 손상과 회복에 관한 창조적 대화 과정에서 집단 구성원은 공감, 인내, 어려움을 극복하는 것, 불안과 수치심의 고통을 인내하는 것, 헌신, 책임지는 것에 대해 많은 것을 배운다. 집단 구성원 간 관계는 종종 이러한 대화에서 강해진다.

손상과 회복의 작업은 관계적 발달의 중심에 놓여 있다. 마치 되돌아보는 개인의 능력처럼 그리고 그녀의 정신적 상처를 통해 풍부한 관계적 삶을 위한 그녀의 능력을 상당 부분 정의하듯이, 손상과 회복에 관한 지속되는 대화에서 게슈탈트 집단의 능력은 관계성에 대한 집단의 능력을 폭넓게 정의한다. 게슈탈트 집단치료에서 치유의 상당 부분은 집단 상호작용 동안에 일어나는 어려움을 헤쳐 나오는 작업에서 얻어진다. 더불어, 우리는 집단 과정에서 그들이 경험하는 집단 구성원의 상처와 함께 앞으로 나아가려는 의지를 주요 가치로 삼는 문화를 게슈탈트 집단치료에서 추구한다. 그렇게 함으로써 집단은 손상과 회복의 제공에 관한 대화와 접촉을 보장하는 성장의 기회를 얻는다.

🌷 결론

수년에 걸쳐서 게슈탈트 집단치료에 참여하는 것은 마치 진실, 진정성, 연결을 찾는 사람들과 카라반을 타고 하는 대장정 같다. 게슈탈트 집단치료 참여자들은 함께하면서, 우리가 추구하는 것이 적어도 목적지에 대한 것만큼이나 여행에 대한 것임을 알고 있다. 이 장에서 우리는 여행을 계속하면서 우리의 생각에 활력을 불어넣은 통찰, 경험, 사색한 것 몇 가지를 기록했다.

우리의 경험은 게슈탈트 집단치료가 관계의 기초가 되는 성장을 위한 강력한 환경을 제공한다는 것을 보여 주었다. 우리는 개방하고, 우리의 비밀을 공유하며, 우리의 강함과 취약함을 드러내고, 어떻게 좀 더 정직해지는지 배우며, 좀 더 연민을 가지고, 좀 더 현재에 머물며, 다른 사람과 더 연결되고자 하는 것을 효과적으로 촉진할 때, 게슈탈트 집단에서 가장 위험하고 가장 보람 있는 일을 하기에 충분히 안전한 게슈탈트 집단치료 문화가 발달할 수 있다는 것

을 발견했다. 우리는 집단 환경이 구성원들을 집단 참여의 결과로
서 종종 유의미한 발전을 보이는 충분히 통합된 사람이 되도록 지
원한다는 것을 발견했다.

주석

1. 2013년 『Group: The Journal of the Eastern Group Psychotherapy
   Society』(37(3), 185–218)에서 이 장이 처음 공개되었을 때 초기본이다.
2. 저자는 리 카잔(Lee Kassan, MA)에게 그의 인내심, 안내 그리고 여
   러 번의 원고 작성을 통해 이 장을 구성하는 데 도움을 준 편집적 우
   수함에 고마움을 전한다. 또한 우리는 이 장의 초안에 대한 버드 피
   더의 섬세하고 빈틈없는 피드백에 감사를 표한다.
3. 저스틴 헥트(Justin Hecht, 2011)의 반대되는 것들의 문제를 해결하
   는 데 있어서 탁월한 기능의 논의, 전통적인 융 심리학으로부터의 상
   호보완적인 공식은 우리의 생각을 발전시키는 데 매우 큰 도움이 되
   었다.
4. 바바라 스티븐스 설리반(Barbara Stevens Sullivan, 2009)의 베타
   와 알파 요소에 관한 바이온(Bion)의 개념에 대한 논의는 이 부분과
   이 논문의 많은 생각을 발전시키는 데 도움이 되었다. 우리는 그녀
   의 저서 『The Mystery of Analytical Work: Weavings from Jung and
   Bion』(Routledge, 2009)을 모든 종류의 심리치료자에게 강력하게 추
   천한다.
5. 신호와 상징으로서의 정서에 관해 좀 더 깊이 알아보고자 한다면, 콜
   (Cole)의 1998년 저술을 참고하기 바란다.

참고문헌

Aylward, J. (1996). An extended group experience. In B. Feder & R. Ronall (Eds), *A living legacy of Fritz and Laura Perls: Contemporary case studies* (pp. 235-251). New Orleans, LA: Gestalt Institute Press.

Beisser, A. (1971). Paradoxical theory of change. In J. Fagan & I. L. Shepherd (Eds), *Gestalt therapy now* (pp. 77-80). New York: Harper Colophon.

Bion, W. R. (1960). *Experiences in groups.* New York: Basic Books.

Bloom, D. (2008). In pursuit of gestalt therapy group process: Group process as self process. In B. Feder & J. Frew (Eds), *Beyond the hot seat revisited: Gestalt approaches to group* (pp. 53-66). New Orleans, LA: Gestalt Institute Press.

Cole, P. (1998). Affective process in psychotherapy: A gestalt therapist's view. *Gestalt Journal*, *21*(1), 49-72.

Fairfield, M. (2009). Dialogue in complex systems: The hermeneutical attitude. In L. Jacobs & R. Hycner (Eds), *Relational approaches in gestalt therapy* (pp. 193-220). Santa Cruz, CA: Gestalt Press.

Feder, B. (2006). *Gestalt group therapy: A practical guide.* New Orleans, LA: Gestalt Institute Press.

Feder, B., & Ronall, R. (Eds) (1980). *Beyond the hot seat: Gestalt approaches to group.* New Orleans, LA: Gestalt Institute Press.

Hecht, J. (2011). Becoming who we are in groups: One Jungian's approach to group psychotherapy. *Group*, *35*(2), 151-165.

Hycner, R. (1993). *Between person and person: Toward a dialogical psychotherapy.* Highland, NY: Gestalt Journal Press.

Jacobs, L. (1992). Insights from psychoanalytic self psychology and intersubjectivity theory for gestalt therapists. *Gestalt Journal*, *15*(2), 25-60.

Jacobs, L., & Hycner, R. (1995). *The healing relationship in gestalt therapy: A dialogic/self psychology approach*. Highland, NY: Gestalt Journal Press.

Kepner, E. (1980). Gestalt group process. In B. Feder & R. Ronall (Eds), *Beyond the hot seat: Gestalt approaches to group* (pp. 5–24). New York: Brunner/Mazel.

Kohut, H. (1971). *The analysis of the self*. New York: International Universities Press.

Perls, F. S. (1973). *The gestalt approach and eyewitness to therapy*. New York: Bantam Books.

Perls, F. S., Hefferline, R., & Goodman, P. (1951). *Gestalt therapy: Excitement and growth in the human personality*. New York: Julian Press.

Philippson, P. (2009). *The emergent self: An existential–gestalt approach*. London: Karnac Books.

Polster, E. (1995). *A population of selves: A therapeutic exploration of personal diversity*. San Francisco, CA: Jossey–Bass.

Resnick, R. (1978). Chicken soup is poison. In F. Stephenson (Ed.), *Gestalt therapy primer* (pp. 142–146). New York: Aronson.

Rutan, J. S., Stone, W., & Shay, J. (2007). *Psychodynamic group psychotherapy*, 4th edition. New York: Guilford Press.

Simkin, J. (1998). *Gestalt therapy mini-lectures*. Gouldsboro, ME: Gestalt Journal Press.

Staemmler, F.-M. (2009). *Aggression, time, and understanding: Contributions to the evolution of gestalt therapy*. New York: Gestalt Press/Routledge.

Stolorow, R., Brandchaft, B., & Atwood, G. (1987). *Psychoanalytic treatment: An intersubjective approach*. Hillsdale, NJ: Analytic Press.

Stone, W. (2012). The curative fantasy as a protective function in group psychotherapy. In I. Harwood, W. Stone, & M. Pines (Eds), *Self experiences in group revisited: Affective attachments, intersubjective regulations and human understanding* (pp. 107–118). New York: Routledge.

Sullivan, B. S. (2009). *The mystery of analytical work: Weavings from Jung and Bion.* New York: Routledge.

Wheeler, G. (2000). *Beyond individualism: Toward an understanding of self, relationship, and experience.* Cambridge, MA: Gestalt Institute of Cleveland Press.

Yalom, I. D. (1995). *The theory and practice of group psychotherapy*, 4th edition. New York: Basic Books.

Yontef, G. M. (1993). *Awareness, dialogue and process: Essays on Gestalt therapy.* Gouldsboro, ME: Gestalt Journal Press.

Zinker, J. (1977). *Creative process in gestalt therapy.* New York: Brunner/ Mazel.

Zinker, J. (1998). *In search of good form: Gestalt therapy with couples and families.* New York: Taylor & Francis.

Žižek, S. (2011). *Living in the end times.* London: Verso.

제3장

신성한 존재 앞에서

Daisy Reese

기쁨은 아름다움에 대한 감탄이다.

―딕 올니(Dick Olney)

……너(you)와 나, 그리고 나와 너(Thou)

치명적인 문제 그 이상이다.

참여하며,

우리는 진정한 불성(Buddha nature) 속에 존재한다.

―프리츠 펄스(Fritz Perls)

둥글게 의자들을 놓고 점차 집단이 모이기 시작한다. 흥분과 불안이 비슷하게 섞인 공기가 가득 찬 기분이다. 새로운 집단 구성원들이 들어와 빨리 앉을 자리를 찾는 동안 오랫동안 만나 온 집단 구성원들끼리는 다정하고 익숙하게 인사를 나눈다. 촛불이 빛나고 집단이 시작된다.

이 장에서 우리는 게슈탈트 집단치료에 관한 형언할 수 없이 놀라운, 성스럽고 아름다운 것을 담기 위해 노력하려 한다. 어빙 폴스터(Erv Polster, 2006, p. 21)는 집단 구성원이 집단의 분위기 속으로 들어갈 때 일어나는 알아차림에서 변화를 포착했다.

집단치료 회기가 시작되기 전에, 사람들은 평범한 대화를 나눈다. 이러한 대화는 흔한 일이라 볼 수 있다. 그저 밝고 활기찬 일상적인 대화가 이루어진다. 그러다 어느 순간, 회기가 찾아오고 시작될 때, 나는 "자, 시작합시다."라고 말한다. 이것은 활기찬 대화를 끝내게 한다! 나는 은연중 이전과는 다른 대화의 새로운 형식을 갖게 되었다. 이제부터는 모든 말이 중요해질 것이다. 그곳에는 자기와 집단의 타인에 관한 고조된 알아차림이 새롭게 시작된다. 사람들은 집단이라는 큰 단지 안에 그들의 개인적 표현들을 넣으며 요구를 높여 간다.

그것은 우리가 관여하고 있는 신성한 일이다. 이것은 인간의 신성함 또는 마틴 부버(Martin Buber)가 말한 **사람 사이**(inter-human)와도 같다. 우리는 집단 구성원들이 깊이 연결되기 시작할 때 부드럽고 보기 힘든 아름다움과 맞닿게 된다. 우리는 거의 방 안의 희미한 향기 같은 그것을 감지할 수 있다. 그 신성한 연결(sacred connection)의 요소들은 무엇일까?

제2장에서 우리가 논의했듯이, 안전하고 강한 공간은 관계적 발전의 핵심이다. 그것은 성스러운 환기를 위한 핵심이기도 하다. 집단 구성원들은 그들의 정서적 노출에서 취약성이 드러나는 위험을 감수한다. 오래된 상처, 숨기고 싶은 비밀, 욕구, 두려움과 같은 단어들은 집단에서 꺼내는 것만으로도 매우 취약해지는 것을 느낄 수 있다. 부드럽고 깊은 관계들은 구성원과 리더 사이를 발전시킨다. 게슈탈트 집단치료 구성원들은 그들 중 많은 사람이 거의 경험한 적이 없는 방법으로 서로 볼 기회와 보일 기회를 얻는다. 어떻게 이러한 유대관계를 민감하게 키우는지 배우며, 동시에 정직하고 진실한 피드백을 위한 공감을 만드는 시간을 갖는다. 이것은 게슈

탈트 집단치료의 큰 부분이고, 이 취약성과 정직함의 병행은 우리가 언급한 신성한 연결이라고 부르는 이해하기 어려운 특성을 떠올릴 수 있는 핵심이다.

게슈탈트 집단치료에서 '신성한 연결'의 다른 주요 측면은 '잠재력을 유지'하는 방식이다. 이 작업은 새로 만들어지는 집단에서 리더에 의해 주로 행해지지만, 시간이 지나며 구성원에 의해 점점 더 이루어지게 된다. 잠재력을 유지하는 것은 집단 구성원 중 아직 감각이 부족하거나 없는 사람을 위해 가능성을 보는 작업을 나타낸다. 잠재력을 유지한다는 말은 그 사람을 위해서 '무엇이 최고인지'를 생각하며 다른 사람의 것을 강요한다는 의미가 아니다. 그보다는 발달하지 않은 품위, 유머, 지혜로움, 야망, 자기수용 등과 같은 약간의 자질들을 포착하는 것을 포함하고, 이러한 특징들을 긍정적으로 키우는 것을 이른다. 사실상, 전체로서의 집단은 개별 집단 구성원에게 "우리는 당신이 스스로 그것들을 주장할 준비가 될 때까지 당신의 이러한 측면들을 보유하고 있겠습니다."라고 말한다.

어빙 폴스터는 각 집단 구성원과 '나−너(I-Thou)' 관계에 있는 '너(Thou)'로서의 집단을 논의했다. 이 맥락에서, 전체로서의 집단은 각 집단 구성원의 환경을 유지하게 된다. 폴스터(2015, p. 160)는 집단이 어떻게 할 수 있는지 관찰했다.

구성원과의 관계적 중요성으로부터 인간성과 유사한 특성의 큰 영향력을 얻는다. 집단은 구성원들과 집단 안에서 집단에 관해 대화하는 방식에 의해 고유한 특성을 발달시킨다. 그들은 집단에 대해서 생각하고, 집단에 관해 이야기하며, 집단을 상상하고, 집단에 속한다. 모두 속으로는 집단이 개별적인 사람들의 집합체라는 것을 알고 있으며, 그것은 실제로 별다른 구체적인 것이 없다. 그런데도 그것은 연속성, 응집력, 성격, 목적을 제공하는 의인화된 이미지와 같은 특별한 심리적 존재를 지닌다. 집단은 반응하고, 감독하고, 자극하며, 소속감을 만들어 낸다. 그것은 초개인적인 자질을 띤다. 유일한 목소리는 집단을 구성하고 관계하고 존중하며 사랑하는 사람들의 집합체를 통해 갖게 된다. 이러한 맥락에서 집단은 하나의 확장된 개인이다.

폴스터는 여기에서 집단 그 자체가 어떻게 각 집단 구성원을 알아보고 수용할 수 있는 '다른 사람'이 될 수 있는지를 보여 준다. 이 서로 수용하고 보여지는 존재의 특성이 성스러운 감각을 불러일으키고, 집단에서 일어나는 모든 일을 의미 있게 한다.

다음 이야기에서 우리는 게슈탈트 집단치료에서 발생하는 신성하고 종잡을 수 없는 감정의 두 가지 깊은 인간적 상황을 다루어 보고자 한다. 첫 번째 이야기에서 우리는 그녀의 상태가 나아질 희망이 매우 적었지만 어떻게 집단이 집단 구성원을 잡아 주었는지 볼 것이다. 그 연결을 유지하는 과정에서 그녀와 집단에 일종의 정서적 실존적 치유가 일어났다. 두 번째 이야기에서 우리는 집단이 어떻게 구성원들을 연결하고 관계적 회복을 통한 작업을 하도록 도우며 대화하기 위한 공간을 제공할 수 있는지 볼 것이다.

🌿 참을 수 없는 슬픔을 견디는 것: 메리의 이야기

앞서 우리가 논했듯, 집단 작업의 성스러운 구성요소 중 하나는 모든 종류의 감정을 버틸 수 있을 만큼 충분히 강하고 안전한 공간의 확립이다. 아마도 집단에서 감내하기 가장 어렵고 고통스러운 감정 중 하나는 돌이킬 수 없는 상실과 관련된 비통함일 것이다. 때때로 한 개인은 그녀의 삶에서 상황이 더는 나아질 수 없다는 것이 분명해지는 한 지점에 도달한다. 그녀는 아마도 육체적으로 쇠약하거나 미래를 수용하는 것이 불가능하게 느껴질 정도의 결핍과 학대에 대한 힘든 개인사가 있을지도 모른다.

메리(Mary)의 사례에서 이러한 모든 것이 사실이었다. 그녀는 65세였고, 저체중에 여러 가지 건강 문제로 매우 쇠약했다. 그녀는 걷는 것이 힘들었고, 관절염으로 인해 거의 지속적인 통증에 시달렸다. 그녀의 남편은 육체적으로나 정서적으로나 그녀보다 더 좋지 못한 상황이었고, 그는 메리의 많은 관심이 필요했다. 메리는 성장기 때 학대와 방치의 경험이 있었고, 슬픔과 고통은 세대를 건너 이어졌으며, 그녀의 아들과 성인인 손녀는 중독 문제로 힘겨워하고 있었다.

집단에서 메리의 에너지가 거의 없는 것은 놀라운 일이 아니었다. 그녀는 자주 구석의 카우치에 앉아 순식간에 잠이 들곤 했다. 그녀는 집단 구성원이 그녀를 쿡 찌르고 흔들어 깨울 때까지 코를 골며 조용히 앉아 있었다.

자, 메리에 대한 집단의 느낌은 어땠을까? 그들은 그녀를 좋아했다! 집단 구성원은 종종 그녀를 그들의 '정신적 지주'라고 불렀고, 그녀는 실제로 그러했다. 집단 구성원들이 고군분투하거나 괴로워하고 있을 때 그 앞에서 위로하며 현재 경험에 신체 감각적으로 집중하고 주의를 환기하여 진정할 수 있도록 그라운딩을 제공했다. 그녀는 손주가 있었고, 사람들은 때때로 그녀가 손주를 안아 주는 것처럼 그녀의 무릎에 자신들이 안겨 있는 것을 그려 보았다. 그렇다. 집단은 메리를 사랑했고, 감정은 확실히 상호적이었다. 그녀는 더 이상 스스로 운전할 수 없어서 마을버스를 이용해 집단 회기에 오는 데 종종 몇 시간이 걸렸다. 하지만 그녀가 집단 회기를 놓친 적은 아직 거의 없다.

비록 집단이지만 그녀의 현재 일상은 나름 익숙했고, 그녀는 어쩌다 한 번씩 그녀의 어린 시절에 관해 이야기하곤 했다. 그러던 어느 날 한 집단 회기에서 그녀의 댐이 무너졌다. 메리는 그녀의 어린 시절의 삶에 관해 이야기하기 시작했다. 그녀는 알코올 중독인 아버지와 화를 내고 때리며 욕설을 퍼붓는 어머니 사이에서 아홉 형제 중 하나로 태어나 아칸소주 변두리에서 성장했다. 메리는 일찍부터 도망 다니며 공구 창고에 숨어 자신을 보호하는 방법을 배웠다. 그녀는 우리에게 수많은 밤을 문이 잠긴 창고에서 자야 했었다고 말했다. 혼돈 속에서 그것은 놀라운 일이 아니었고, 메리와 자매들은 성적 학대에 희생되고 방치되며 신체적 학대를 당했다. 트라우마가 겹겹이 쌓였고, 메리는 음식으로 위안을 얻었는데, 종종 이웃 가정에 가서 구걸하거나 골목의 가게에서 훔쳤었다. 이것은 곧 강박적으로 먹고 폭식을 하는 어려움을 만들었다.

11월의 어느 어두운 저녁에 메리의 이야기가 계속 흘러나왔다. 그녀가 이야기하고 흐느껴 우는 동안 아무도 말하지 않았다. 그녀가 멈추었을 때, 집단은 아득한 침묵 속에 앉아 있었다. 물론, 집단은 그동안 어려운 상황과 역기능적인 가정들의 많은 이야기를 같이 작업했었다. 그런데 이번은 뭔가 좀 달랐다. 메리의 과거 트라우마의 정도, 그녀의 현재 고통, 집단에서 기꺼이 약한 부분을 드러내려는 그녀의 의지 등이 어우러지며 보기 드문 장면을 만들어 냈다. 집단이 끝나 갈 무렵에 메리가 허용의 의미로 고개를 끄덕이자, 구성원들은 그녀 주변에 둥글게 모였고 그녀를 둘러싸고 부드럽게 껴안았다.

이 경험을 따라가 보면, 집단에 대한 메리의 헌신과 그녀에 대한 그들의 헌신은 견고하다. 그녀는 여전히 마을버스를 이용하는 힘든 과정을 지속했고, 그녀의 섬세함으로 집단의 모든 구성원과 접촉했다.

메리의 남편이 전화해서 집단에 오기에는 그녀가 너무 아프다고 말했을 때, 구성원들은 그녀의 집으로 카드와 꽃을 보냈다. 그들은 그녀를 위해서 특별히 고안된 휠체어를 사기 위해 돈을 모았다. 가장 중요한 점은 그들이 그녀를 마음으로 사랑스럽게 느끼고 있었다는 점이다.

메리를 위한 어떤 확실한 '치유'는 없었고, 눈에 보이는 현실은 악화된 폐 상태와 함께 그녀의 건강이 급속도로 약해지며 나빠진 것이다. 그러나 그녀의 몸이 사정없이 예측불허의 상황을 경험했음에도 불구하고 메리 스스로는 깊이 있는 치유의 경험을 했다. 그녀가 사랑하는 사람들은 그녀와 함께 그녀의 '최악의' 상황을 보고 외면하지 않고 함께 견딜 수 있었다. 그 집단은 우리가 사랑하는 사람과 함께 있을 때 견딜 수 없는 것이 없다는 것을 보여 주었다.

🌷 진정한 관계를 발전시키는 기쁨과 고통: 파멜라와 마크

수요일 저녁 집단은 7시에 시작한다. 오후 5시 30분 즈음, 파멜라(Pamela)로부터 이메일이 도착했다. "전 오늘 집단에 참여하지 않을래요. 제가 다시 집단에 가지 않는 것을 고민 중이라는 걸 제발 모두에게 알려 주세요."

도대체 무슨 일이지? 4년 동안 파멜라는 집단에서 신뢰할 수 있고 사랑받는 구성원이었다. 피터와 나는 해가 갈수록 성장하고 변화하는 그녀에게 그것이 얼마나 중요한지 말해 주곤 했다. 분명히 이전 회기에서 파멜라와 마크(Mark), 다른 구성원 사이에 갈등이 일어나기는 했었는데, 그것이 우리가 생각했던 것보다 훨씬 파멜라를 아프게 했던 것 같았다. 우리는 바로 파멜라에게 전화를 걸었고, 저녁 집단에 그녀가 올 수 있도록 약간 재촉하며 설득했다.

파멜라에 대해 조금 더 아는 것이 도움이 될 것 같다.

민감하고 생각이 깊은 어린아이 파멜라는 부유하면서도 냉담한 '동등하고 독립적인' 가정에서 자랐다. 그녀의 부모는 둘 다 약사였고 한 민간 기업에서 일했다. 그녀를 위해 모든 것이 제공되었지만, 가정 내에서는 약간의 애정과 친밀함만이 표현되었다. 예술가적이고 매우 감성적인 성향의 소녀였던 파멜라는 그녀가 냉담한 관계 너머의 감정들을 표현할 때면 가족이 볼 때 그저 '낯선 땅의 이방인' 같았다. 게다가 가정 내 감정의 유일한 보유자로서 그녀는 다른 가족 구성원이 거부한 분노, 슬픔 그리고 다른 감정들을 모두 느꼈고, 그렇게 함으로써 가정의 '지목된 환자(identified patient)'가 되었다. 파멜라가 성인이 되어서 게슈탈트 치료를 발견했을 때, 그녀는 자신의 정서적 삶이 가치 있는 곳을 발견하게 되어 흥분했고, 그녀는 자신의 감정을 표현하기 위해 관심을 받으려는 외부인으로 보일 두려움 없이 있는 그대로 자신을 표현했다. 그녀는 명성 있는 레퍼토리 극장의 세트 디자이너로서 일하고 있다.

파멜라는 집단에서 마크를 포함해 많은 사람과 가까운 관계를 발전시켰다. 마크는 파멜라와는 상반된 개인사를 가졌다. 그는 가난한 집에서 폭력적인 아버지와 지쳐 있는 어머니 사이에서 성장했다. 정서적으로나 경제적으로나 자원이 매우 적었다. 군대를 다녀온 후 마크는 퇴직 군인 교육 수당을 받아 처음으로 가족을 떠나 대학에 갈 수 있었다. 그 후 전자 장비 기술자가 되어 꽤 괜찮은 수입으로 강가 근처의 멋진 집에서 살고 있다. 그의 혼란스럽고 학대받았던 유년기 이후, 그에게는 평화롭게 즐기고 풍요로운 삶이 중요하게 느껴졌다. 그는 집단에서 조용한 편이었다. 집단의 지지를 즐겼지만 그의 감정을 나누는 것은 힘들어했다.

이전 회기에서 파멜라는 마크에 관한 그녀의 감정을 나누었다. 마크는 집단에 나올 준비가 충분하지 않은 상태였지만, 파멜라는 구성원들이 함께 감정을 공유하는 것이 집단의 목적이라고 강하게 느꼈다. 마크는 때때로 집단과 그저 함께 있으며 그의 감정을 공유하는 것에 종종 매우 지친다고 말했다. 파멜라가 집요하게 마크가 집단으로 나오도록 요구할 때, 마크는 자신의 성미 급한 아버지가 불현듯 떠오르면서 파멜라에게 "그만 좀 해요. 절 좀 잡아당기지 말고, 혼자 있게 내버려 둬요."라고 말했다.

파멜라는 마크의 반응에 엄청난 충격을 받았다. 그것은 그녀에게 자신의 원가족 내에서 감정에 대해 말할 때 조롱당하고 거절받았던 상황이 되풀이되는 느낌이었다. 마크 입장에서는 파멜라가 집단에서 그가 어떻게 행동해야 하는지를 제시하는 것 같아서 짜증이 났었다. 그녀는 그가 자신의 감정들을 표현하기를 바랐다. 그러나 그것은 마크 입장에서 원하거나 필요했던 것이 아니었다. 그들은 이러한 긴장감을 지닌 상태로 이전 회기를 마무리했었다.

다음 집단에서, 화나고 상처 입은 파멜라는 우리에게 맞서 말했다.

모든 게 이렇게 다 피상적인 집단에 계속 있어야 할지 모르겠어요. 저는 이곳이 서로의 감정에 대해서 사람들이 이야기를 나누는 곳이라고 생각했었어요! 마크가 저한테 소리를 질렀을 때 이 집단이 제가 작업을 할 수 있는 곳이 아니라는 것을 알아차렸어요.

이 시점에서 몇몇 집단 구성원은 파멜라와 마크를 모두 붙잡기 위해 끼어들었다. 그들은 마크와 파멜라가 초기에 마음이 상한 이유가 그들이 이전 회기에서 주고받은 대화에 있다는 것을 알 수 있었다. 마크에 대해서 그들은 트라우마로 가득 차 힘들었던 어린 시절 이후 집단에서 조용히 보살핌을 받고 싶었던 그의 요구를 느꼈다. 동시에, 파멜라에 대해서는 그녀가 정직하고 정서적으로 표현하는 환경에 있고 싶은 요구가 집단에서 존중되거나 이해받지 못했다고 느꼈다. 대부분의 집단 구성원이 (집단 리더인 우리의 도움을 약간 받아서) 서로 불화를 겪고 있었던 마크와 파멜라를 모두 지지할 수 있었다.

충분한 집단의 지지를 얻으며, 마크는 다소 치유가 시작될 수 있는 방식으로 상황을 이야기했다.

파멜라, 당신한테 참 고마워요. 저는 당신이 제 감정을 되돌아오게 한 방법을 좋아해요. 하지만 당신이 이해해 주기를 바라요. 정서적인 이야기를 한다는 것은 저에게 믿을 수 없을 정도로 강렬한 일이고, 저는 항상 그럴 수는 없어요. 저는 어릴 때 절대 마음을 편히 놓을 수가 없었어요.. 아버지가 폭발하지 않도록 달걀껍데기 위를 걷듯 늘 조심스러웠고, 우울증에서 벗어나기 위해 노력하는 어머니에게는 마치 그녀의 남편처럼 있었어야 했었어요. 저는 아주 큰 '애정 결핍'이 있고,

그걸 채우려 노력하고 있어요. 집단 안에 있으면서 뭔가 흡수하는 것이 저를 기분 좋게 해요. 당신이 그것에 감사하고 괜찮을 수 있기를 희망해요. 저는 지금 제 기분을 이야기하는 것이 괜찮아요. 하지만 가끔은 여기 조용히 그냥 있어도 괜찮다는 게 필요해요.

파멜라는 다소 멋쩍어하며 고개를 끄덕이고 미소 지었다. 그녀가 답했다.

네, 저도 제가 조금 지나쳤다는 것을 알아요. 전 지금 당신을 좀 더 이해하고 있어요. 하지만 저에게 필요한 게 뭔지도 당신은 볼 수 있나요? 저는 아무것도 말하지 않는 누군가와 있을 수가 없어요. 저는 그렇게 커 왔었고, 더는 그러고 싶지 않아요.

마크가 응답했다.

그래요. 파멜라 당신이 무슨 말을 하는지 이해했어요. 당신에게 필요한 것이 무엇인지 알았고, 저도 도울게요.

파멜라가 간단하게 "고마워요, 마크."라고 말할 때 안도하며 만족해하는 듯 보였다. 집단은 파멜라와 마크를 포용하며 다시 숨을 쉬었다.

집단 구성원 간 불화가 일어났을 때, 집단은 계속 진행되고 집단 구성원들은 서로 개방하며 연약한 마음을 열고 다시 방법을 찾기 위해 그들의 과거 반응성과 방어적인 방식을 다룰 수 있다. 그것은 뭔가 좋은 일이 일어나게 한다. '뭔가 좋은' 것은 종종 단시간에 찾기 힘든 성질의 성스러운 향기를 지닌다. 그것은 마치 치유가 일어날 수 있고 사람들이 연결될 수 있으며 함께 우리를 둘러싼 아름다움을 돌볼 수 있다고 말하는 듯하다.

게슈탈트 집단치료에서 신성한 존재란 궁극적으로 각 구성원의 정서적 성장을 위해 집단이 돌아가는 것과 관련된다. 각 게슈탈트 집단치료의 구성원은 정서적 위험과 취약성을 포함한 성장의 과정에서 증인이며 동시에 참가자이다. 집단 구성원이 위험을 감수하고, 성장하며, 함께 치유하는 분위기 속에서 성공적으로 촉진받았을 때, 성스러운 품격의 순간이 예상치 못한 방문객처럼 도착할지도 모른다.

참고문헌

Olney, R. (1990). Personal interview at workshop in Berkeley, CA, August 10.

Perls, F. S. (1969). *In and out of the garbage pail*. Lafayette, CA: Real People Press.

Polster, E. (2006). *Uncommon ground: Harmonizing psychotherapy and community to enhance everyday living*. Phoenix, AZ: Zeig, Tucker & Theisen.

Polster, E. (2015). *Beyond therapy: Igniting life focus community movements*. Piscataway, NJ: Transaction Publishers.

제4장

집단 리더의 그림자:
게슈탈트 집단치료에서의 권력, 성찰, 대화

Peter H. Cole

이 장**1**에서는 게슈탈트 집단치료에서의 리더와 집단 구성원 간 관계를 밝혀 보려 한다. 우리는 이를 통해서 게슈탈트 집단치료 리더가 이 관계에서 일어나는 어려움과 복잡성을 좀 더 잘 이해하고 방향을 잡는 데 도움이 되는 관점을 제공할 수 있기를 희망한다.

치유 및 성장을 위한 잠재력이 있고 이에 상응하는 상처와 수치심의 잠재적 위험이 공존하는 게슈탈트 집단치료에서는 취약성들이 크게 나타난다.**2** 집단의 멤버십과 리더십**3**은 항상 진행 중이고, 늘 전개되고 있으며, 결코 어떤 집단 참여자, 구성원 또는 리더에 의해서 완전히 이해될 수 없는 복잡성으로 넘쳐 나는 상호주관적인 장을 공동으로 창조한다. 부정적이거나 부끄럽게 느껴지는 경험이 일어날 때, 어려움과 그것을 해결하기 위한 통찰과 정보는 각자 중요한 관점을 가지고 있는 집단의 멤버십과 리더십 사이에 분배된다.

우리는 리더십/멤버십 장(leadership/membership field)으로서 리더와 집단 구성원 간 관계에 관해 알아볼 것이다. 리더십/멤버십 장은 게슈탈트 집단치료의 과정 지향에서 특별한 역할을 한다. 리더십/멤버십 장의 경험에 대한 숙고와 대화는 집단 구성원이 자기 자신과 타인에 대한 핵심적인 감정과 자기 조직화의 기본적인 방식을 다룰 기회를 가질 수 있는 풍부한 탐구 기반을 제공한다. 구성원들은 리더십에 대한 감정을 탐색하도록 지지와 연결성 (connectedness)을 지닌 리더십에 의해 유지된다. 이러한 감정들은 날카롭게 묘사되거나 모호하고 긍정적 또는 부정적일 수 있다. 리더십의 지지를 받으며 집단 구성원들은 리더십에 대한 그들의 진행 중이고 전개되는 감정적 반응들을 탐색하고, 그 과정에서 그들 자신에 대해 많은 것을 발견한다.

그 자신도 인간이고 모든 것을 다 아는 것과는 거리가 먼 리더는 취약성, 맹점, 오해와 욕구들을 리더십/멤버십 장 안으로 가져온다. 우리는 집단 구성원들의 감정이 리더의 취약성들과 만나는 과정을 '리더의 그림자(the shadow of the leader)'로 지정했다. 리더가 자신의 취약성이 괜찮다는 것을 '알았을' 때, 리더의 '충분히 좋은' 리더십의 일부는 자신의 인간적인 면을 수용하고 대화를 격려한다. 그리고 나면 리더는 리더의 그림자에 관한 대화에서 집단을 지지할 수 있다. 우리의 경험상, 이러한 대화들은 각 구성원, 전체로서의 집단, 리더의 성장과 발달을 가능하게 할 수 있다.

🌺 사례 1: 리더십/멤버십 장의 손상과 회복

우리가 몇 년에 걸쳐서 촉진하고 있는 치료자를 위한 게슈탈트 집단치료에서 리타(Rita)는 매우 에너지 넘치고 집단 과정에 잘 참여하는 새 구성원이었다. 그녀는 자주 그리고 열정적으로 자기 직업의 도전 과제들과 남편의 건강상 어려움 등과 관련한 주제에 대해서 공유했다. 이러한 주제들은 집단 구성원들의 연민을 불러일으켰지만, 깊이 있는 자기성찰은 빠져 있었다. 몇 회기 집단치료를 마친 후, 우리는 임상 자문 위원에게 리타가 집단에서 다른 사람들을 위해 충분히 이야기할 여지를 두지 않는 것에 대한 지각이 점점 커지고 있다는 점을 공유했다. 리타의 생각들은 리더나 집단 구성원들이 나눌 충분한 시간을 주지 않고 하나에서 다른 하나로 흘러갔다. 우리는 리더로서 그녀가 좀 더 미묘한 신호들을 포착할 수 있도록 기다렸지만 모두 소용이 없었다. 우리가 개입해야 한다는 신호가 시작되었고, 약간 부끄러울 수 있지만 그렇게 시도하기로 했다.

다음 회기에서, 리타는 그녀의 남편이 직면한 다른 건강상의 문제를 가져와 첫 번째로 이야기를 시작했다. 그녀는 아직까지는 다른 사람을 위해 조금의 여지를 남겨 두었고, 집단 구성원들은 그녀에게 공감하면서도 점점 시간을 독차지하는 그녀에게 지쳐 갔다.

교묘하게 개입하는 것은 간단하지 않았다. 우리는 리더로서 할 수 있는 최선을 다해 진행했다. 리타가 매우 짧은 순간 이야기를 멈추었을 때, 나는 다른 구성원들에게 리타와 유사하게 느껴 본 적이 없는지 질문했다. 리타는 방해받는다고 느꼈는지 매우 동요되어 나에게 말했다. "피터, 제 얘기가 아직 끝나지 않았다는 것을 알아차리고 있나요?" 리타의 이 말은 매우 격앙되고 풍부한 대화를 시작하게 해 주었다. 데이지와 나는 리타의 이야기가 아직 다 끝나지 않았다는 것을 알고 있다고 말해 주었다. 하지만 우리는 다른 집단 구성원들을 위한 공간도 남겨질 수 있게 그녀의 집단 참여를 돕고 싶은 마음이 있다고 전했다. 나는 집단에서 이를 중심으로 리타와 함께 작업했다. 이 과정은 우리 둘 모두에게 매우 강렬했으나, 회기 말미에는 타당한 해결의 지점에 다다르는 것처럼 보였다.

이어지는 다음 회기에서 리타는 이전 회기에서 데이지와 나로 인해 매우 깊은 수치심을 느꼈고 집단을 떠날 계획이라고 말했다. 우리는 리타가 집단에 돌아와서 우리에 대한 부정적인 반응에 관해 이야기한 용기에 감사하다는 마음을 나누었다. 그녀는 한 주 동안 집단에 돌아오면 안 좋은 일이 생길까 봐 두려웠고, 잠을 자고 집중하는 것이 매우 어렵게 느껴졌으며, 그녀의 남편과 집단을 떠나는 것에 대해서 의논했었다고 말했다. 그녀는 한편으로 전체 집단이 그녀를 야단치며 부끄럽게 할 것이라고 느꼈지만, 아직은 집단이 지지적인 반응을 보일지도 모른다는 어떤 희망을 품고 있었다. 나는 여기서 리타가 구성원들이 데이지와 나에 대해 느끼는 부정적인 반응에 관해서 이야기를 꺼내는 데 집단 구성원들을 위해 앞장서고 있다는 '전체로서의 집단'이라는 관점을 제시했다. 이 관점은 리타에게 자신감을 주는 것처럼 보였고, 그녀는 멀고 차갑게 느껴지는 나와 간섭하는 것처럼 느껴지는 데이지에 대한 지각을 공유했다. 데이지와 나는 우리에 대해 그녀가 지각한 것을 더 이야기할 수 있도록 지지했고, 다른 집단 구성원들도 이와 비슷한 경험을 한 적이 있는지 물으며 구성원들이 그녀와 함께할 수 있도록 대화에 초청했다. 이는 그녀가 우리에 대한 부정적인 감정에 고립되지 않도록 했으며, 리더에 대해 비판적인 견해를 지니고 있다는 이유로 그녀가 희생양이 되지 않도록 보호했다(Alonso, 1993; Agazarian, 2004; Beck, 1981; Wheeler & Jones, 2003).**4**

다른 집단 구성원들이 우리에 대한 비판적 지각을 제시하는 데 동참했고, 이것을 경청하는 것은 우리에게 매우 흥미로웠으며, 이 슬기롭고 통찰력 있는 집단에서 우리 자신에 대해 많은 것을 배우고 알게 되었다. 우리는 구성원들의 피드백에 대한 우리의 '지금 여기' 반응을 나누었다. 우리는 집단에서 접촉이 차단될지도 모르는 방어적 행동을 하지 않았고, 집단의 안전을 위해 필수적인 우리의 리더십 역할을 버리지 않으려 노력하면서, 우리 자신의 정서적/심리적 작업에 빠지지 않으려고 애썼다. 우리는 집단이 우리에게 맞설 때 나타난 새로운 차원의 정직과 위험 감수에 대한 흥분을 느끼며 집단의 용기에 감사를 표현했다. 우리는 집단에서 우리 자신의 개인적인 측면과 집단 자문에 대해서 개방적으로 이야기를 나누었다. 우리는 이것이 치료자를 위한 치료집단의 모델링에 중요하다고 느꼈다. 지금 여기에서의 정서적 반응을 나누며, 우리가 '리더'의 자리에 앉을 때 준수하는 경계에 대해서 분명하게 이야기했다. 우리는 집단에서 어떤 피드백이든 귀 기울여 들으려 하며, 다루기 어렵거나 자극이 되는 특정 피드백에 관해서는 우리의 치료나 임상 자문집단에서 작업한다는 것을 전달했다.

이 회기에서 신뢰감과 안도감이 형성되기 시작되었고, 리타가 어린 시절에 겪었던 끔찍한 신체적 · 정서적 학대와 많은 심각한 외상 관련 기억들이 떠오를 때 초기에 어떻게 개입했었는지를 공유할 수 있는, 훨씬 더 취약한 먼 곳까지 갈 수 있는 그녀를 위한 기반이 형성되었다. 이제 리타는 집단이 그녀를 돌보아 주는 것을 수용하기 시작했고, 더 많은 시간을 남겨 두는 것이 집단에게 좋은 느낌을 받을 수 있는 더 큰 기회를 제공한다는 것을 알아차리기 시작했다. 그녀는 다른 사람들이 공유할 수 있는 공간을 남겼고, 리타의 새로 발견한 취약성 속에서 자신의 초기 외상 경험을 공유할 만큼 충분히 안전하게 느낀 다른 집단 구성원과 깊은 연결감을 느꼈다. 리타는 최종적으로 집단에서 어떻게 시간과 공간을 나눌 수 있는지 배웠다. 그녀는 집단에 계속 참여하기로 했고, 우리 모두 이 회기에서 조금 성장하게 되었다.

리더십/멤버십 장에서 긴장을 정상화하기

리더십/멤버십 장은 집단 구성원과 리더 간 관계로 이루어진다. 리더가 리더십/멤버십 장에서 일어나는 긴장과 갈등을 정상화하기 위한 틀을 가지고 있을 때, 리더십 책임에서 벗어남으로써 집단에서 일어나는 조율의 실수, 결점, 간단한 상처 등과 같은 이슈들에 관한 대화에 좀 더 개방적으로 준비하고 촉진할 수 있다. 이러한 논의들은 리더에게 쉽지 않지만, 솔직함을 가지고 접근할 때 풍부한 보상을 얻을 수 있다.

🌵 실연

리더의 개인적인 문제가 집단 구성원의 취약성과 교차할 때, 상황은 상당히 복잡해진다. 결혼에서와 마찬가지로 취약성과 상처들이 종종 교차 수정된다. 리더의 취약성이 집단에서 드러나는 상황이 발생하고 집단 구성원의 취약성과 만나는 실연이 일어난다는 것이 우리의 경험이다. 이러한 실연은 매우 다양한 방식으로 나타날 수 있다.

🌵 사례 2: 리더십/멤버십 장에서의 실연

약 25년 전 내가 이혼의 아픔으로 한창 힘들 때, 나는 나의 치료 집단에서 '꽉 막힌 상태'였다. 구성원들이 저마다의 이슈를 가지고 전경으로 나와 작업했으며 각각의 작업은 나름의 방식으로 타당하고 중요했지만, 집단 구성원들 사이의 접촉은 피상적이었다. 구성원들은 서로에게 진실하게 존재하지 않았고, 나를 향한 부정적인 정서도 꺼내지 않았다. 집단은 생동감이 없었다. 자문 위원회에서 이것은 더욱 분명해졌고, 나는 나 자신이 죄책감, 불안, 비통함, 애도를 짊어지고 있다고 자각했던 것 이상으로 더 개인적인 이슈 속에 깊이 빠져 있었다. 젊은 치료자들로 이루어진 이 집단은 자신의 목소리와 힘을 찾기 위해 고군분투하는 구성원들로 이루어져 있었다. 공격성에 대한 그들의 어려움과 나의 취약해진 마음 상태가 합쳐져서, 집단 구성원은 나와 서로를 피상적으로 대하고 집단은 힘 없고 열정 없는 사카린의 단맛 같은 집단 실연을 만들었다. 나의 취약성이 집단의 문제들과 교차하는 방식을 이해하는 것은 고통과 성장의 원천이 되었다.

나는 집단에서 이 문제를 꺼냈고, 나에 대한 그들의 지각과 내가 집단을 어떻게 운영하고 있는지에 관해 물어보았다. 몇몇 용기 있는 구성원이 내가 약해져 있고 집단에서 뭔가 평지풍파가 일어나기를 원치 않는 것 같다고 느낀 점에 관해서 이야기했다. 나는 이러한 문제들을 나의 자문 위원회와 치료에서 다루었다. 한번은 집단에서 이러한 감정들에 대해 이야기할 수 있었고, 집단의 에너지가 회복되었다. 집단 구성원들은 나와 서로에 대해서 도전하는 것을 좀 더 편안하게 느끼게 되었고, 우리는 이 실연을 통해서 작업했다. 그러나 그것은 나와 집단 구성원들에게 간단하지는 않았다. 우리는 경쟁심이나 매력을 느끼는 감정 등에 대해서도 좀 더 온전하게 서로 작업하고 다룰 수 있었다. 과정에서 새로운 활력, 성적 관심, 흥분이 더해지며 집단에 생명을 불어넣었다(Aledort, 2009).

🌼 대화적 태도를 유지하면서 리더십 역할을 충실히 이행하기

리더는 집단 구성원에 대해서 많은 책임이 있고, 리더로서 할 일을 해야 한다. 가장 중요한 부분은 집단치료 작업을 하기에 충분히 안전한 공간을 만드는 것이다(Feder, 2006). 리더가 자신의 정서적 측면을 다루는 과정 중에 있다면, 집단에 대한 이러한 책임을 충분히 수행할 수 없다. 집단 내에서 특별한 역할인 이 책임을 이행하기 위해, 리더는 집단을 활력 있게 이끌면서 대화적 태도를 견지한다. 특히 리더십/멤버십 장에서 구성원의 갈등과 부정적 정서가 크게 일어날 때, 이것은 필연적으로 균형을 잡는 행동이다.

게슈탈트 집단치료에서 리더와 집단 구성원과의 관계는 나−너 관계, 즉 대화적 관계이다. 리더는 집단에서 진정한 자기로 온전히 관계하며 바로 그곳에 있어야 한다. 그러나 리더는 리더의 시점에서 봐야 할 일이 있다. 리더가 리더십 역할을 짊어질 때, 리더는 집단 구성원을 우선 생각하고, 다른 곳에서 자신의 심리적 성장 작업을 해야 한다는 데 서명하는 것이다. 리더로서 정서적으로 현전하는 것과 적절한 경계를 유지하는 것 사이의 균형을 찾는 일은 항상 도전이다. 균형을 잡는 행동에 대해 우리가 생각하는 방법 중 하나는 지금 여기의 반응을 하는 것이다. 그러나 만약 리더로서의 내가 개인적인 일에 깊이 자극을 받아 막혀 있는 기분이라면, 개인치료를 받거나 자문을 구하는 등의 도움을 찾아야 한다.

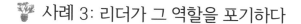 사례 3: 리더가 그 역할을 포기하다

내가 일하기 시작했던 초기에 남성 집단을 이끌었던 적이 있다. 당시에 나는 게슈탈트 치료를 상당히 이상화하고 있었고 평등주의적인 정신을 매우 강하게 신봉하고 있었지만, 아직 그 뉘앙스나 복잡성을 다 이해하지는 못했었다. 한 집단 구성원이 집단의 모든 사람이 저마다의 문제에 관해 이야기하고 있는데 나만 그렇지 않다는 사실을 언급하고, 나에게 '오만한' 태도에서 내려오라고 도전하며 나의 문제를 집단에 가져왔다. 그는 내가 집단 리더라서 특별히 적용되는 어떤 규칙이 있을 이유가 없다고 느꼈다.

순진하게도 나는 그의 도전을 받아들였다. 이어지는 집단 회기에서 나는 개인적인 문제들을 꺼냈고, 내 이야기가 끝나면 다시 리더십 역할을 할 수 있을 것으로 생각했다. 당연히 그렇지 않았다. 나의 문제를 공유하고 난 뒤 강한 감정, 기억, 신체적 현상들이 나타나며 집단을 지속해서 촉진할 수 있을 만큼 나의 상태가 좋지 않았다. 리더로서의 역할을 다시 할 수 있었던 것은 큰 의지가 있어서였다. 나의 자문위원과 나중에 이 문제를 논의했고, 그녀는 내가 리더십 역할을 잘 수행하는 데 어떤 경계가 도움이 되었는지, 어떻게 나 자신을 집단에서 돌볼 수 있는지 등을 살펴보도록 하여 집단 리더로서 나의 욕구와 자기지지를 고려하는 것을 도왔다.

다음 주에 나는 집단으로 돌아와 이전 회기와 나의 자문을 통한 경험들에 대해 구성원들에게 이야기했다. 나는 집단에서 나의 리더십 능력을 최선으로 끌어오기 위해 집단에서 나의 개인 작업은 할 수 없다는 점을 설명했다. 이 남성 집단은 15년 동안 서로 함께

했고, 집단 구성원들은 함께 많은 일을 겪었으며, 서로의 삶을 강하게 지지해 주었다. 나는 내가 이 중요한 경계를 설정하지 않았다면 수년에 걸쳐 이 집단이 살아남고 번성할 수 없었을 거라 믿는다.

🌱 리더의 그림자

리더의 전체론적인 관점은 리더의 취약성, 성격의 단점, 욕구, 야망, 두려움을 포함해야 한다. 리더의 그림자(shadow of the leader)는 집단에서 리더가 자각하지 못한 취약한 측면들로 구성된다. 우리가 자기 자신에 대해서 얼마나 작업을 했는지는 중요하지 않다. 게슈탈트 치료는 우리에게 인간성을 수용하고 환영하도록 가르치기 때문에, 게슈탈트 집단치료의 리더는 우리 인간성을 절대로 초월하지 않을 것이고 우리도 원하지 않을 것이다. 더불어, 각 집단은 리더의 새로운 맹점을 안은 채 새로운 장으로 구성된다. 게슈탈트 모델은 우리에게 호기심을 갖고, 우리를 구성하는 다양한 자기의 측면들과 접촉을 유지하기 위해 할 수 있는 일을 가르친다(Polster, 1995). 리더의 그림자는 움직이는 표적이고 리더와 집단에 의해 공동 창조된다. 두려움, 야망, 유혹, 굴욕 그리고 인간의 다른 모든 조건은 게슈탈트 집단으로 흘러들고, 리더십을 포함해 어떤 식으로든 실연된다. 그림자가 집단 경험의 전체를 정의하지는 않지만, 해결되지 않으면 집단과 구성원에게 해로운 방식으로 영향을 미치는 경향이 있다. 인간 조건을 초월하는 것은 없으며, 게슈탈트 집단 리더십이라는 매우 영광스럽고도 어려운 작업에 열중한 우리를 위한 것은 더더욱 아니다. 그림자에 대한 리더십의 태도는 그림자가 집단에 미치는 영향을 결정한다. 리더가 이러한 불안하게 만드는 그림자 차원을 살펴볼 수 있는 호기심과 용기 중 하나의 태도를 보인다면, 리더는 집단의 발전을 돕고 집단 구성원이 성장과 발견에 있어서 개인적인 길과 전문적인 길을 계속 유지하도록 조력할 수 있게 된다.

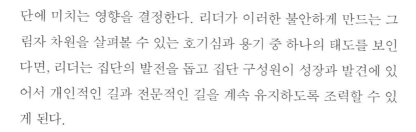 그림자의 장 관점

내가 이것을 작성하는 동안, 나는 기차에 앉아 있다. 창밖을 보며 나는 기차의 그림자를 본다. 그것은 역동적이다. 태양의 위치, 기차의 움직임, 그림자가 드리워지는 지형, 이 모든 구성요소가 기차의 그림자가 움직이는 역동적인 순간을 만들어 낸다. 즉, 그것은 리더의 그림자이다. 집단, 그것의 발전 단계, 누가 리더의 자리에 앉아 있는지, 집단 구성원에 대한 리더의 매력과 반응, 이 모든 것이 그림자의 공동 창조 속에서 현재에 나타난다. 모든 집단 리더는 장의 다른 차원들에 초점을 기울이기 위해 알아차림의 바깥 장의 측면을 반드시 유지해야 한다. 리더의 그림자는 항상 바뀌고, 장 의존적이며, 장을 이루고 있는 집단의 모든 사람에 의해서 공동 창조된다. 집단 리더가 집단의 무한한 작업에 대한 반응의 모든 차원을 자각하는 것은 불가능하다. 대신에, 집단 리더는 집단과 리더가 집단 작업을 함에 따라 펼쳐지는 새롭고 놀라운 의미들에 지속적으로 개방함으로써 수반되는 알지 못하는 것을 수용하는 태도로 긴장을 풀어야 한다.

🌿 그림자는 우리의 인간성과 취약성을 상기시킨다

만약 우리가 상처 입지 않는 취약하지 않은 상태에 도달한다면 좋지 않을까? 절대 굴욕당하지 않고, 항상 우리가 어디에 서 있는지 알며, 우리 자신을 완전히 알고 자신의 반응에 대해 통달한 전문가라면? 많은 게슈탈트 집단치료 리더는 이런 상상을 한다. 그렇지만 솔직하게, 어제의 가장 고귀한 알아차림이 오늘의 편향이 될 수 있다. 가장 빛나는 순간은 예상치 못한 상처의 의미를 가질 수 있다. 폴스터와 폴스터(1974)는 우리에게 게슈탈트 치료는 양극성의 지속되는 전개라는 점을 상기시켰다. 게슈탈트 집단치료에서 다룬 작업의 아름다운 한 부분은 아마도 집단 구성원에게 리더가 부여한 긍정적인 의미와 정반대처럼 보이는 의미가 일어나는 것일 것이다.

우리의 가장 빛나는 작업을 만끽하고 있을 때일지라도, 집단 구성원이 그림자 측면을 표현할 수 있도록 호기심을 유지하고 구성원을 위한 공간을 마련하는 것이 좋다. 따라서 문제는 집단 리더가 무언가 놓쳤거나, 상처를 입혔거나, 유혹받거나, 잘못된 안내를 받았거나, 집단 구성원을 떠나게 했는지가 아니라, 어떻게 이러한 그림자 현상이 나타나게 되었는지이다. 그림자가 없는 게슈탈트 슈퍼맨은 나쁜 꿈이다. 우리가 실패할 것이고 실패를 수용함으로써 성공할 것이라는 것을 안다는 점은 다행스럽다. 다른 말로 하자면, 모든 경험이 빛과 그림자를 투사한다는 사실을 아는 것은 안도감을 줄 수 있다. 모든 경험은 그림자의 측면을 갖는데, 이 사실을 받아들이면 우리는 존재를 부정하려 애쓰기보다는 그림자와 함께 일하는 것을 배우게 된다.

🌵 권력, 평등주의, 리더의 그림자

게슈탈트 집단치료의 리더가 집단을 구성하는 순간부터 집단의 마지막 만남의 순간까지 리더는 집단 내에서 고유한 권력의 위치를 차지한다. 리더는 안내하고, 중재하며, 누가 집단에 들어갈지 결정한다. 집단의 만남은 항상 그런 것은 아니지만 통상 리더의 상담실에서 진행되고, 집단 구성원들은 보편적으로 리더에게 비용을 지급한다. 게슈탈트 치료에서 우리는 심리치료를 수행하는 주요 매개체로서의 해석과는 반대로 접촉에 중점을 두고, 심리치료라는 산업에 민주적이고 평등주의적인 감성을 제공한다. 그러나 게슈탈트 집단치료에서 우리는 모든 집단 구성원이 평등하지만, 리더는 다른 사람보다 더 평등하다는 오웰리언(Orwellian)의 교묘한 술수를 가끔 경험한다. 더 평등한 치료적 관계의 게슈탈트 치료 정신을 실현하기 위해 게슈탈트 집단 이론을 발전시키는 방법은 리더의 그림자에 대한 대화가 핵심이다. 여기서 문제는 큰 권력을 휘두르지만, 집단에서 어떤 특별한 권력도 없다는 평등주의적인 자아개념 때문에 리더의 권력에 대해 논의하기 위해 필요한 공간과 허락을 거부하는 집단 리더이다. 만약 리더가 권력에 차이가 존재하지 않는다는 환상에 시달린다면, 어떻게 집단이 리더의 권력 사용과 남용에 대해 논의하고 처리하며 접촉할 수 있을까?

게슈탈트 집단치료는 구성원들이 서로 새로운 접촉을 만들 수 있고, 새로운 생각들을 하며, 장에서 자기의 아직 알려지지 않은 측면을 분명히 표현해 내는 문화를 촉진한다. 다른 사람과 리더에 대한 반응을 탐색하는 것은 게슈탈트 집단치료 과정의 필수 요소이다. 게슈탈트 집단치료 리더가 리더에 대한 집단 구성원들의 반응을 수용하는 것은 집단을 안전하게 만드는 것을 돕고, 나아가서는 집단이 평등한 공간이 되게 한다. 모든 구성원이 리더와 같은 동일한 권력을 가지지 않는 반면, 각 구성원은 그들의 고유한 지각과 반응의 힘을 갖는다. 각 구성원은 그들의 고유한 목소리를 가진다. 집단 문화 창조는 리더가 리더에 대한 구성원들의 다양한 반응을 허용하고 지지하며 정당성을 부여해 권력을 균등하게 하고, 집단 구성원이 좀 더 장에서 그들 자신에게 집중할 수 있도록 돕는 것이다.

🌺 사례 4: 리더의 경계 혼란은 손상을 일으킨다

오랫동안 참여한 집단 구성원인 브루스(Bruce)는 최근에 진행한 집단치료에서 매우 불편해 보였다. 나는 아마도 이것이 나와 어떤 관계가 있을 것 같다고 생각했다. 나는 그에게 어떤지 물었고, 그는 미국 대통령 선거에서 트럼프(Trump)가 당선된 후 집단에 보낸 나의 메시지에 매우 화가 났었다고 말했다. 나는 선거 결과에 대해서 근본적으로 집단 구성원이 화가 날 수 있고, 집단이 버팀목으로서 여기 있다는 메일을 보냈었다. 나는 유색인종의 동성애자인 브루스가 나의 이메일로 지지받았을 것으로 생각했지만, 그렇지 않았다. 그는 내가 이메일을 보낸 것이 부적절하고 조종하는 것이라고 느꼈다. 처음에 나는 이에 대해 놀랐지만, 그가 말하고 싶어 하는 의지가 있었고 끝까지 다 듣는 것이 중요하다고 느꼈다. 집단의 다른 사람들이 그에게 지지를 보냈고, 나의 이메일에 대한 그들의 감정을 나누는 데 동참했다. 내가 포함, 경청, 확인을 실천하는 느낌이었을 때, 내가 그로부터 듣고 느낀 것을 알리고 나의 경험을 말함으로써 현전하는 것을 실천하려고 애를 썼다. 나는 곰곰이 생각해 보면 선거일 밤에 매우 조절하기 어려웠고 트라우마 상태에 빠졌었다고 그와 집단에 말했다. 집단에 보낸 나의 이메일은 내가 그들을 위해 손을 내미는 것처럼 보이지만, 그 이면에는 내가 안심과 연결이 필요해서 그들에게 연락을 취하고 있었다. 즉, 나는 안심과 연결에 대한 나의 욕구와 연결되어 있었고, 이를 집단 구성원에게 투사했었다. 이 접촉이 있고 나서 브루스와 나는 다시 연결될 수 있었다.

　이 사례는 집단에서 일어나는 사건들이 하나 이상의 의미를 가진다는 것을 보여 준다. 사실, 어떤 의미 있는 집단의 사건은 다양한 의미를 가질 수 있다. 이 이메일을 보낸 나의 의도는 집단 구성원들에게 그들이 선거에 대한 그들의 감정을 집단이라는 공간에서 안전하게 다룰 수 있다는 것을 상기시키는 것이었지만, 나는 이것을 내가 매우 화나 있고 조절이 안 되는 아침에 작성했다. 위로의 말을 전하고 싶었던 것은 사실이지만 동시에 또 다른 차원에서는 두려웠고, 나는 집단으로부터 위로받고 싶었다. 그것은 나의 투사의 한 부분이었고 집단에서 내 감정을 행동했다.

　우연히도 이것들은 브루스의 전경을 형성하는 요소들이었다. 그의 어머니는 그를 신체적으로, 정서적으로, 성적으로 상당히 많이 침범했다. 아동기 때 건강하지 않은 융합의 대상이었던 브루스의 지속적인 정서적 작업의 대부분은 경계가 분리되는 느낌을 유지하는 것이었다. 내 이메일에서 내가 누구를 도왔는지(내가 집단을 도운 것인지 나 자신을 도운 것인지)에 대한 경계의 혼란이 융합과 침범의 오랜 감정을 자극했다. 나의 자유민주적인 정치는 브루스에게 위로가 되지 못했다. 그는 "제 부모님은 좌파였고, 그들은 우리를 거의 파멸시켰어요."라고 날카롭게 말했다. 그에게 일어난 안전에 대한 손상을 복구하기 위해서 우리 양쪽 모두의 의지가 필요했다. 이 경우에, 브루스가 느낀 것을 발견할 공간을 마련하고 위험을 감수하는 것은 집단에서 일어난 손상을 회복하도록 이끄는 대화를 시작하는 데 중요했다.

그날 브루스의 작업에 대한 다양한 감정의 경험은 살펴볼 가치가 있다고 믿는다. 왜냐하면 그것이 리더 작업의 그림자를 다루는 일에 대한 저항과 보상을 설명하는 데 도움이 되기 때문이다. 한편, 동전의 다른 한 면에서 나는 브루스가 어떤 감정을 느꼈는지에 대해 듣는 것이 흥미로웠다. 게슈탈트 집단치료에서 리더의 그림자를 다룰 때 보상은 그것들이 어느 방향으로 갈지 결코 알 수 없다는 점이다. 그것은 집단의 많은 현상과 내러티브에 포함된 여정이다. 나는 각 관점에 열려 있는 것이 게슈탈트 집단치료 리더에게 마음과 마음을 확장하는 여정이 될 수 있다는 것을 발견했다.

마틴 부버(Martin Buber, 1992, p. 40)는 '좁은 산등성이'를 나와 너 사이의 만나는 공간이라고 했다. 나는 리더의 그림자 작업을 할 때 부버의 이미지에 감사하다. 그것은 독특한 역사, 경험, 신체, 의식을 가진 이 특정 리더와 유사한 다른 존재가 온 우주에 없으므로 좁은 산등성이이다. 동시에 각 집단 구성원은 역사, 삶의 경험 그리고 알아차림의 구체적인 부분에서 완전히 독특하다. 우리는 개인적·집단적 역사에서 독특한 순간에 만난다. 이 순간의 이 만남은 다른 어떤 것과도 같지 않으며, 우리가 그대로 둔다면 놀라움, 경이로움, 대화, 손상을 회복하는 원천과도 같다.

🌷 리더의 권한과 집단 구성원의 권한

게슈탈트 집단의 삶에서 리더가 자신의 권한을 행사하는 것이 필요하다. 리더는 초기에 구성원들을 집단상담으로 끌어들이기 위해 다양한 단계를 거치며 집단을 이끌고, 구성원들이 그들의 삶의 문제를 다룰 수 있도록 도우며 희망을 고취시킨다. 또한 리더는 집단의 선함을 위해서 자신의 권한을 호의적으로 사용하려고 노력한다. 리더는 문지기이며, 마지막 한계를 설정하고, 구성원과 직면할 수 있는 특별한 권한을 부여받은 사람이며, 집단 구성원들을 칭찬하고 집단의 규범과 문화를 형성하는 사람이다. 그렇다면 어떻게 집단 구성원이 그들의 고유한 힘을 찾도록 도우면서 리더로서의 능력을 약화시키지 않는 방식으로 이 권한을 다룰 수 있을까? 답은 리더, 다른 구성원 그리고 과정 그 자체에 대한 각 구성원의 지각, 감정, 상상을 위한 공간을 만드는 **과정 지향**(process orientation)에 있다. 대화에 전념하며 리더는 집단에서 리더십에 대한 멤버십의 경험을 포함한 집단 경험의 그림자 측면을 불러일으킨다. 이것은 집단의 삶을 실제로 유지하는 데 도움이 되며, 집단이 리더를 지나치게 이상화하는 것과 집단에 의해서 리더가 이상화되거나 사랑받는 중독을 피하도록 돕는다.

🌿 게슈탈트 집단은 리더가 자신의 성장 작업을 계속할 때 번성할 수 있다

게슈탈트 집단치료 리더들이 개인적·전문적 성장에 전념하는 것이 집단의 활력을 위한 기본이다. 개인치료와 임상 자문위원, 전문적인 커뮤니티에 들어가며 투자하는 리더는 자신과 자신이 이끄는 집단 모두에게 이익이 되는 지지 네트워크를 발달시킨다. 리더가 집단의 삶을 둘러싼 그림자 측면에 대한 때때로 어렵고 도전적인 대화에 전념하도록 유지하는 것은 멤버십이 리더십의 지지하려는 의지를 느낄 수 있고, 리더의 임상 작업과 개인적 발전을 위해 강력한 지지를 개발하려는 리더에 대해 긍정적인 반응을 할 것이라는 경험이 있어서이다. 리더십의 지지에 대한 멤버십의 알아차림은 리더의 능력에 대한 집단 구성원의 신뢰를 높이며, 다른 집단 구성원들이 그들의 모든 감정으로 그들을 지탱해 준다. 이 향상된 자신감은 집단이 더 성장할 수 있도록 허용하며 안전과 활력에 대한 감각을 이끌어 낸다.

🌿 부족하지만 사랑하는 집단에 속해 있기

집단 구성원이 분명하게 표현할 정도로 지지와 허용을 받게 될 때, 집단 생활의 암류가 깊어지고 집단은 변화가 일어난다. 이것은 집단 리더가 특별한 재능을 가지고 있어서가 아니라(설령 그렇다고 할지라도), 집단 리더가 진실을 말할 수 있고 지속해서 대화에 전념할 수 있는 문화를 만들었기 때문이다(Yontef, 1988). 이 집단은 완벽함과는 거리가 멀지만, 가족 내에서 일어나는 일에 관해 이야기할 수 있는 능력과 친밀한 접촉을 통해 깊은 유대감을 형성함으로써 가족과 유사해진다.

결국 인생을 바꾸는 것은 그림자의 명료화만은 아니다. 집단 생활에서 저 아래 밑바닥에 있는 것을 분명히 하는 것은 친밀감, 사랑, 애착을 향한 과정에서 필요한 단계일 뿐이다. 게슈탈트 집단치료에서 형성되는 감성적이지는 않지만 깊은 수용이 담긴 사랑은 삶을 변화시킨다. 집단 구성원이 그림자 측면과 다른 모든 것이 보인다고 느끼고, 그들이 집단과 리더에 관해서 솔직하게 말할 수 있으며 지속해서 수용받을 때, 그들은 진정한 소속감을 경험하는 과정에 있게 된다. 집단에서 있는 그대로의 모습으로 사랑받고 자신의 목소리를 내는 것만으로도 충분히 유능하고 가치 있는 집단 구성원으로 느껴지는 것만큼 치유적인 것은 없다. 마찬가지로 집단의 리더가 결함이나 단점에 관해서 이야기하고 다룰 수 있는 그들의 강점과 재능을 볼 때, 리더는 그들의 인간성을 느낄 수 있고 고유한 인간적인 힘을 찾고자 하는 집단 구성원에게 본보기가 될 수 있다. 리더와 집단 구성원들은 각 구성원의 삶에 살아 있는 부분이 되어 더 견고한 관계, 더 폭넓은 창의성, 자기확신, 자기수용을 위한 기반을 만들게 된다.

주 석

1. 이 장의 초고는 『Gestalt Review』[2013, 17(2), 178-189]에 처음 게재되었다.

2. 로버트 스톨로로(1987)의 정신분석의 반복되는 차원과 자기대상 차원에 대한 유사 개념을 참고하기 바란다.

3. 우리는 몇 가지 이유에서 다소 번거롭지만, 멤버십(membership)과 리더십(leadership)이라는 용어를 적용했다. 이는 여러 가지 이유로 집단 작업의 구성원(members)과 리더(leaders)와는 대조적이다. 우선 첫 번째로, 우리가 리더십이라는 말을 쓸 때 우리는 집단을 이끄는 하나 또는 좀 더 많은 사람에 대해서 말하는 것이다. 두 번째로, 멤버십과 리더십이라는 용어 사용은 단지 한 개인이 아니라 개인적인 특성과 전형적인 특성 모두를 가진 집단을 위해 이러한 역할을 충분히 하는 사람들에 대해 생각할 수 있도록 허용한다.

4. 이본 아가자리안(Yvonne Agazarian, 2004)은 하위 집단의 중요성을 강조하면서 집단치료 기법에 중요한 기여를 했다. 그녀는 앞으로 나오는 구성원에게 지지를 표현하는 대신에 다른 집단 구성원을 초청한다. 이론적으로 혼자 앞에 나오는 위험을 감수하는 것보다는 하위 집단의 일부로서 앞에 나오는 것이 안전하기 때문이다. 비슷한 맥락에서 고든 휠러(Gordon Wheeler)는 남성 집단치료에서 수치심의 감소를 공유하는 것의 중요성을 논의했다. 한 집단 구성원이 수치스러운 감정으로 향하고 있을 때, 그는 말로만 지지하기보다는 그들이 지닌 수치심에 대해 공유할 수 있도록 이끌었다. 비슷한 감정을 공유하는 위험을 감수하지 않는 것은 역설적으로 수치심을 증가시키는 효과를 낸다는 점을 지적했다. 이와 관련해서 아리아드네 벡(Ariadne Beck, 1981)과 앤 알론소(Anne Alonso)의 수치심과 희생양에 대한 논의를 참고할 수 있다(Alonso & Rutan, 1993).

참고문헌

Agazarian, Y. (2004). *Systems-centered therapy for groups*. London: Karnac Books.

Aledort, S. L. (2009). Excitement: A crucial marker for group psychotherapy. *Group, 33*(1), 45-63.

Alonso, A., & Rutan, J. S. (1993). Character change in group therapy. *International Journal of Group Psychotherapy, 43*(4), 439-451.

Beck, A. P. (1981). Developmental characteristics of the system-forming process. In J. E. Durkin (Ed.), *Living groups: Group psychotherapy and general system theory*. New York: Brunner/Mazel.

Buber, M. (1992). *On intersubjectivity and cultural creativity*. Chicago, IL: University of Chicago Press.

Cole, P. (1998). Affective process in psychotherapy: A gestalt therapist's view. *Gestalt Journal, XXI*(1), 49-72.

Feder, B. (2006). *Gestalt group therapy: A practical guide*. New Orleans, LA: Gestalt Institute Press.

Polster, E. (1995). *A population of selves: A therapeutic exploration of personal diversity*. San Francisco, CA: Jossey-Bass.

Polster, E., & Polster, M. (1974). *Gestalt therapy integrated*. New York: Vintage.

Stolorow, R., Brandchaft, B., & Atwood, G. (1987). *Psychoanalytic treatment: An intersubjective approach*. Hillsdale, NJ: Analytic Press.

Wheeler, G., & Jones, D. (2003). Finding our sons: A male-male gestalt. In R. Lee & G. Wheeler (Eds), *The voice of shame: Silence and connection in psychotherapy* (pp. 61-100). Hillsdale, NJ: Analytic Press.

Yontef, G. (1988). *Awareness, dialogue and process*. Gouldsboro, ME: Gestalt Journal Press.

제5장

관계적 집단 문화의 조성 및 유지

Daisy Reese

위니컷(D. W. Winnicott, 1971)은 아기의 **자기**(self)가 어머니의 시선으로부터 태어난다고 가르쳤다. 이는 아기에게도 사실이지만, 우리 삶 전반에 걸쳐서도 마찬가지이다. 우리 자신을 이해하고 충만하게 발전하는 것은 오직 공감하는 타인과의 관계에서만 가능하다. 심리치료실에서 공감하는 타인은 심리치료사이다. 이상적으로, 치료자는 내담자를 있는 그대로 보고 내담자의 충분히 발달한 자기를 지탱하는 사람이다. 게슈탈트 집단치료에서 집단은 그 자체로 공감하는 타인이자 지탱하는 환경이 된다. 시간이 지나며 게슈탈트 치료집단의 구성원들은 집단에서 솔직한 모습으로 있는 것을 자신에게 허용하게 되며, 이는 그들의 '어린 자기(child self)'를 수용하는 것이다. 즉, 그들의 오래된 상처, 갈망, 두려움과 혼란 등이 나타나도록 허용하는 것이다. 성숙한 집단은 구성원이 그들의 취약성을 탐색하고 통합과 전체성의 향상을 향해 나아가는 것을 시작할 수 있게 허용함으로써 이러한 민감성과 견고함을 모두 유지할 수 있다.

관계적 집단 문화를 발달시키기 위해서는 첫 번째로 그러한 문화를 만들고 유지할 수 있는 사람들을 집단에 모으는 것이 요구된다. 이것은 실질적인 측면에서 무엇을 의미하는 것일까?

집단치료자로서 일하기 시작한 몇 년 동안 집단 구성원 선정은 별로 중요하지 않다는, 광범위하게 지지받는 믿음이 있었다. 자발적으로 모인 사람들은 (현명한 리더에 의해) 그들의 보편적인 인류애를 활용하고 서로를 위한 공감과 열정을 발달시키며 구성원들의 성장을 지지하는 집단을 형성할 수 있다고 보았다.

그러나 오늘날에는 많은 집단치료자가 과거와는 반대 방향으로 먼 길을 여행했다. 집단치료자가 복잡한 집단 구성원 선정 과정을 진행하는 것이 드물지 않고, 이 과정에는 여러 질문과 광범위한 선별 인터뷰가 포함될 수 있다. 성별, 나이, 교육 수준 등 적절한 균형을 찾기 위해서 모든 노력을 기울이고 있다. 물론 어떤 경우에는 동성애자 남성 집단이나 노인 집단처럼 특정 구성원을 위해 특별히 계획되는 집단이 있다. 이 선발 방식에 따르면, 여기에는 예를 들어 독신 남성 또는 다른 사람보다 훨씬 나이가 많은 독신이어야 한다는 '틀'이 없어야 한다.

우리는 집단 선정에 대한 두 가지 접근을 모두 권장할 만한 것을 찾았다. 우리는 균형을 이루기 위해서 노력하고 있고, 집단 구성원들이 집단에서 접촉할 수 있는 다른 사람들을 발견할 수 있기를 바란다. 예를 들어, 모두 백인만 있는 집단에서 유일한 유색인종, 모두 유대인이 아닌 집단에서 유일한 유대인, 모두 이성애자인 집단에서 유일한 동성애자 등의 상황은 어려울 수 있다. 한편, 완벽한 균형을 이루는 것은 불가능하며, 충분한 지지와 대화를 통해서 불균형을 해결해 나갈 수 있고, 궁극적으로 집단과 집단의 모든 구성원이 강해질 수 있다. 나는 특히 65세의 하리(Hari)라는 네팔 남성이 참여했던 한 집단치료가 떠오른다.

하리의 관계 방식과 삶의 철학은 확실히 집단의 다른 구성원들과 대조되었다. 하리는 한동안 집단에서 자리를 잡느라 고생했다.

다른 구성원들은 그가 교만하고(가끔 그것은 사실이었다!) 다른 사람들이 고군분투하는 데 관심이 없다고 비난했다. 30대 젊은 여성인 리사(Lisa)와의 관계에서 하리는 마침내 솔직하고 진심 어린 방식으로 소통하여 연결될 수 있었다. 리사는 매우 어린 나이에 자신을 버린 어머니에 대해 집단에서 자주 이야기했다. 당연히 리사는 버려짐에 대한 많은 슬픔과 분노를 가지고 있었고, 집단의 나머지 구성원들은 그녀를 돌보고 지원했다. 그러나 하리는 다른 견해를 가지고 있었다. 힌두교 전통에서 자란 그는 업보와 환생에 대한 강한 믿음이 있었다. 하리는 참지 못하고 리사에게 몇 번이나 그녀가 폭넓은 삶의 관점을 배우고 수용할 필요가 있다고 말했다. 결국 리사는 "못살겠어요."라고 말하며 눈물을 흘렸다. 리사는 하리에게 화를 내며 그녀의 고통을 전혀 이해하지 못하고 아무 도움도 되지 않는다고 말했다.

하리는 당황했고, 나머지 집단 회기 동안 침묵했다. 그러나 집단이 다시 모였을 때 그는 자신의 입장에 대해 분명히 어떤 생각을 하고 있었다. 그는 리사에게 사과했고, 둘 다 나이와 경험의 간극을 메우는 것이 어렵다는 데 동의했다. 하지만 사실 하리가 리사에 대해 매우 아버지 같은 감정을 키워 가고 있었던 것이다. 리사가 그에게 화를 내는 것은 그를 고통스럽게 했다. 이것을 인지한 리사는 그녀의 삶에서 너무나 부족했던 돌봄을 받기 위해 그에게 마음을 열었다. 그들은 마치 실제로 아버지와 딸이 된 것처럼 계속해서 짜증을 내고 논쟁을 했다. 서로에게 얼마나 중요한지가 점점 더 분명해졌다. 하리가 이사를 해서 집단치료에 더는 참여할 수 없다고 말했을 때 하리와 리사는 모두 진심으로 눈물을 흘렸다. 둘 다 그들의 분명한 차이를 넘어서서 자신들도 놀랄 정도로 친밀해졌고 애정을 느꼈다. 이것은 강력한 관계적 문화를 가지고 집단 구성원을 진정으로 유지할 수 있는 집단치료에서 자주 일어나는 우연의 한 예일 뿐이다.

예비 집단 구성원을 면담할 때 우리는 스스로 다음의 두 가지 질문을 한다. 첫 번째는 '이 사람이 다양한 관점을 즐길 수 있는 사람인가?'(즉, '잠재적인 집단치료 구성원은 그들이 이해하는 방식이 주어진 상황에서 유일하게 타당한 것이 아닐 수 있다는 점을 인식할 수 있는가?') 이고, 두 번째는 '이 사람이 자기성찰 능력이 적절히 발달되어 있는 가?'이다. 만약에 둘 중 하나에 대해 '아니요'라는 답을 한다면, 그 면담 대상자는 게슈탈트 집단치료에 적합하지 않을 수 있다.

좀 더 구체적으로 보면, 우리는 새로운 집단치료 참여자를 선택할 때 다음과 같은 특성의 증거들을 찾는다.

공감에 대한 능력: 이 사람이 다른 사람의 정서적 경험에 대해 관심이 있는가? 인생의 경험이 완전히 달랐더라도 타인과 '함께 느낄' 수 있는가?

자기성찰의 능력: 자기성찰은 사람들이 그 자신이 불가피하게도 드라마에 등장하는 연기자라는 것을 이해하는 것과 관련이 있다. 즉, '순진한 방관자'는 불가능하다. 집단에서 불가피하게 오해와 상처를 받는 느낌이 생길 때 각 집단 구성원이 자신도 모르게 또는 다른 방식으로 단지 '희생자'가 아니라 기여자라는 것을 깨닫는 것은 어렵지만 중요하다. 침묵하는 사람을 포함해 모든 집단 구성원이 집단에서 발생하는 대인관계의 어려움을 이해하고 인정하기 시작할 때 해답을 찾고 연결이 증가하는 것이 가능해진다. 만약 집단 구성원이 독선적인 태도에서 상호 이해와 용서의 태도로 움직일 수

없다면, 집단은 심각한 수준으로 관계적 문화를 발달시키는 데 방해를 받게 된다.

복합적인 이야기의 타당성을 인정하는 능력: 게슈탈트 집단치료의 중요한 신조는 "장을 이해하기 위해 장의 모든 목소리가 들릴 필요가 있다."(Gordon Wheeler, 개인적인 대화, 2013년 3월 11일)이다. 집단치료에서 이것의 의미는, 각 집단 구성원(리더를 포함해)은 집단치료에서 일어나는 일에 대해 각자 독특한 관점을 가지고 있으며 어떤 집단 구성원(리더 포함)도 '진실'의 소유자가 아니라는 점이다. 모든 관점이 존중될 때에만 집단에 대한 의미 있는 이해가 이루어질 수 있다. 다양한 이야기의 타당함을 인정하지 못하며 자신만이 진실을 꽉 쥐고 있다고 주장하는 사람은 자기 알아차림과 과정에 대한 이해를 키워 나가는 집단의 진전에 상당한 장애가 될 것이다. '단 하나의 진실'은 다른 집단 구성원을 소외시킬 수 있다. 특히 소수집단의 구성원이 그들의 경험이 무가치하게 치부되거나 무시되었다고 느낄 때 일어날 수 있다.

관계적 문화가 발전된 안정적 집단치료에서는 새로운 집단 구성원을 좀 더 빨리 통합하는 것이 가능하다. 좀 더 성숙한 구성원들은 새로 참여한 집단 구성원들이 집단의 문화를 이해하고 공감적으로 참여하는 방법을 배우도록 돕는 데 편안함을 느낄 수 있다. 이것은 새로 온 사람에게 주는 선물일 뿐만 아니라 새로운 구성원들에게 집단 문화를 전하는 데 도움을 준 오래된 구성원들에게 꽤 타당하고 힘을 돋울 수 있는 권한을 지닌 느낌이 들게 한다.

물론, 구성원 선발은 관계적 집단 문화 발달의 첫 번째 단계일 뿐이다. 첫 번째 집단 만남부터 리더는 관계성을 돌보고 구성원들에게 관계의 중요성과 그 모습에 대해서 교육하는 기회에 주의를 기울여야만 한다.

우리 각자에게는 안전을 추구하는 경향이 있고, 삶에서 관계적으로 접촉하려는 태도를 보임으로써 경험하게 되는 취약성에 대한 위험 감수, 그리고 흥분 경향을 상쇄시키는 소외되고 접촉을 회피하는 태도를 보임으로써 오는 자기만족을 추구하는 경향이 있다. 우리가 자신의 내면세계를 조율하려 하면 할수록, 우리는 친밀함에 대한 갈망과 친밀함이 우리에게 열릴 수도 있다는 고통스러운 가능성에 대한 두려움/불안이 모두 있다는 것을 알아차리게 된다. 관계 속에서 우리는 상처 입고, 그것은 오직 관계 속에서 치유될 수 있다.

자신의 취약성을 드러내고 친밀감의 가능성에 마음을 열기 위해서는 상당한 용기가 필요하다. 그것은 또한 '충분히 안전한' 환경을 요구한다. '우리가 비틀거리며 넘어지면 누군가 손을 내미는가?' '우리의 위험을 인식하고 인정할 수 있는가?'와 같은 물음이 필요하다.

성공적인 집단은 구성원들이 관계적으로 접촉하려는 노력을 지원하고 동시에 소외되고 접촉을 회피하려는 경향에 대해서 이해하고 대처할 수 있도록 돕는다. 집단치료의 초기 단계에서 이러한 책임 대부분은 필연적으로 리더가 지게 된다. 그러나 집단치료가 잘 진행되면 구성원들이 이러한 부분을 좀 더 잘 조율하고 서로를 지탱해 주게 된다. 이것은 리더가 적극적인 역할로부터 한발 물러나고 '집단의 지혜'에 점점 더 의존하는 것을 허용한다. 로라 펄스(Laura Perls)는 게슈탈트 치료자는 "필요한 만큼, 가능한 한 적게 행동하라."라고 말했다[Bud Feder, 개인적인 대화, 2016년 4월 23일]. 집단치료 리더로서 나의 견해는 집단이 자신의 힘으로 항해하고 있다는 느낌보다 더 흥미롭고 타당한 것은 거의 없다는 생각이다. 비록 여전히 내가 집단과 집단 구성원들을 지탱하는 데 상당히 많은 시간을 쓰고 있지만, 호혜적인 느낌이 증가하면서 집단이 나를 위한 공간으로서도 기능하고 있다.

우리 중 많은 사람이 높은 불안으로 소외되며 접촉을 회피하려는 경향의 힘에 굴복하는 결과를 초래할 수 있다. 새로운 집단의 시작은 거의 모든 사람이 매우 불안해하는 상황이다. 구성원으로서 집단치료 공간에 들어갈 때, 그들은 시선을 마주치지 않으며 조용히 자리에 앉아 리더가 시작하기를 기다리는 경향이 있다. 여기에서 "모두 도착해서 매우 반갑습니다. 돌아가며 이름을 서로 소개하고 지금 기분이 어떤지 나누어 봅시다."와 같은 간단한 사회적 신호가 큰 도움이 된다. 이와 같은 시작은 초기 집단 구성원의 불안을 일부 완화할 뿐만 아니라 집단이 어떻게 발전해 가야 하는지 강력한 방향을 제시한다. 모든 사람의 목소리가 들리고(장의 모든 소리), 우리의 정서적 삶에 초점이 맞춰지며, 자기보호적인 침묵(소외되고 접촉을 회피하려는 경향)으로 철수하기보다는 서로 관계하기 시작함으로써(관계적으로 접촉하려는 태도) 우리의 불안을 다룰 것이다. 시간이 지나면서 집단은 관계적 문화와 함께 편안하게 성장하게 되고, 서로를 깊이 이해하며, 집단 과정을 풍부하게 하는 방식으로 서로 대면하고 지지할 수 있게 된다.

집단치료가 지속하는 동안 게슈탈트 집단치료 리더는 구성원들 간 연결감과 친밀함을 지지하기 위해 노력한다. 관계적 집단 문화와 연결을 만들기 위해서 구성원들을 교육하는 일은 집단의 수명 동안에 계속된다. 이 교육은 초기 면담부터 시작된다. 초기 면담에서 리더는 예비 구성원이 집단에 잘 참여할 수 있을지 고려하고, 잠재적인 구성원과 기대에 관해서 이야기할 기회를 가질 수 있다. 이러한 교육적 과정은 초기 면담에서 시작되어 구성원으로서의 마지막 날까지 집단에서 지속된다. 초기 집단 단계에서 우리는 어떻게 집단에 관계적으로 참여할 수 있는지 가르친다. 중간 단계에서 우리는 서로 협력하는 방법을 가르치고 서로 관계를 맺는다. 구성원이 집단을 떠날 때, 우리는 어떻게 관계를 마무리하고 관계적으로 놓아주는지를 교육한다.

집단에 새로운 구성원이 추가될 때, 이는 어떤 면에서는 새로운 집단으로 볼 수 있다. 따라서 리더는 몇 가지 기본 사항에 관해서 검토해야 할 의무가 있다. 이것은 새 구성원이 집단에 '발을 붙이게 한다'. 동시에, 오랫동안 참여한 구성원에게는 기억을 상기시키고, 그들이 이전에 했던 질문 또는 아마도 방치되었던 오래된 상처들을 불러오는 기회가 된다.

나는 때때로 집단의 '규칙'을 유머러스하게 소개하는 것이 도움이 된다는 것을 알게 되었다. 이를테면, "저는 이 삽화를 아이들과 함께할 때 자주 사용해요. 하지만 우리 같은 어른들한테도 도움이 된다는 것을 발견했어요."라고 소개한다. 삽화에는 다음과 같은 것이 나와 있다. "집단에는 우리 손가락처럼 다섯 가지 규칙이 있어요. 첫 번째는 엄지예요. 이것은 저를 가리켜요."(시연) "이 규칙은 '나는 나를 위해서 말한다.'예요. 다음은 두 번째 손가락이고, 당신을 직접 가리켜요. 이것은 '나는 내가 말하는 사람에게 직접 이야기한다. 다른 사람에 대해서 말하지 않는다.'예요. 다음은 강한 중지이고, 이것은 '나는 내 진실을 말한다.'예요. 다음으로 네 번째 손가락 순서가 되고, 그것은 가장 약한 손가락 중 하나예요. 이것은 '나는 나의 감정과 취약성에 대해서 말한다.'예요. 마지막 새끼손가락은 '나는 연결한다.'예요." (걸스카우트라면 기억할 수 있는 다른 사람의 새끼손가락과 연결된 새끼손가락을 보여 준다.)

이 작은 시연을 통해서 대부분은 웃음을 얻고 긴장이 완화된다. 그러나 이것은 집단 구성원들에게 시간이 지나며 참조할 수 있는 생생한 인상을 남긴다. 가장 중요한 점은, 이 '어린이의' 시연은 연결성과 관계성의 집단 문화를 위한 기초를 놓는다는 것이다.

관계적 집단 문화는 안아 주는 환경 분위기를 조성하고 그것은 충분히 좋은 가족이 아이를 품어 줄 수 있는 것과 유사한 방식이다. 충분히 좋은 가족에서처럼, 각 구성원은 가족에게 가져온 것에 대해서 감사를 표현하고, 각 구성원의 도전, 막힌 곳, 행동화, 고정된 관계적 게슈탈트를 위한 시연에 연민을 갖는다. 때때로 집단은 이런저런 이유로 길을 잃는 구성원을 품을 필요가 있고, 다른 경우에는 집단 구성원이 행동하도록 좀 더 단호하게 격려해야 한다. 여기에는 각 구성원에 대한 사랑과 감사함이 있고, 다른 사람은 그 집단에서 개인이 가지고 있는 고유한 위치를 차지할 수 없다.

관계적 집단 문화를 조성하고 유지하는 것은 게슈탈트 집단치료 리더의 가장 중요한 역할 중의 하나이다. 관계적 집단 문화는 집단치료 초반에는 리더의 작업에 의해서 생성되지만, 집단이 형성되면서 관계적 문화는 집단 구성원 모두에게 속한다. 관계적 집단 문화는 집단 구성원을 안아 주는 환경이 된다. 그들은 표현할 것을 표현하고, 담아내야 할 것은 담으며, 서로에게 가 닿는다. 그리고 궁극적으로, 집단 구성원이 집단을 떠나거나 집단치료가 종결될 때 충분히 접촉한 상태에서 놓아주게 된다.

참고문헌

Wheeler, G. (2013). *Beyond individualism: Toward a new understanding of self, relationships, and experience*. New York: Taylor & Francis.

Winnicott, D. W. (1971). *Playing and reality*. London: Tavistock.

제6장

희생양 리더를 집단 과정에 통합하기

Daisy Reese & Peter H. Cole

우리가 집단 연구에 관해 배운 가장 가치 있는 것 중 하나는 아리
아드네 벡(Ariadne Beck)과 시카고 집단 개발 연구팀(Chicago Group
Development Research Team)의 작업에서이다. 벡(1981a, 1981b)
은 집단에서 나타나는 정서적 리더(emotional leader), 도전적 리더
(defiant leader), 희생양 리더(scapegoat leader) 역할을 확인했다. [1]
그녀의 작업은 특히 집단에서 어렵고 도전적인 상호작용이 일어날
때 집단의 역동과 과정을 이해하는 데 도움이 되었다. 이 장에서 우
리는 리더십 역할에 대한 벡의 아이디어에 관해 논의하고, 우리의
집단 작업에서 이러한 생각들이 어떻게 도움이 되었는지 사례를
제시하려 한다. 우리는 기본적으로 희생양 리더에 초점을 두려 한
다. 왜냐하면 희생양 리더의 역할을 이해하는 것이 게슈탈트 집단
치료 리더십에 도움이 될 수 있고, 이 역동을 이해하지 못할 때 게
슈탈트 집단치료에서 불필요한 많은 어려움이 초래될 수 있기 때
문이다.

  벡의 연구에 따르면, 집단 구성원들은 모든 집단 내에서 정서
적 리더, 도전적 리더, 희생양 리더의 역할을 수행하는 경향이 있
다. 벡은 이러한 리더가 누구인지 확인하고, 각 리더의 필요, 잠재
적 기여, 집단 발달의 다양한 단계에서 이러한 리더들에 관한 집단
의 요구 등에 대해 고려하기를 권고한다. 게슈탈트 치료자로서 우

리는 벡의 개념을 구체화하지 않도록 주의하고, 어떤 식으로든 리더십 역할에 대한 그녀의 분석을 우리가 집단 리더로서 발견한 집단 구성원 개인의 개성을 대체하거나 감소시키는 것으로 보지는 않는다. 대신에 우리는 탐색하기 어려운 특정 패턴을 이해하기 위해 벡의 아이디어들을 사용한다. 벡의 리더십 역할 이론을 구체화하는 것에 대한 우리의 주의는 개인 게슈탈트 치료에서 우리가 성격 유형이나 애착 유형에 관한 이해를 유지하는 방식과 유사하다. 우리는 이러한 아이디어들을 진지하지만 가볍지 않게 배경으로 가지고서 모든 범주 체계를 상담을 위한 지지 체계로 사용하고, 지도와 영토를 혼동하지 않기 위해 주의한다. 필립 리히텐버그(Philip Lichtenberg)의 절묘한 표현인 '이론적 허구(theoretical fiction)'는 우리가 집단 리더에 대한 벡의 이론을 소개하는 데 적절한 표현이라고 생각한다(개인적인 대화, 1987년 9월 20일). 때때로 폭풍우가 몰아치는 게슈탈트 집단치료 리더십의 바다를 항해하는 데 도움이 되도록, 그녀의 모델을 사용하며 그 용어들을 계속 사용하고자 한다.

우리는 우리의 집단들과 리더십 역할에 관해 분석하며 논의하지 않는다. 달리 말하면, 우리는 집단에서 누군가 다양한 역할을 맡고 있다고 느끼는지 말하지 않는다. 우리는 "수지(Suzie)는 우리의 희생양 리더, 조쉬(Josh)는 우리의 도전적 리더, 메리(Mary)는 우리의 정서적 리더."라고 절대 말하지 않는다. 이것은 게슈탈트 집단치료 리더가 집단을 하나의 전체로서 이해하고 탐색하는 데 기본적으로 관련되는 것이기 때문에 이러한 분석은 비밀로 하는 것이 가장 좋다. 수지는 수지이다. 희생양 리더라는 독특한 방식으로 정해진 그녀는 어디에도 없다. 이러한 지정은 그녀를 대상화하는 것이다. 그러나 전체로서의 집단으로서 접근할 때 수지가 희생양 리더 역할을 하고 있다는 것을 이해하는 것은 게슈탈트 집단치료 리더가 희생양인 그녀로부터 그녀와 집단 모두를 보호하는 데 도움이 된다. 우리는 이 장에서 희생양 리더를 식별하는 것과 희생양이 되는 과정 간 차이를 논의할 것이다.

🌿 정서적 리더와 도전적 리더

정서적 리더는 다른 집단 구성원과 가장 조화를 이루는 집단 구성원이다. 정서적 리더는 공감하고, 직면하며, 반영하고, 대부분 다른 집단 구성원을 도울 수 있다. 분명히 정서적 리더는 집단이 응집력 있고 안전하다고 느끼는 데 중요한 역할을 한다. 우리는 집단에 대한 정서적 리더의 기여가 지지에 중요하고, 그것이 진실하다고 느껴질 때 다른 집단 구성원에게 그들의 피드백이 지지가 된다는 것을 발견했다. 일반적으로 정서적 리더는 집단 문화에 매우 긍정적인 영향을 미치고, 이 영향은 격려받아야 한다.

게슈탈트 집단치료 리더가 정서적 리더를 정서적 리더로 있게 두는 것은 중요하다. 우리는 게슈탈트 집단치료 리더로서 현명하고 자비로운 리더로 보이려고 이기적인 노력을 기울이며 정서적 리더를 상대로 경쟁하려는 느낌을 가끔 경험했다. 이와 같은 게슈탈트 집단치료 리더의 경쟁적 충동의 부분은 '리더의 그림자' 현상으로서 가장 잘 이해할 수 있다(제4장 참조). 진정으로 현명한 게슈탈트 집단치료 리더는 정서적 리더와 경쟁하고 싶은 충동을 참을 것이다. 우리는 정서적 리더가 집단과 그 구성원에게 영향을 미칠 충분한 공간을 주는 것이 가장 좋다는 것을 발견했다. 여기에는 집단 구성원들이 서로에게 정서적인 공급을 하는 효력이 있다. 이 효력은 게슈탈트 집단치료 리더가 제공할 때 약하게 느껴질 수 있다. 예를 들어, 집단 구성원들은 자주 다른 구성원으로부터 받는 긍정적인 피드백을 더 진정성 있게 느낀다. 어쨌든 동료 집단 구성원들이 돈을 받기 위해 좋은 말을 하는 것이 아니라는 것을 알기 때문이다. 또한 동료 집단 구성원들 간 잘 자리 잡은 대립은 매우 효과적일 수 있다. 정서적 리더는 집단 구성원들 사이를 오가는 보석의 원천이 될 수 있다. 그래서 일단 정서적 리더를 확인하고 그 사람에게 집단에 영향을 미칠 공간을 마련해 주는 것은 집단에 매우 효과적일 수 있다.

　도전적 리더는 공식적인 게슈탈트 집단치료 리더(들)에게 가장 회의적인 집단 구성원이다. 도전적 리더는 종종 게슈탈트 집단치료 리더의 방법, 기술 또는 접근이 무언가 좀 부족하다고 느낀다. 도전적 리더는 게슈탈트 집단치료 리더와 반대쪽에 있고, 게슈탈트 집단치료 리더에게서 거리감을 유지한다. 도전적 리더의 집단을 위한 긍정적 기능 중 하나는 게슈탈트 집단치료 리더가 지나치게 이상화되는 것으로부터 집단을 보호하는 역할이다. 도전적 리더는 집단을 위해 게슈탈트 집단치료 리더에 대한 맹목적인 충성을 막는 방어막으로서 민주적 기능을 수행한다. 도전적 리더는 '충실한 야당'으로 생각할 수도 있다. 게슈탈트 집단치료 리더로서 도전적 리더가 집단을 위해 이 건강한 기능을 수행한다는 점을 알고 있는 것은 도움이 된다. 즉, 게슈탈트 집단치료 리더가 다른 경계 설정을 가지고 다른 집단 구성원보다 책임이 더 있음에도 불구하고 우리가 집단에서 동등한 존재로 만난다는 것을 상기시킨다. 따라서 게슈탈트 집단치료 리더는 도전적 리더를 존중하고 도전적 리더가 공개적으로 또는 비공개적으로 비판할 때 깨어 있는 열린 태도를 유지하도록 한다. 게슈탈트 집단치료 집단이 집단치료의 리더가 도전적 리더를 존중한다는 것을 볼 때, 게슈탈트 집단치료 리더가 이상화될 필요 없이 집단이 민주적으로 기능할 수 있다는 것을 깨달으며 안전함을 느끼는 것이 시작된다. 우리는 도전적 리더에게 현재 집단 리더십에 대한 불만을 표현할 충분한 존중과 재량을 주는 것이 도움이 된다는 점을 발견했다.

도전적 리더의 역할을 이해하는 것은 도전적 리더가 게슈탈트 집단치료 리더의 역량과 임상적 선택에 관해 의문을 제기할 때 게슈탈트 집단치료 리더가 균형과 평정심을 유지하는 데 도움이 된다. 건강한 집단에서 집단 구성원이 리더에게 반대하기 위해서 일어나고, 집단 구성원에게 이상화에 대한 대안을 제시할 수 있다는 점을 이해하면, 이러한 종류의 반대는 게슈탈트 집단치료 리더에게 정상적이고 건강한 것으로 느껴질 수 있다. 게슈탈트 집단치료 리더는 방어적인 태도를 보이기보다는 도전적 리더에게 반대할 충분한 공간을 만들어 줌으로써, 모든 집단 구성원의 관점을 존중하는 평등한 집단 문화를 촉진할 수 있다.

🌱 희생양 리더

희생양 리더는 게슈탈트 집단치료 리더에게 많은 도전과 기회를 준다. 희생양 리더는 적절한 때에 말하지 못하면서 어울리지 못하며 문제를 일으키는 경향이 있고, 일반적으로 다른 집단 구성원이 '투표로 집단에서 쫓아내려고' 할 수 있다. 만약에 당신이 집단 리더로서(또는 집단의 구성원으로서) 집단 구성원 중 가장 많이 부정적인 감정을 불러일으키는 집단 구성원에 대해서 생각한다면, 아마 당신의 희생양 리더가 누구인지 확인하게 될 것이다.

희생양 리더는 종종 다른 집단 구성원들과 좋은 수준의 접촉에 머무는 것을 어려워하며 '가장 낮은 수준의 기능'을 하는 것처럼 보인다. 하지만 이들은 집단에서 중요한 리더십 역할을 수행하고 있다. 희생양 리더는 다른 집단 구성원보다 감정적이고 변덕스러워질 수 있으며, 집단의 온도와 집단 구성원의 불안 수준을 상승시켜서 게슈탈트 집단치료 리더나 다른 집단 구성원에게 도전이 될 수 있다. 벡(1981a, p. 53)에 따르면, 희생양 리더는 전형적으로 '자기주장과 집단 순응 간 갈등 모델'이다. 왜냐하면 희생양 리더는 순응하지 않고 단계를 벗어났기 때문이며, 그들은 집단에 포함되려 도전한다. 집단은 정서적으로 더 확장되어야만 한다. 희생양 리더를 통합하기 위해서 집단은 인자하고 포용적이어야 한다. 희생양 리더의 비순응적인 태도는 게슈탈트 집단치료 리더에 대한 도전적 리더의 태도와는 다르다. 도전적 리더가 집단에서 게슈탈트 집단치료 리더에게 직접적인 도전을 취하고 보통 게슈탈트 집단치료 리더와 경쟁하는 반면, 희생양 리더는 집단에 어울리지 못하고 게슈탈트 집단치료 리더나 집단과 조화를 이루지 못한다.

희생양 리더를 중심으로 응집된 부정적 정서들로 인하여 건강하지 못하고 알아차리지 못한 채 행동하는 것을 희생양(scapegoating)이라고 우리는 정의한다(이것은 벡의 정의가 아니라 우리의 정의이다). 이 정의에서 '희생양'은 동사이다. 희생양이 되는 사람들은 집단 구성원들이며, 때때로 집단 리더가 되기도 한다. 게슈탈트 집단치료 리더의 임무는 집단 구성원들이 희생양 리더를 향해 가지고 있는 감정을 알아차리도록 집단 대화로 재초점화하는 것이다. 이렇게 함으로써 집단 구성원들은 희생양 리더에게 어떻게 반응하는지에 대해서 책임을 질 수 있고, 이는 희생양 리더가 더 큰 책임을 지기 위한 발판을 마련하는 데 도움이 된다. 집단이 희생양에 관여할 때, 희생양 리더를 둘러싼 부정적인 감정은 마치 희생양 리더에 대한 감정인 것처럼 느껴진다. 그러나 충분한 지지가 주어진다면, 희생양 리더에 대한 것처럼 보이는 감정들이 단지 희생양 리더에 의해서 **촉발되었고**, 모든 집단 구성원에게 하나 또는 다른 형태로 살아 있다는 것을 알 수 있다.

경험 있는 많은 게슈탈트 집단치료 리더들이 어떤 식으로든 집단의 한계와 경계를 몰아붙이는 집단 구성원과 게슈탈트 집단치료를 촉진한 경험을 떠올릴 수 있을 것으로 생각한다. 우리는 종종 이 개인을 '장애가 있는' '경계선 성격장애가 있는' 또는 다른 진단 범주에 넣어 버리는 유혹에 끌린다(때때로 사실인 경우도 있다). 이러한 진단적 인상이 꽤 정확할 수도 있지만(Greenberg, 2016), **집단치료**의 리더로서 가장 중요한 이해는 개인의 정신병리가 아니다. 대신에 가장 중요한 관점은 이 사람이 전체로서의 집단을 위해 수행하는 역할에 대해 생각하는 것이다. 게슈탈트 집단치료 리더가 전체로서의 집단의 관점에서 이 사람이 희생양 리더 역할을 수행할 수도 있다는 것을 인정할 때, 그 사람은 개인적 수준의 문제보다는 전체로서의 집단 문제를 전경으로 가져와 유지할 수 있다. 전체로서의 집단 문제는 어떻게 희생양 리더가 다른 집단 구성원들과 관련되어 있는지에 관한 것이다. 이를테면, 집단은 이 구성원과 어떻게 지내고, 이 구성원은 집단과 어떻게 지내고 있는지와 같은 점을 살펴보는 것이다. 이러한 것은 집단에서 희생양 리더의 개인적 수준에 관해 다루는 것보다 훨씬 더 두드러진 문제이다.

다음의 예에서 볼 수 있듯이, 개인적 또는 정신내적 수준에서 희생양 리더와의 조기 작업은 나머지 집단 구성원으로부터 희생양 리더를 분리하는 의도치 않은 결과를 가져올 수 있다. 즉, 다른 집단 구성원들의 눈에 그들은 병리적일 수 있고, 실제 그 사람을 희생양으로 삼을 수도 있게 된다. 우리의 견해는, 게슈탈트 집단치료 리더는 희생양 리더와 효과적인 개인적 수준의 작업이 이루어지기 전에 집단에서 희생양 리더를 다른 집단 구성원과 통합하는 방향으로 더 많이 작업해야만 한다는 것이다.

우리는 희생양 리더(그리고 틀림없이 거의 모든 집단 구성원)와의 의미 있는 개인적 수준의 작업을 위해 필수적인 기반은 집단에 의한 가치 있고 존중받는 집단 구성원으로서의 존재 경험이라는 것을 발견했다. 게슈탈트 집단치료 리더가 다른 집단 구성원과 희생양 리더의 연결을 위해 지지하는 에너지를 쏟을 때, 그리고 집단이 희생양 리더를 위해 정서적이고 자비로운 공간을 만들려고 노력할 때, 추후 집단의 삶에서 희생양 리더의 개인적 수준 작업을 위한 준비 기반이 마련된다. 희생양 리더를 집단에 통합하기 위해 지지하는 필수적인 작업이 원활하게 이루어지지 못할 때 개인적 수준의 작업은 희생양 리더에게 좌절과 소외감을 느끼게 할 수 있고, 다른 집단 구성원들에게 희생양 리더가 실제로 집단에 속해 있지 않다는 감각을 만들어 낼 수 있다.

희생양 리더를 집단에 속하게 하는 것은 경험이 많은 게슈탈트 집단치료 리더에게도 놀라운 일이 될 수 있다. 내(피터)가 최근 집단에서 분명히 희생양 리더라고 생각했던 구성원에게 한 실수에 관해 이야기하려 한다.

　　도리스(Doris)는 게슈탈트 집단치료에 참여하는 장애가 있는 아시아계 미국 여성이었다. 그녀는 많은 집단들에 결석했고, 다른 구성원들과 갈등을 겪은 적이 있으며, 집단의 시간을 많이 빼앗고 지배적인 경향이 있었다. 도리스는 장애가 있는 유색인종에 노동자 계층 배경을 가지고 있어서 나는 그녀의 전문성 개발과 관련한 주제에 특히 관심을 두었고, 그녀의 개인적 · 전문적 행보를 위해 멘토링하는 데 상당히 많은 투자를 했다. 그래서 그녀가 집단에서 앞으로 나올 때 그녀의 경력과 개인적 삶의 도전에 대해 무리해서 많은 시간을 할애했다. 나는 그녀에게 매우 반영적이었고, 집중해서 경청했으며, 언어적 · 비언어적 지지를 굉장히 많이 보냈다. 개인적인 수준에서 반영과 지지에 초점을 맞추면서, 나는 다른 집단 구성원들이 도리스가 집단치료 시간을 매우 많이 사용하는 데 불만스럽고 지루해한다는 사실을 알아차리는 데 실패했다. 나는 도리스가 말하는 동안 화장실에 다녀오기 위해 일어나는 구성원들이 여럿 있었다는 것조차 알아차리지 못하고 있었다. 그녀가 말했을 때 나는 긍정적인 피드백을 주었지만, 다른 집단 구성원들은 그녀가 집단의 시간을 많이 빼앗는 것에 화가 나 있었고 그녀를 강하게 비난했다. 도리스는 집단의 피드백에 충격을 받았다. 나는 나에게 집단의 분노를 가져오고 이 불화에 대해서 책임을 지려 노력했지만, 너무 늦었다. 도리스는 이 회기가 끝난 뒤 갑자기 집단치료를 그만두었고, 나는 큰 충격에 휩싸이며 이러한 전개에 깊이 실망했다.

　　내가 나의 실수를 완전히 이해하기까지 시간이 좀 걸렸다는 점을 말해 두고 싶다. 그러나 여기서, 내가 어디에서 잘못했는지 분석했다. 우선, 나는 도리스가 이 집단에서 희생양 리더 역할을 하고 있었다는 점을 그 당시에 파악하지 못하고 있었다. 내가 만약에 도리스가 희생양 리더 역할을 하고 있다는 것을 당시에 이해했다면, 그녀를 반영하는 것보다 전체로서의 집단 관점에서 집단과 그녀의 연결에 관한 문제를 전경에 두는 것이 더 유익했을 것이며, 나는 도리스와 집단에 이어지고 있는 많은 문제를 피할 수 있었을 것이다. 내가 지금 달리 할 수 있는 것은 몇 분간 집단의 시간을 독점한 후 그녀에게 이렇게 말하는 것이다. "당신이 해결해야 할 많은 문제가 있다는 것을 알 수 있네요. 저는 다른 집단 구성원들도 그들이 나누고 싶은 감정들이 있는지 알고 싶어요. 한번 다른 사람들 얘기도 들어 보면 어떨까요?"

내가 놓친 또 다른 부분은 리더의 그림자라는 재료이다. 리더의 그림자는 집단의 장 조건 내에 있는 리더의 알아차림에서 벗어나 있다. 집단은 리더의 그림자라는 재료에 의해서 영향을 받지만, 이 재료는 종종 리더의 알아차림 밖에 있다. 도리스의 상황에서 리더 측면의 그림자는 나의 특권과 백인이라는 점을 둘러싼 나의 죄책감이었다. 무의식중에 나는 도리스에게 이 행동을 하고 있었다. 나는 그녀에게 집단치료 참가비에서 일부 장학금을 주었고, 그녀의 발전에 특히 관심을 가졌다. 의식적으로 이것은 나에게 선행처럼 느껴졌고, 게슈탈트 치료자로서 나의 가치와 일치했다. 그러나 그림자 속에서 내가 아닌 집단 구성원들이 느끼는 것은 동전의 반대쪽이었다. 즉, 나는 도리스를 특별히 배려하고, 그녀의 다른 집단 구성원과의 관계 발전보다 그녀의 개인적 발전에 더 주의를 기울였다.[2]

🌷 접촉과 대화를 통한 희생양 해소

희생양이 발생하려고 할 때 우리는 줌 렌즈를 들고 뒤로 물러나 집단과 희생양 리더의 관계에 관해 생각한다. 게슈탈트 치료자로서 우리 상호작용의 기본 방식은 해석이 아니라 접촉과 대화이다. 따라서 우리는 집단에서 희생양이 누구이고 집단의 다른 나머지를 위해 희생양 리더가 무엇을 대표하는지 등을 정신분석적으로 해석해 제공하는 일을 하지 않는다. 대신에 우리는 원칙과 대화의 아름다움을 안내하고 상호작용적인 집단 과정에 참여한다. 이는 희생양 리더와 집단 간 관계에서 알아차림과 좀 더 나은 질적인 접촉을 가져온다.

대화는 포함, 현전, 대화에 대한 전념으로 이루어진다. 우리가 희생양으로부터 멀어지는 과정에 참여할 때 우리는 포함(inclusion)을 달성하기 위한 대화에 대한 전념(commitment to the dialogue)과 현전(presence)을 강조한다. 게슈탈트 집단치료 리더는 희생양 리더와 집단 간 대화에 리더의 주의를 기울여야 한다. (참고로, 앞에서 논의된 여러 이유로 희생양이 생기게 될 때, 초기 단계에서 희생양이 생기는 것을 되돌리려면 집단 리더와 희생양 리더 간 대화에 초점을 두지 않는 것이 종종 중요하다. 희생양 리더가 좀 더 집단에 충분히 통합된 후 작업하게 될 것이다.) 희생양 리더와 집단 간 대화 작업에서, 욘테프(Yontef, 1988)의 대화 요소는 다음에 기술되듯 집단 촉진에 유용한 지침이 된다.

대화에 대한 전념(집단치료 리더를 위한 사색의 대상)

- 나는 희생양 리더 및 집단과 함께하는 과정에 전념하기보다 희생양 리더를 고정하는 데 목적을 두고 있는가?
- 나는 희생양 리더와 다른 집단 구성원 간 갈등이 존재할 때 불편함을 참을 수 있는가?

대화에 대한 전념(개입의 예)

- 게슈탈트 집단치료 리더는 자신이 관찰하고 있는 집단과 희생양 리더 간 마찰을 주목하고, 그러한 문제들을 다룸으로써 얻을 수 있는 점이 무엇인지 언급한다.
- 게슈탈트 집단치료 리더는 집단과 희생양 리더 사이에 무슨 일이 일어나는지 더 잘 이해하고 싶다는 관심을 직간접적으로 표현한다.
- 희생양 리더가 다른 집단 구성원을 화나게 하는 말이나 행동을 할 때, 게슈탈트 집단치료 리더는 차분하게 '장의 모든 목소리'가 집단으로서 우리의 이해와 성장에 활력이 된다는 점을 상기시킨다.

현전(집단치료 리더를 위한 사색의 대상)

- 집단의 나머지와 겪는 희생양 리더의 어려움에 대해 나는 어떻게 느끼는가?
- 이러한 어려움이 나에게 무능함이나 무력감을 불러일으키는가?

- 그런 감정 때문에 희생양 리더를 '고정'하고 싶은가?
- 집단과 희생양 리더의 안전을 구축하기 위해서 나의 진정한 권위를 어떻게 쓸 수 있는가?
- 어떻게 나의 존재가 희생양 리더와 나머지 집단 구성원 사이에 다리를 놓아 줄 수 있을까?

현전(개입의 예)

- 만약 희생양 리더가 집단에서 배제되거나 괴롭힘을 당하고 있다고 느낀다면, 게슈탈트 집단치료 리더는 희생양 리더에게 특히 지원이나 보호를 주어야 한다.
- 만약 많은 사람이 희생양 리더에 대한 비판을 '쌓고' 있다면, 게슈탈트 집단치료 리더는 집단의 방향을 재조정해야 한다.
- 게슈탈트 집단치료 리더는 집단이 희생양 리더를 '빠뜨리는(drop)' 것에 관해 언급한다. [3]
- 게슈탈트 집단치료 리더는 희생양 리더와 한 쌍이 되어 그가 소통하고 있는 사람에게 그의 감정을 좀 더 잘 전달할 수 있는 방법을 찾도록 돕는다.

포함(집단치료 리더를 위한 사색의 대상)

- 집단의 사회적 맥락 내에서 희생양 리더의 입장이 되어 본다면 어떤 기분일까?
- 다른 집단 구성원들은 희생양 리더와 함께하는 것이 어떤 기분일까?

• 집단에서 제외되어 희생양 리더에 포함되는 것은 어떤 기분
일까?

포함(포함을 촉진하기 위한 개입의 예)

• 게슈탈트 집단치료 리더는 희생양 리더의 이야기를 적극적으
로 경청하고, 들은 것을 공유한다.
• 게슈탈트 집단치료 리더는 희생양 리더와 다른 구성원의 공감
과 연민에 초점을 둔 양자적 접촉을 촉진한다.
• 게슈탈트 집단치료 리더는 희생양 리더가 어떻게 느끼는지 상
상하고 그들과 함께 확인한 것을 나눈다.

우리는 가끔 게슈탈트 집단치료 리더들이 희생양 리더와 개인적
수준의 개입에 갇히면서 희생양이 되는 과정에 부주의하게 빠지
는 것을 본다. 촉진자가 중요하고 잠재적으로 가치 있어 보이는 희
생양 리더와의 직면에 관련될 때, 게슈탈트 집단치료 리더는 불행
하게도 집단으로부터 희생양 리더를 더 멀어지게 할 수 있다. 만약
게슈탈트 집단치료 리더가 희생양 리더가 자기 자신의 행동에 책
임을 지고 맹점을 보도록 돕거나, 개인적 수준에서 문제들을 다룸
으로써 희생양 리더가 접촉하고 알아차리도록 시도하는 등 답답한
개인 작업에 휘말린다면, 이것은 종종 도움이 되지 않는다. 게슈탈
트 집단치료 리더가 놓치고 있는 것은 전체로서의 집단 수준에서
문제들에 더 잘 접근하는 것이다. 개인적 수준의 작업을 진행하기
전에, 희생양 리더는 집단에 통합되어 있다. 게슈탈트 집단치료 리
더의 임무는 장의 관점에서 희생양 리더에 관해 생각하는 것이다.

어떻게 하면 집단으로부터 좀 더 지지와 수용을 받고 집단에 통합될 수 있게 도울 수 있을까? 희생양 리더를 위해 집단에 좀 더 많은 공간을 만들려면 어떻게 도와야 할까?

🌱 사례 1: 희생양 리더가 치료자 역할에서 벗어나도록 돕기

프레드(Fred)는 정신건강 분야에서 오랜 경력을 가진 치료자이다. 그는 구성원으로 참가하는 '태도(attitude)'를 갖춘 채 매주 진행되는 치료집단에 들어갔다. 프레드는 집단 구성원이 아니라 집단 리더 역할을 맡으려는 경향이 있어서, 다른 집단 구성원에게 조언을 하고 자신의 취약성은 거의 드러내지 않았다. 프레드는 자신을 치료집단의 '베테랑'이라고 여겼고, 다른 집단 구성원의 조언이나 피드백에는 인내심이 없었다. 그는 많은 관심과 경쟁적 우위를 원했고, 집단 리더인 우리에게 초점을 맞추었다. 프레드는 다른 구성원에게 관심이 없어 보이고 잘난 체하며 다른 구성원들을 매우 짜증 나게 했다. 그는 관심을 쫓고 경쟁적이라는 점에서 우리 둘 다를 매우 자극했다. 프레드가 빠르게 집단 분노의 초점이 된 것은 놀랍지 않았다. 우리는 집단, 우리 리더들, 프레드가 같이 희생양 과정을 시작하는 것을 볼 수 있었다.

희생양에서 벗어나기 위해 우리는 다른 집단 구성원에 대한 프레드의 관계와 그에 대한 집단 구성원의 관계를 중심으로 대화하며 집단 과정에 초점을 두었다. 우리는 집단에서 펼쳐지는 관계의 질에 관해 탐색하는 것이 목적이었다. 우리의 생각은 만약 집단이 프레드와 무슨 일이 있었는지 말할 수 있다면 희생양 과정을 겪는 상황이 줄어들 거라는 것이었다.

우리는 간단하게 "프레드와 어떻게 지내고 있나요?"라고 물었다. 이 질문은 그의 태도 때문에 화나고 상처 입은 사람들의 토론을 불러일으켰다. 그것은 또한 프레드에 대한 집단 구성원의 긍정적인 감정을 불러일으켰다. 처음에는 이 논의가 관련된 모든 사람에게 불편했지만, 집단에서 실제로 일어난 일에 대해 이야기를 나누다 보니 구성원들에게도 정리가 좀 되었다. 프레드는 때때로 비난하고 또 때로는 방어적이었지만, 자신에 대해서 배우는 것에도 관심이 있었다. 우리는 집단 구성원이 프레드에게 긍정적인 것을 강조하면 많은 지지를 보냈고, 그가 충분히 시간을 가질 수 있는지 확인했다. 그러나 구성원들이 나눈 것 중에는 듣기 힘든 것들도 있었다. 우리는 또한 어려운 점들에 대해서 이야기한 구성원들을 지지하고, 그들이 프레드를 깔보지 않고 존중하며 의사소통하는 방식에 감사했다.

시간이 지나면서 프레드와 집단은 집단 구성원과 리더에게 갖는 어려움에 관해서 이야기할 수 있게 되었다. 프레드와 관련된 어려움에 관해서 이야기할 수 있다는 것은 희생양이 되는 것을 감소시키고, 프레드가 다른 집단 구성원의 지지를 느끼기 시작하게 한다. 새로운 **소속감**을 느끼면서 프레드와 집단은 희생양이 되는 것으로부터 안전했고, 프레드의 원가족 이야기, 그의 트라우마, 그의 약물 남용 문제와 관계 등 좀 더 개인적인 수준의 작업을 하는 단계가 되었다. 집단이 프레드의 이야기를 알게 되면서 그와의 연결감이 더 증가했다. 놀라울 것 없이, 집단 구성원을 무시하고, 집단 리더에게 요구하거나 경쟁하며, 집단에서 치료자 역할을 부적절하게 수행하는 그의 행동은 거의 사라졌다. 집단 구성원들은 프레드에게 깊이 감사했고, 프레드는 자신에 대해서 좀 더 많이 느끼게 되었다.

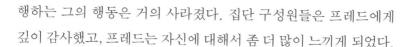

1. 벡은 또한 일반적으로 공식적인 집단 리더인 과업 리더를 확인했다. 이 과업 리더는 시간, 비용, 공간 등 집단 리더십의 환경적, 물질적인 모든 측면에 주의를 기울인다.

2. 여기서 또 다른 문제는 내(피터)가 도리스에게 제안한 참가비 할인의 문제이다. 나는 이것을 다른 집단 구성원들에게는 알리지 않았다. 내가 생각하듯, 이것은 리더와 구성원 간 경계에서 지켜야 할 신뢰의 문제이다. 내 생각에 참가비 할인의 공개 권한은 집단 리더가 아니라 구성원에게 있다. 우리 집단에서 구성원들은 우리가 제공한 장학금에 관한 공개 여부는 자유이지만, 이와 같은 공개는 하지 않았다. 다른 집단치료 리더들은 재정과 관련된 모든 부분을 모든 집단 구성원이 알아야 한다는 정책을 내놓았다. 즉, 재무관리와 관련해 완전히 투명해야 한다. 도리스의 집단 참여는 잘 풀리지 않았지만, 우리는 수년 동안 여러 이유로 집단 구성원들에게 참가비 할인을 제공했다. 이러한 참가비 할인은 집단 구성원에게 거의 공개되지 않았다. 대부분 우리는 이런 신뢰를 지속하는 데 있어서 해로운 점을 별로 보지 못했다.

3. 우리는 집단 구성원이 조언하거나 무언가를 공유한 뒤, 집단의 다른 사람들이 이를 선택하지 않는 패턴을 나타내기 위해서 '빠뜨리다(drop)'라는 용어를 사용한다. 예를 들어, 만약에 수지가 이번 아버지 기일을 집단에서 말하고 아무도 이에 관심을 보이지 않는다면, 집

단치료 리더는 "아버지의 기일이라는 소식을 전하고 기분이 나빠졌나요?"라고 물어볼 수 있을 것이다.

참고문헌

Beck, A. P. (1981a). A study of group phase development and emergent leadership. *Group, 5*(4), 48–54.

Beck, A. P. (1981b). Developmental characteristics of the system-forming process. In J. E. Durkin (Ed.), *Living groups: Group psychotherapy and general system theory*. New York: Brunner/Mazel.

Greenberg, E. (2016). *Borderline, narcissistic, and schizoid adaptations: The pursuit of love, admiration, and safety*. New York: Greenbrooke Press.

Wallin, D. (2007). *Attachment in psychotherapy*. New York: Guilford Press.

Yontef, G. (1988). *Awareness, dialogue and process*. Gouldsboro, ME: Gestalt Journal Press.

제7장

전체로서의 집단과 작업하기

Daisy Reese

🌱 사례 1: 지옥으로 가는 길이 선의로 포장될 때

나는 게슈탈트 치료자로 잘 알려지고 집단과도 잘 지내던 조슈아(Joshua)와 4일간의 집중 게슈탈트 치료 수련 워크숍에 참여했었다. 그러나 사흘째 되던 날, 집단 구성원인 메리(Mary)는 눈에 띄게 조슈아에게 화를 내었다. 사흘째 되던 날까지 메리는 그녀의 집단 경험을 성공이라고 불렀지만, 아침에 그녀와 조슈아 사이에 무슨 일이 있었고, 그것은 메리에게 꽤 상처가 되었다. 메리는 이전에 조슈아를 만난 적이 없었지만, 그의 글을 읽었었다. 그녀는 그를 이상화했고 그에게서 배울 점이 아주 많다고 느꼈었다. 그녀가 멀리서도 이 워크숍에 참석하러 온 이유는 조슈아와 함께할 수 있을 것이라는 희망 때문이었다. 오전 집단 회기에서 그녀는 약간 긴장한 채 조슈아에게 그의 책에 관해서 몇 가지 물어보았다. 그는 과정을 다루는 집단에서 이론적인 논의를 하지 않는다고 단호하게 응답했다. 그녀는 잘난 체하는 듯한 그의 반응에 무시당하고 수치스러운 기분이 들었고, 오전이 끝날 무렵 꽤 상심이 컸다.

이러한 감정은 점심시간이 지난 뒤에도 메리에게 매우 강하게 존재했다. 그녀는 조슈아에 대한 매우 강한 상처와 분노를 품은 채 오후 회기에 돌아왔다. 그녀는 처음에는 매우 표현하기 어려워했지만, 감정들이 점점 더 올라오며 분노가 치밀었다. 집단은 메리가 점점 더 눈에 띄게 고통스러워하는 것을 지켜보았다. 나는 조슈아가 집단에서 메리의 감정을 경청하고 억제하고 대처하는 데 어려움을 겪는 것을 보았다. 그녀는 점점 더 힘들어 보였고, 그럴수록 다가갈 수 없었다. 메리가 점점 감정적이고 '비합리적'이 될수록, 그녀와 집단의 나머지 사람들 사이에는 더 뚜렷한 양극화가 발전했다. 그녀가 더 화가 날수록, 나를 포함한 집단의 나머지 사람들은 점점 조용해지고 거리를 두며 '함께하게' 되었다. 우리는 '도움이 되는' 모드로 전환하고, 모두 메리를 돕는 데 관심이 집중되었다. 나에게는 메리가 분명하게 집단 밖에 있는 사람처럼 느껴졌다. 그녀는 다른 집단 구성원보다 더 감정적이고 덜 기능적으로 보였다.

조슈아는 용기를 내어 메리와 공감적인 연결을 유지하려고 시도했다. 그는 아침에 무시하듯 행동한 것에 대해 책임을 지고, 그의 이전 행동이 일으킨 불화를 복구하기 위해 많은 방법을 시도했다. 그는 메리를 촉발시킨 것이 무엇인지 탐색하는 데 도움을 주고자 노력했다. 모든 것이 헛된 일이었다. 그녀는 회복을 위한 그의 노력들을 하나도 받아들이지 않았고, 나는 조슈아가 점점 화가 나는 것을 볼 수 있었다. 메리는 문제를 확대시키고 집단에서 나가겠다고 위협했다. 내가 볼 때 조슈아는 화를 참으면서 메리에게 닿기 위해 고군분투했다. 나는 그가 '왜 내가 내 집단에서 이 경계선 성격장애의 행동화의 원인이 되었을까?' '내가 그녀를 참지 않으면 그녀는 집단 전체에 피해를 줄 거야.'라고 생각할 것 같았다. 만약 조슈아가 이런 생각을 했다면 그것은 분명히 이해할 수 있지만, 그러한 생각들은 조슈아를 메리의 개인적인 심리상태와 그녀의 개인사를 다루며 집단을 막다른 길로 이끄는 상황으로 집중하게 했을 수 있

다. 그가 메리의 분노, 분노의 내력, 그녀의 원가족으로부터 소외
된 느낌의 개인사에 대해 그녀와 다루려고 할수록, 그녀는 더 고통
스러워하고 그에게 더 화를 내며 집단의 나머지로부터 점점 멀어
져 갔다. 그녀가 오후 회기를 점령하고 반복적으로 떠나겠다고 위
협하면서, 나를 포함한 다른 집단 구성원들은 메리에게 불안을 느
끼며 멀어지고 짜증스러워졌다.

　나는 메리에 대해 '난 이런 종류의 문제는 갖고 있지 않아.' '메리
에게 유용한 조언을 줄 방법이 있는지 찾아보자.'라고 생각하고 있
는 나 자신을 발견했다. 집단을 둘러보니 다른 집단 구성원들도 분
명히 정서적으로 멀어진 것이 보였다. 우리는 한 명씩 차례로 메리
에게 다가가 그녀를 '고치려고' 했다. 눈 깜짝할 사이에 메리가 희
생양이 되는 과정이 시작되었다. 물론 이것이 치료자들의 수련 집
단이었기 때문에 말하지는 않았지만, 집단 구성원과 리더가 메리
를 거의 '경계선 성격장애'로 분류하고 있는 것이 거의 명백했다.
조슈아의 선한 의도는 한 집단 구성원을 희생양으로 삼으며 그와
집단을 막다른 길로 이끌었다. 희생양이 만들어지는 본질을 탐색
해 보고, 게슈탈트 집단치료 리더가 메리와 집단을 끌고 갈 수 있는
어떤 대안적인 접근을 찾아보자.

　우선, 메리와 같은 집단 구성원이 집단과 리더에게 제기하는 도
전의 종류에 대해 생각할 수 있는 대안을 살펴보자. 메리가 실제로
집단 내에서 기능적으로 행동하기에는 불안정할 수도 있지만, 집
단의 나머지 사람들과 그녀가 얼마나 잘 연결되는 느낌인지에 관
한 질문을 포함한 복합적인 요인 때문에 집단에서 그녀가 기능하
는 것은 더 어려웠을 수 있다. 루스 로날(Ruth Ronall, 2008, p. 220)
은『Beyond the Hot Seat Revisited』중 집중적인 게슈탈트 워크숍

에 관한 부분에서 다음과 같이 말했다. "나는 개인이 자신들을 위한 자리를 만드는 것보다 전체로서의 집단과 개인을 위한 공간을 만드는 것에 주된 강조를 둔다." 여기에서 로날은 각 구성원이 집단의 다른 사람들과 연결되어 있다고 느끼는 것의 중요성을 강조하고, 리더가 집단이 각 구성원에게 좋은 느낌과 연결되는 방식으로 다가갈 수 있는 방법을 찾도록 촉진해야 하는 책임이 있다는 점을 강조한다. 로날의 언급은 특히 희생양이 만들어지는 것에 대한 도전을 다루는 데 있어서 적합하다. 우리가 희생양으로부터 생겨나는 다양한 경로를 볼 수 있듯이, 그 경로들은 모두 희생양 리더처럼 가장 취약한 개별 구성원에 대한 집단 연결에 관한 리더의 관심을 포함한다.

조슈아가 메리를 위한 공간을 남겨 두면서도 전체 집단에 중점을 둘 수 있었을 몇 가지 대안적인 방법에 대해서 탐색해 보겠다.

대안적인 집단 리더십 경로 1: 희생양 리더의 긍정적 기여를 보호하고 가져오기

여러 측면에서 메리와 이 집단은 집단 안에서 메리가 희생양이 되는 것을 공모하고 있다. 메리는 요구하고 비난하며 슬픔을 가눌 수 없어 함으로써 그녀가 희생양이 되는 데 결탁하고 있다. 집단은 그녀에 대해 방어적으로 반응하고 그녀보다 우월하다는 느낌을 보이며, 메리가 집단의 취약성과 감정을 모두 짊어지게 내버려 둠으로써 메리가 희생양이 되는 데 일조하고 있다. 우리가 제6장에서 논의했듯, 집단의 **희생양 리더**[아리아드네 벡(Ariadne Beck, 1981a)의 용어에 따라서]를 식별하는 것과 한 사람을 **희생양으**로 삼는 과정 간의 차이를 이해하는 것은 중요하다. 우리가 집단의 희생양 리더를 확인하는 데 에너지를 쏟는 주된 이유는 그 사람이 집단에서 희생양이 되는 것을 예방하기 위해서이다. 우리는 집단에서 희생양 리더의 긍정적 기여를 인식하고 집단 과정에서 이 사람이 보호받는 것으로 이를 수행한다. 이제 우리는 집단을 위해 희생양 리더 역할을 하는 사람이 누구인지 확인하는 것(벡이 이야기하는 이 역할은 필연적으로 모든 집단에서 생겨나며 다양한 긍정적 속성을 수반한다)과 한 사람을 희생양으로 삼는 과정(이 과정은 희생양이 된 개인과 집단에 모두 파괴적이다) 간 차이를 확실히 했으므로, 아리아드네 벡이 말한 희생양 리더의 몇 가지 특징에 관해 살펴보겠다(1981b, p. 14).

> [희생양 리더]는 보통 비언어적인 메시지를 이해하는 데에 집단보다 한발 뒤처져 있고, 자주 이러한 메시지를 좀 더 명확히 해 달라고 요청한다. ……
>
> 집단의 초기 단계에서 [희생양 리더]는 규범적인 문제와 리더십 선택에 대한 토론 맥락에서 부정적이거나 적대적인 감정의 대상이 될 수 있다(자기 알아차림과 자기주장이 분명한 정서적 리더와는 대조적으로, 희생양 리더는 자기주장을 잘하는 것으로 보이지만 자기 알아차림은 그렇지 못하다).

이러한 특성은 모두 집단에서 메리에게 매우 해당되는 사실이었다. 그녀는 리더에게 얼마나 많은 분노와 격렬한 감정을 쏟고 있는지의 측면에서 집단의 나머지 사람들과 조화를 이루지 못했고, (집단 형성의 초기 단계에 있었기 때문에 부분적으로) 그녀는 특히 리더와 다른 집단 구성원들로부터 부정적이고 적대적인 대상이 되기 쉬운 상태가 되었다. 이 상황에서 집단의 희생양이 되는 것으로부터 메리를 보호하기 위해 집단 리더가 무엇을 할 수 있는지 살펴보기 전에, 벡이 기술한 희생양 리더의 긍정적 특징을 살펴보겠다(1981b, pp. 15-16).

> 집단이 희생양 리더를 지각하는 방식과는 달리, 희생양 리더는 실제로는 개방적이고 자기를 공개하며 기꺼이 참여하고…… 주고받는다.
> [희생양 리더]는 집단 구성원들이 분명하게 말하고 싶어 하는 것과 암묵적으로, 비언어적으로, 또는 상징적으로 의사소통하고자 하는 것이 무엇인지 그 사이의 경계를 모니터하고 시험한다.
> [그] 집단은 [그] 희생양 리더를 이용해 체계로서 집단의 특정한 정체성의 경계를 정의한다. 그 희생양 리더는 포괄적인 문제들을 모니터링한다.

희생양 리더에 관한 벡의 관찰을 염두에 두고, 우리는 이제 조슈아가 집단에서 메리와 함께 어려움을 다루어 갈 수 있는 다른 길에 대해서 생각할 수 있을 것이다. 이는 **희생양 리더를 보호하고 긍정적으로 이바지하는 부분을 전면으로 가져오는** 전략으로서 광범위하게 이해될 수 있다. 게슈탈트 집단치료 리더는 희생양 리더가 집단에서 배척당하고 부정적 투사의 대상이 되는 것으로부터 보호하기 위해 최선을 다하는 것이 필수적이다. 이것은 개발하기 까다롭고 때로는 직관적인 것과는 반대되는 기술이다. 단지 희생양 리더가 집단의 나머지 사람들과 동화되지 않아서 관심을 요구하고 집단의 다른 사람이나 리더를 자주 공격할 때, 게슈탈트 집단치료 리더는 희생양 리더가 제기하는 직면한 문제에 주의를 기울이고 집단이 희생양 리더에게 초점을 두는 것을 흐리게 만드는 것을 도와야 한다. 이를 행하기 위한 가장 좋은 방법은 희생양 리더가 다른 사람들을 돕기 위해 집단에 가져온 긍정적인 기여를 강조하고, 다른 구성원이 희생양 리더와 함께하고 인정하는 것을 돕는 것이다.

조슈아가 메리와 함께 이 관점으로 할 수 있었던 몇 가지 방법을 살펴보겠다.

> 메리: 조슈아, 오늘 아침 당신이 저를 대하는 방식에 저는 충격을 받았어요. 저는 당신과 함께 작업을 하고 논의하기 위해서 여기에 왔는데, 당신은 말 그대로 저를 차단했어요. 당신이 이 집단은 당신의 글에 대해서 논의하는 곳이 아니라고 했을 때 정말 충격을 받았어요.
>
> 조슈아: 당신이 얼마나 상처를 입었는지 당신의 얼굴에서 볼 수 있어요. 제게 좀 더 하고 싶은 말이 있나요?
>
> 메리: 제 인생에서 그렇게 굴욕을 느껴 본 적이 없어요.
>
> 조슈아: 제가 당신을 마음 상하게 했군요. 당신을 창피 주는 건 절대 하고 싶지 않아요!
>
> 메리: 글쎄요. 고마워요. 하지만 당신은 저를 아프게 한 것뿐 아니라 깊은 상처를 주었고, 저는 이 워크숍을 떠나 집에 갈 생각을 하고 있어요.
>
> 조슈아: 당신에게 상처를 주어서 정말 미안해요. 당신이 떠나는 것은 저와 집단에 큰 상실이에요. 한 가지 언급하고 싶은 점은, 당신이 당신 자신을 위해 말하고 있다는 거고, 저는 그 점을 매우 존중해요. 그리고 당신은 지금 집단을 위해서 진정한 봉사를 하고 있어요! 지금까지 누구도 이렇게

하지 않았고, 집단 리더에 대한 부정적인 감정을 자유롭게 표현하는 건 매우 중요해요! 그래서 저는 집단의 다른 사람들이 저에 대한 부정적인 감정이 있고 이를 표현할 수 있을 만큼 충분한 지지를 느끼는지 궁금해요. 그것에 대해 정말 듣고 싶어요!

이 시점에서, 다른 집단 구성원이 집단 과정에 참여하고, 리더에 대한 부정적인 감정에 관해 논의를 시작한 메리의 리더십을 지원하며, 강한 감정과 자기개방을 한다. 집단에서 메리의 역할은 이제 외부인이나 다른 집단 구성원의 투사 대상이라기보다는 리더십의 한 부분으로 보이게 된다.

대안적인 집단 리더십 경로 2: 리더의 그림자

우리가 제4장에서 논의한 집단 리더의 그림자는 조슈아에게 정보를 준다. 메리처럼 한 집단 구성원이 구성원과 집단 리더 사이의 어떤 어려움을 가져올 때, 그녀는 집단 리더의 경험과 관련해 집단에 중요한 대화를 시작할 기회를 준다. 메리는 리더가 알아차리지 못하고 있는 리더의 경험 중 어떤 측면에 관해 이야기함으로써 집단이 리더와 더 깊이 연결될 기회를 제공한다. 이러한 맥락에서, 메리가 조슈아에게 이 문제들을 제기한 것은 그녀에 대한 어떤 부정적인 것이 표현되었다기보다는 그녀의 용기가 표현된 것이라고 볼 수 있다.

메리가 오전 회기에서 자신을 무시하는 조슈아에게 화를 표현할 때, 조슈아는 그녀와 접촉하기 위해 다음의 원칙을 사용할 수 있다.

포함과 확인: 메리가 느끼고 생각하는 것을 확실하게 듣고 피드백하기

메리: 조슈아, 오늘 아침 당신이 저를 대하는 방식에 저는 충격을 받았어요. 저는 당신과 함께 작업을 하고 논의하기 위해서 여기에 왔는데, 당신은 말 그대로 저를 차단했어요. 당신이 이 집단은 당신의 글에 대해서 논의하는 곳이 아니라고 했을 때 정말 충격을 받았어요.

조슈아: 오, 이런. 메리, 그것이 얼마나 당신에게 영향을 미쳤는지 알려 줘서 고마워요. 좀 더 자세히 말해 주세요.

메리: 글쎄요, 아이러니하지 않나요? 당신의 작업은 대부분 수치심에 관한 것이에요. 그런데 당신은 오늘 아침에 저를 창피하게 만들었어요! 저는 이게 정말 믿기지 않아요! 저는 제 머리를 모래 속에 파묻고 싶은 기분이에요!

조슈아: 저는 정말 당신을 창피하게 만들고 싶지 않아요, 메리. 제가 그런 행동을 했다는 걸 알 수 있어요. 정말 미안해요.

현전: 조슈아의 부분을 메리와 함께 나누기

조슈아: 당신이 알다시피 제가 수치심에 대해서 글을 쓴 건 우연이 아니에요. 당신은 제가 수치심을 느끼고 다른 사람을 부끄럽게 만드는 경향이 있다는 것을 찾아냈어요. 지난 몇 년 동안 제 개인치료에서 다룬 모든 작업에서 제가 알아차리지 못한 채 다른 사람들을 부끄럽게 만드는 상황 속으로 맹목적으로 걸어가고 있었다는 것을 발견했어요. 그것은 항상 저를 놀라게 해요! 지금 제 짐이 어떻게 당신한테 쏟아졌는지 볼 수 있고 저에게 관심을 가져 주어서 고마워요.

메리: 네, 그건 정말 제게 쏟아졌어요!

조슈아: 이번 주 후반에 시간을 내어서 제 책에 대한 당신의 생각

들을 좀 나누어 볼 수 있을까요?

메리: 그렇게 한다면 정말 좋겠어요. 고마워요. 그리고 당신이 우

리 사이에 일어난 일에 대해서 책임을 지는 것에 감사해요.

진행 중인 집단 대화에 전념하기

조슈아(집단에게): 전 이 집단에서 저와 함께 크든 작든 수치스러

움을 느끼는 경험을 한 사람이 메리 혼자가 아닐 거라고 생

각해요. 집단 리더로서 저 자신이 이러한 경험을 발생시키

는 경향이 있다는 걸 충분히 알고 있어요. 메리가 용감하

게 이 길을 열어 주었고, 이런 방식으로 제가 상처를 준 다

른 집단 구성원이 있는지 진심으로 듣고 싶어요. 알려 준

다면, 제가 아마도 알지 못한 이유로 준 상처를 회복할 기

회를 가질 수 있어서 정말 감사한 마음이에요.

여러 집단 구성원이 앞으로 나와서 조슈아와 있었던 과거 경험
들을 다룬다.

두 대안적 경로에 대한 논의

메리와 함께 작업하는 이러한 두 가지 대안적 방법은 리더의 성격
이나 방식 그리고 메리의 반응 등에 의해서도 영향을 받을 수 있다.
이러한 경로에는 다음과 같은 몇 가지 공통점이 있다.

1. 리더는 메리의 이야기를 들을 의지가 있고 그녀의 감정들을 인정한다.

2. 리더는 문제에 있어서 자신의 부분을 기꺼이 인정한다.

3. 리더는 메리를 해석하거나 리더의 불쾌한 행동이 단지 메리의 상상이라고 말하지 않는다.

4. 리더는 자신이 할 수 있는 가능한 한 빨리 집단의 나머지 사람들을 불러들인다.

5. 집단의 나머지 구성원들을 데려오는 것은 메리를 지지하거나 메리가 집단에 제공하는 것(입 밖으로 꺼내지 않았던 것을 집단에 가져오는 용기와 봉사에 대한 이야기)이 무엇인지를 인식시킬 수 있다. 이는 구성원들이 분노 또는 '부정적인' 감정들을 표현할 때 안전하게 느끼는지(또는 그렇지 않은지)에 관해서 리더와 함께 이야기할 수 있게 한다.

6. 리더는 메리의 감정을 정상화하기 위해 노력한다. 그녀가 이런 방식으로 느끼는 유일한 사람은 아니다.

7. 리더는 집단이 리더에 대해서 표현하지 않은 감정을 표현할 수 있도록 돕기 위해 움직인다.

이러한 대안적인 경로를 선택할 때 조슈아는 자신과 메리라는 두 사람의 체계만을 다루는 것이 아니다. 대신에 그는 전체 집단을 데려오고, 전체로서의 집단을 보는 것이다. 이것은 집단을 지각하는 데 있어서 개인주의적 관점과 매우 다른 유리한 지점이다. 게슈탈트 집단치료의 개인주의적 관점에서 리더는 집단 구성원의 알아차림, 고정된 게슈탈트 또는 변화 과정 등을 다룰 수 있다. 반면에, 전체로서의 집단이 리더의 알아차림 전경에 있을 때 리더는 집단의 안녕(well-being)에 초점을 둔다. 전체로서의 집단이라는 관점에서 집단의 작업은 구성원 서로가 존중받고 가치 있다고 느낄 수 있게 돕는 각 집단 구성원을 위한 정서적 공간을 만드는 방법을 찾는 것이다.

🌵 전경 초점 이동하기

게슈탈트 집단치료 리더의 가장 중요한 기술 중 하나는 집단에서 문제들을 바라보는 리더의 렌즈를 바꾸어 낄 수 있는 능력을 발달시키는 것이다. 즉, 배경과 전경 초점을 이동하며, 개인적 수준의 작업을 배경으로 옮기고 전체로서의 집단이 전경에 떠오를 수 있도록 하며, 다시 개인적 수준의 작업으로 돌아가는 것 등이다. 우리는 개인적 수준(individual-level)에서의 작업이 집단에 맥락, 깊이, 역사, 공감을 제공하는 경향이 있다는 강점을 발견했다. 한편, 전체로서의 집단(group-as-a-whole)의 이슈들은 에너지와 응집력을 끌어내는 경향이 있고(Yalom & Leszcz, 2005) 단결심을 가져온다.

제2장에서 논의했듯이, 우리는 게슈탈트 집단치료 리더를 위한 기본적인 세 가지 초점 수준이 있다고 생각한다. 개인적 수준, 양자적 수준, 전체로서의 집단 수준이 그것이다. 집단치료 리더로서 개인적 수준으로부터 전체로서의 집단 수준 또는 양자적 수준으로 초점을 움직일 수 있다는 것은 게슈탈트 집단치료자의 성장을 위한 중요한 기술이다. 우리는 이와 관련해 우리의 선택이 집단에 중대한 영향을 미칠 수 있다는 점을 발견했다. 이 논의에서 우리는 언제 양자적 수준의 이슈들을 생략하고 개인적 수준에서 전체로서의

집단 수준으로 초점을 전환해야 하는지를 다룰 것이다.

　우리가 따르는 경험에서 얻은 가장 중요하고 우선되는 법칙은 집단을 이끌 때 마음속 한가운데에 전체로서의 집단이 항상 있다는 것이다. 우리는 그 관점을 절대 잊지 않으려고 노력한다. 달리 말하면, 우리가 집단을 이끌 때, 이 방에서 어떻게 느끼는지에 대한 기본적인 질문으로 항상 돌아온다. 집단 구성원들이 비언어적인 몸짓으로 무슨 소통을 하고 있는지, 그들이 관계하고 있는지, 지루해했는지, 몇몇 사람이 점령하고 있는지, 다른 사람들은 나갔는지, 한 명 이상의 구성원이 결석하거나 늦었는지 등을 살펴본다. 전체로서의 집단을 인식하는 방식이 신비롭거나 지나치게 이론적인 방법이어서는 안 된다. 대신에, 방에서 무슨 일이 일어나고 있는지에 대한 현실적인 감각이다. 전체로서의 집단 수준을 관찰하고 집단이 그들 자신을 관찰하도록 초대하는 것은 집단 구성원이 전체로서의 집단 수준에서 자신들을 살펴보고 견해를 밝힐 수 있는 기술을 형성하는 것을 돕는다.

🌿 사례 2: 리더가 본 전체로서의 집단에 관한 간단한 해설의 예

　전체로서의 집단을 관찰하는 것은 세련되거나 자극적이거나 거창할 필요가 없다. 예를 들어, 지난주에 두 명의 집단 구성원 마라(Mara)와 마크(Mark)가 집단치료를 그만두고 집단을 떠나겠다고 선언했다. 다음의 대화는 그들의 끝에서 두 번째 회기이다. 마크는 집단을 떠나겠다고 선언하면서 이야기를 시작했고, 흥미로운 기분

을 가지고 진행 중인 문제의 새로운 측면을 열었다. 데이지가 집단
을 이끌었다.

> 데이지: 오늘 집단은 정말 활력이 넘치는 것 같네요. 집단 구성원
> 들이 마크에게 매우 활발하게 반응하고 있는 것을 알아차
> 려요. 여러분도 에너지를 알아챘나요?
>
> 로자리오(Rosario): 글쎄요. 전 집단이 에너지가 많다고 느끼지
> 않아요. 마크가 집단을 떠나겠다는 말을 꺼내서 약간 놀란
> 기분이에요.
>
> 마크: 집단이 저한테 많이 신경 써 주는 것 같아 정말 감사한 마
> 음이에요.
>
> 마라: 마크와 제가 집단을 떠나기로 했다고 한 후로 집단이 좀 더
> 활기가 있다고 느껴요. 집단 구성원들이 우리를 집단에 머
> 물게 하려는 건지 궁금해요!
>
> 에이미(Amy): 당연하죠! 진심으로, 여러분이 떠나서 우리 모두
> 조금은 슬프고, 떠난 뒤 그리워하지 않으려고 여러분이 머
> 물게 하려 노력하는지도 모르겠다고 생각해요.

앞의 예에서 데이지가 집단에 대한 실제적인 관찰을 통해 전체
로서의 집단에 집단 구성원들이 초점을 둘 수 있게 초대하고, 집단
구성원들이 자연스럽고 유기적으로 전체로서의 집단에 대해서 추
가로 관찰해 가는 것을 볼 수 있다. 이러한 대화는 동료애를 느끼게
하고 집단 과정에 관해 이해하고 말하는 것에 대한 책임을 공유하
게 한다.

집단의 기본적인 과제는 구성원 개개인의 발전을 촉진하는 것이

다. 집단이 위기 상황에 처해 있지 않고 큰 갈등이 흐르지 않을 때 우리의 기본적인 운영 방식은 개별적인 집단 구성원의 작업에 관심을 두고, 때때로 리더와 개별 집단 구성원 간 그리고 우리가 촉진하는 집단 구성원 간 접촉이 일대일로 집중적으로 펼쳐질 수 있게 하는 것이다. 이때 필요에 따라 집단 리더가 개입해 작업이 계속 진행되고 안전을 유지할 수 있도록 한다. 따라서 일반적으로 우리는 집단이 순조롭게 항해하고 있을 때 개인적 수준의 이슈를 강조해 다루는 경향이 있다고 말할 수 있다.

게슈탈트 집단치료가 인간이라는 존재로 구성되어 있기 때문에, 순조로운 항해 상태는 보통 오래 지속되지 못한다. 집단 구성원 간 갈등, 희생양 만들기, 리더와의 갈등, 낮은 참석률과 비밀유지 위반과 같은 경계 문제 등으로 파도가 일렁이는 문제가 생길 때, 우리는 개인적 수준에서 전체로서의 집단 수준으로 주의를 전환한다. 그렇게 하면 집단의 안전 수준과 인내를 유지하면서 갈등을 통해 집단 구성원들이 접촉하는 데 머물 수 있는 집단의 능력을 향상시키는 데 도움이 된다. 경험적으로 우리는 파도가 일렁일 때 전체로서의 집단 관점으로 주의를 옮긴다고 말할 수 있다.

🪴 사례 3: 집단의 도움으로 갈등을 다루기

케네스(Kenneth)는 다른 집단 구성원보다 빠르고 크게 말하는 경향이 있었다. 그는 기술 회사의 엔지니어이자 관리자였고, 불행한 결혼생활을 했다. 다른 집단 구성원들은 그들의 생각을 표현하는 데 오래 걸리는 반면, 케네스는 자신의 관점을 빠르고 강하게 드러냈다. 한 집단 회기에서 미셸(Michelle)이 결혼생활의 어려움에 관해 이야기하는데 케네스가 끼어들었다.

> 미셸: 남편이 제게 의지하는 게 정말 지치고 힘들어요. 그는 항상 저랑 같이 있으려 하는데 그걸 참을 수가 없어요. 그는 늘 저와의 성관계를 원하고, 전 그냥 피곤하기만 해요. 전 항상 일하고 아이들을 돌보고 있어요. 전 그에게 매력을 전혀 느끼지 않아요!
>
> 케네스: 와, 미셸, 전 당신한테 빠져 있는 남편이 있어서 당신이 기쁠 거라고 생각해요! 제 생각에 당신은 남편에게 고마워하지 않는 것 같아요.
>
> 미셸: 케네스, 왜 당신은 늘 제 삶에 대해서 당신이 논할 권리가 있다고 느끼죠? 당신이 이해가 안 돼요! 자신의 의견을 너무 확신하는데, 지겨워요. 모든 남자가 다 똑같아요. 무슨 일이 일어나고 있는지 확실히 알 거예요!
>
> 케네스: 글쎄요, 전 모든 남자와 같지 않아요. 전 당신을 꽤 잘 알고, 제가 아는 대부분의 여자들처럼 당신은 당신 삶에서 남자들한테 고마운 줄을 모르죠. 그리고 지금 당신은 제가 당신을 배려했음에도 불구하고, 제가 다른 남자들과 같다고 절 비난하고 있어요!
>
> 리앤(Leanne): 글쎄요, 제 생각엔 미셸이 여기 있어요. 케네스 당신이 선을 넘은 것 같아요. 누가 당신을 결혼 전문가로 만들었나요? 당신의 결혼생활에도 어려움이 있는 것처럼 보이네요. 전 미셸 편이에요. 남자들은 때때로 정말 거만해요!
>
> 카일(Kyle): 글쎄요, 전 케네스가 왜 그런지 알 것 같아요. 이 집

단의 여성들은 배우자에 대해서 불평하는 경향이 있어요.

데이지: 전 집단에서 서로에 대한 어떤 고정관념이 일어나고 있다는 것을 알아차려요. 무슨 내용인지 궁금해요. 한 집단 구성원이 다른 구성원에게 모든 남자 또는 모든 여자와 비슷하다고 말할 때, 우리는 평소 서로 대했던 것보다 훨씬 개인적이기 때문에 집단에서 무슨 일이 일어나고 있는 것처럼 느껴져요. 집단에서 무슨 일이 일어나는지에 대해서 어떤 생각이나 느낌이 있는 분 계신가요?

[잠시 침묵이 흐른다.]

셰일라(Sheila): 이건 말하기에 조금 조심스럽지만, 전 케네스와 미셸이 지난 몇 달 동안 연애하는 느낌이 들었고, 전 그것에 대해 약간 질투가 있었어요. 어떤 면에서 지금 그들이 다투는 걸 보고 기뻤어요. 이렇게 말하는 게 정말 부끄럽지만 전 지금 다 말했어요!

카일: 생각해 보니 전 그 둘 사이에서 약간 에너지를 얻었어요. 그 둘이 싸우는 것을 보며 실망스럽고요.

케네스: 그래요, 좋아요. 전 미셸이 매력적이라는 걸 부정하지 않아요! 전 여기 우리의 결혼생활에도 그런 생기가 있으면 좋겠다고 바라요. 제 말은, 여기서 우린 솔직할 수 있어요. 전 아내와 전혀 말을 하지 않아요!

미셸: 솔직하게 말해 줘서 고마워요, 케네스. 누구에 의해 판단되는 것보다 훨씬 기분이 낫네요. 전 누군가에게 매력을 느끼기에는 너무 지쳐 있다는 걸 솔직하게 말하고 싶어요. 하지만 솔직한 걸 정말 좋아해요.

사이먼(Simon): 어, 이 집단의 유일한 동성애자로서 이 이성 관계 중심적인 논의에서 약간 소외감을 느껴요. 하지만 전 우리가 집단에서 점점 가까워지고 있다고 느끼고, 가끔은 그게 우리를 약간 불편하게 느끼게 하는 것 같아요. 전 케네스가 우리가 있는 여기에서 정말 솔직함을 갖는 게 좋다고 말한 것에 동의해요!

데이지: 우리 사이에 무슨 일이 일어나고 있는지에 대한 다른 감정이 또 있으신가요?

집단의 토론은 한동안 계속되었다. 미셸과 케네스 사이의 인신공격이 중단되었고, 집단은 좀 더 접촉하려는 방식의 상호작용을 할 수 있게 되었다.

거창한 해석이 아닌 몇 가지 단순한 관찰을 함으로써 전체로서의 집단이 논의하도록 방향을 전환한 것을 기억하면 좋겠다. 이것은 내담자의 경험을 해석하기보다는 대화에서 내담자와 만나는 치료자의 역할을 더 강조하는 게슈탈트 치료의 현상학적 태도와 매우 일치한다. 전체로서의 집단이라는 렌즈를 끼는 것은 리더의 단순한 관점 전환에서 시작된다. 즉, 리더는 저녁 식탁에서 가족을 하나의 체계로 보는 상상을 하듯이 집단을 감지한다. 집단과의 접촉 형성은 전경 초점의 단순한 이동으로부터 자연스럽게 흐른다.

변화하는 전경을 다루는 또 다른 측면은 언제 대인관계적 집단 과정을 전경에 유지하고 언제 집단 구성원의 집단 밖의 일상과 관련한 문제들에 초점을 맞출지와 관련된다. 달리 표현하면, 게슈탈트 집단치료 리더가 집단치료가 이루어지는 이 공간에만 초점을 두기를 원하면서 집단 구성원들에게 구성원 간 무엇이 일어나는지만 다루기를 요청할 때가 있다. 다른 때에는 게슈탈트 집단치료 리더가 집단 구성원의 개인사, 관계, 일, 삶의 목적 등 집단 구성원의 집단 바깥의 일상 문제에 관심을 두고 싶어 할 것이다. '집단 안'과 '집단 밖' 사이의 균형을 찾는 것이 게슈탈트 집단치료 리더의 중요한 기술이다. 각 게슈탈트 집단치료 리더는 균형점을 찾기 위한 고유한 접근 방식이 있을 것이다.

때때로 우리는 모든 집단에서 이 효과에 관해 다음과 같이 말할 것이다. "지금 바로 집단을 둘러싼 원이 있다고 상상하고 앞으로 45분 동안 우리 사이에 무슨 일이 일어나는지 한번 살펴봅시다. 우리는 나중에 외부 생활에 대한 걱정으로 돌아올 겁니다. 하지만 지금은 이 방 안에서 어떤 기분이 드는지, 서로에게 또 집단 리더에 대해서 어떤 감정인지에 관심을 기울여 봅시다. 우리 집단과 우리 사이 관계에 관한 것이라면 어떤 것이든 좋은 대상입니다." 우리가 이렇게 말할 때 그것은 집단의 에너지 수준을 지속적으로 높여 준다. 사람들이 졸다가도 이런 방식으로 전경의 초점을 전환하면 대부분 깨어난다.

초점이 집단 구성원의 집단 밖 일상에 지나치게 집중되면, 집단 구성원 간 정서적 범위는 긍정적이고 지지적인 피드백으로 제한되는 경향이 있다. 도움이 되고 중요하지만, 그러한 피드백에는 매력, 질투, 분노, 상처와 같은 강렬한 감정을 자극할 더 적극적인 대인관계 처리의 범위, 위험, 정서적 힘이 없다. 반면, 집단이 집단치료가 이루어지는 방 안에서 대인관계적 처리에 지나치게 치중하면, 집단은 빛보다 더 많은 열을 발생시킬 수 있다. 이 상황이 일어나면, 집단 구성원들은 그들을 계속 집단에 있게 하지만 알아차림과 통찰을 고취하는 데 실패하는 멜로 드라마에 빠질 수 있다. 게슈탈트 집단치료에서 우리는 찻주전자 속의 사카린의 단맛도, 폭풍

우도 원치 않는다. 대신에 우리는 집단 구성원들이 서로에 대해 강렬한 감정을 경험할 수 있는 균형을 찾고, 집단에서 그들이 배운 것을 일상생활에서 적용할 수 있도록 지지한다.

🌸 결론

이 장에서 우리는 게슈탈트 집단치료자가 집단에서 발생하는 공통적인 어려움(어려운 집단 구성원, 희생양 만들기, 집단 내 구성원 간 갈등)을 다룰 수 있는 도구를 제공하려 시도했다. 우리가 설명한 도구들은 모두 살아 있고 기능하는 체계로서 생각하고 느끼는 것을 포함한다. 우리는 또한 게슈탈트 집단치료자들에게 집단 내에서 긍정적이고 좋은 에너지의 흐름을 유지하는 것을 도울 수 있는 약간의 도구를 제공하려 했다. 우리는 집단에 어려움이 있을 때 치료자의 초점을 전체로서의 집단으로 돌리는 것이 가장 좋다고 제안했다. 항해가 순조로울 때는 개인적 수준의 작업을 다루는 것이 최선일 것이다. 게슈탈트 집단치료자가 집단에서 개인적 수준과 전체로서의 집단 수준 간 초점을 전환하는 기술을 발달시켰을 때, 시간이 지남에 따라 유지되고 각 구성원의 성장과 변화를 촉진할 수 있는 집단을 만들어 가는 데 사용 가능한 개입의 범위를 크게 확장하게 된다.

참고문헌

Beck, A. P. (1981a). A study of group phase development and emergent leadership. *Group, 5*(4), 48–54.

Beck, A. P. (1981b). Developmental characteristics of the system-forming process. In J. E. Durkin (Ed.), *Living groups: Group psychotherapy and general system theory*. New York: Brunner/Mazel.

Ronall, R. (2008). Intensive gestalt workshops: Experiences in community. In B. Feder & J. Frew (Eds), *Beyond the hot seat revisited: Gestalt approaches to group* (pp. 217–243). New Orleans, LA: Gestalt Institute Press.

Yalom, I. D., & Leszcz, M. (2005). *Theory and practice of group psychotherapy*. New York: Basic Books.

제8장

전형적인 게슈탈트 치료집단:
전경에서 개인 작업하기

Peter H. Cole & Daisy Reese

게슈탈트 집단치료에서 우리의 핵심 임무는 각 구성원의 성장과 발전이다. 이전 장에서 우리는 집단 과정과 전체로서의 집단 작업이 이 성장을 어떻게 촉진하고 도울 수 있는지 논의했다. 이 장에서 우리는 리더와 함께하는 개인 작업에 초점을 맞출 것이다. 이런 유형의 작업은 게슈탈트 치료에서 역사가 오래되었다. 게슈탈트 치료자인 독자들도 아마 이러한 유형의 상담에 매우 친숙할 것이다. 그러나 전통적인 게슈탈트 치료집단에 노출된 적이 없는 집단치료자는 이 장에서 어떻게 전통적인 게슈탈트 집단이 운영되고 성장이 촉진되는지에 대해 맛볼 수 있기를 희망한다.

　리더와 일대일로 상담을 하며 '하나의 작품'이 되는 것은 놀랍고 혁신적인 경험이다. 개인적인 경험으로부터, 우리는 게슈탈트 집단이라는 모임에서 게슈탈트 멘토와 함께 내담자로서 일대일 상담을 수많은 시간 동안 시도해 온 것을 알고 있다. 연속된 개인 작업에 대한 형식적인 관심에도 불구하고 우리의 현재 작업에서 일반적으로 선택하는 방식은 아니지만, 우리는 정기적으로 고도로 집중된 개인 작업으로 되돌아가 상담을 한다. 전통적으로 진행되는 게슈탈트 집단에는 미학적인 아름다움과 명확한 목적이 있다. 집단 구성원들은 지지를 보내고 목격자로서 존재한다. 성장을 촉진하는 방법은 집단 과정이 아니라, 리더와 '뜨거운 의자(hot seat)' 또는 '열린 자리(open seat)'에 앉아 있는 집단 구성원 사이의 상호작용이다. 프리츠 펄스(Fritz Perls)는 처음에 집단치료의 새 방법을 만든 것이 아니라 전문가들에게 일대일 게슈탈트 치료 시연의 방법으로서 고안된 워크숍에서 이 방식을 유명하게 만들었다. 이 독창적이고 고전적인 게슈탈트 시연은 개인의 성장에 매우 효과적이고 강력했기 때문에 시간이 지나면서 인기 있는 방법론으로 변형되었다.

  게슈탈트 집단치료가 다른 형태의 집단치료와 구분되는 점 중 일부는 집단 리더와 개별 구성원 간 펼쳐지는 일대일 상담의 가치에 대한 근본적인 인정이다. 저자인 우리가 미국 집단치료학회(American Group Psychotherapy Association)에서 게슈탈트 집단치료에 노출된 적이 없는 집단치료자들에게 우리의 작업을 발표할 때, 워크숍 참석자들은 우리가 집단 촉진자로서 한 명의 집단 구성원과 작업하는 깊이에 종종 놀란다. 우리가 상호작용적 집단 과정을 다루는 방식으로 집단치료를 이끌 때도 전경에 형성되는 개별 작업에 초점을 전환하는 데 열려 있다. 보통 '한 작업'은 20여 분 정도 지속된다.

  게슈탈트 집단 리더는 종종 일대일 상담에서 다음을 수행한다.

- 집단 리더와 집단 구성원 간 접촉에 초점을 두기
- 대화의 정신으로 내담자와 관계 맺기
- 집단 구성원의 알아차림과 성장을 지지하는 실험을 제안하기
- 집단 구성원들이 경험한 것을 통합할 수 있도록 지원하기

  전통적인 게슈탈트 집단[우리는 여기서 우리가 상호작용적인 방식을 나타내기 위해 준비한 '게슈탈트 집단치료(gestalt group therapy)'라는

용어를 사용하지 않는다는 점을 언급한다]에서는 일반적으로 '체크인'으로 시작한다.■ 체크인은 각 구성원이 집단이 알았으면 하는 어떤 것이든 공유하고, 그들의 생각과 기분, 그날 다루고 싶은 것에 관해 말할 수 있는 기회이다. 때때로 리더는 체크인하는 각 집단 구성원과 매우 짧은 상호작용을 한다. 이 상호작용의 목적은 일반적으로 집단 구성원들의 알아차림을 지원하는 데 도움이 될 수 있는 순간을 제공하기 위해서이다. 전형적인 예를 소개한다.

> 그레이스(Grace): 제가 체크인할게요. 이번 주말에 다른 동네에 사시는 엄마가 방문하셨고, 전 온통 얼어붙는 기분이었어요. [그녀는 주먹을 꽉 쥐었다.] 엄마는 너무 간섭해요! 엄마는 저한테 말할 때 너무 둔감하고, 제 관계나 외로움처럼 제가 가장 민감한 부분에 대해 항상 물어봐요. 정말 혼자라면 좋겠어요! 네, 전 외롭지만 절대 엄마한테는 말하지 않을래요! 엄마는 어디서 엄마가 말을 멈추고 내가 시작하는지 아무 생각이 없어요.
>
> 데이지: 그레이스, 그 손동작을 다시 해 볼 수 있나요? [데이지가 그레이스를 가리키며 손짓을 한다.] 이번에는 약간 과장하고 단어를 덧붙여 볼게요. 당신의 손이 무슨 말을 하는지 말로 표현할 수 있나 한번 보세요.
>
> 그레이스: [다시 주먹을 쥔다. 이번에는 좀 더 세게] 이 여자는 절절대 놓지 않을 거예요. 제가 그녀에게 저리 가라고 말하면 그녀는 바닥의 구멍 속으로 무너질 테니, 제가 할 수 있는 유일한 일은 꽁꽁 언 작은 얼음 조각처럼 몸을 웅크리는 것뿐이에요.

데이지: 그 말을 하면서 당신의 몸은 무엇을 느끼고 감정은 어떤 가요?

그레이스: 아, 그건 쉬워요. 제가 한 일이 엄마를 변화시킨 적이 없어서, 화가 나지만 무기력감을 느껴요. 제 몸은 얼음 여왕처럼 얼어붙는 기분이에요.

데이지: 좋아요. 고마워요. 여기에 뭔가 탐색할 부분이 있을 것 같아요. 오늘 다루고 싶은 게 있나요?

그레이스: 네, 제가 그걸 다룰 수 있을 만큼 충분히 녹아 있는지 한번 볼게요! [집단 구성원들이 미소를 짓고 지지하며 부드럽게 웃는다.]

데이지: 전 당신이 할 수 있다고 생각해요, 그레이스. 당신은 이미 시작한 걸요. 지금 이 순간, 체크인한 것 같으세요?

그레이스: 네, 지금은요.

척(Chuck): 음, 저는 지금 체크인했고, 괜찮은 것 같아요. 함께 일하고 있는 노숙자들에 대해 생각하고 있었고, '신의 은총이 없었다면 나도 그 상황에 처했을 것이다.'라는 생각을 하고 있어요. 물론 저는 신을 그다지 믿지는 않지만, 그래도 그렇게 느꼈어요. 사회가 이 사람들을 내쫓는 방식에 너무 화가 나요. 누구도 그들에 대해 신경 쓰지 않아요.

피터: 전 당신이 그들과 동일시하는 것이 와닿았어요, 척. 이 생각을 하는 지금 이 순간 어떤 느낌인지 좀 더 말해 줄 수 있나요?

척: 길을 잃은 기분이에요. 정글에서 지도, 나침반, GPS, 뭐 그런 것들을 다 잃어버린 것 같아요.

피터: 무서울 것 같아요.

척: 친숙하지 않다면 그럴 것 같아요. 전 낯선 땅에 이방인 같아
　　요. 그게 익숙해요. 그러니까, 아니, 저는 제가 두렵다고
　　말하지 않을래요. 그냥 여기 혼자 있겠어요.

피터: 지금 여기 이 집단과 함께 이 순간 우리와 어떤 기분인지
　　나누는 것은 어때요?

척: [잠시 주변을 둘러보고, 몇몇과 눈을 마주치고, 깊이 심호흡
　　을 한다.] 기분이 좀 나아졌어요. 좀 더 현실에 있는 것 같
　　아요.

피터: 좀 더 연결되었나요?

척: 네, 그렇기도 해요. 좋아요. 고마워요. 저 체크인했어요. 이
　　따가 이런 감정에 대해 다룰 수 있는 약간의 시간을 예약하
　　고 싶은지도 모르겠네요.

피터: 좋네요. 저도 그러면 좋겠어요!

🌱 체크인에 관한 논의

　각 집단 구성원들은 그들의 마음, 신체, 정신 또는 상황을 살짝
엿볼 수 있는 그들의 상태를 집단에서 제공하기 위해 스스로 충분
한 공유를 한다. 일반적으로 집단 구성원들은 서로의 체크인을 방
해하지 않는다. 그러나 체크인 동안 집단 구성원 간 많은 연결이 오
가고 시선 접촉이 이루어진다. 각 개인의 체크인은 보통 5분 정도
지속된다. 그 목적의 일부는 이 순간 그들이 어떻게 하고 있는지 집
단과 연결될 기회를 제공하는 것이고, 동시에 그들의 감정에 대한
알아차림을 얻기 위해 집단의 존재를 사용한다. 체크인의 또 다른

목적은 집단 리더가 주어진 집단 회기 동안에 누가 개인 작업을 하고 싶은지 파악하는 것이다. 모든 집단 구성원이 집단 회기에서 다 개인 작업을 할 수 없기 때문에, 시간 관리는 전통적인 게슈탈트 집단에서 리더십의 중요한 부분이기도 하다. 따라서 집단 리더는 모든 집단 구성원이 그들의 작업을 위해 충분한 기회를 가질 수 있도록 회기마다 시간을 기록하는 것이 중요하다.

🌵 척이 피터와 함께한 한 작업

이 부분에서 우리는 전통적인 게슈탈트 치료에서 리더와 함께 펼쳐지는 작업의 한 부분이 어떻게 이루어지는지 탐색할 것이다. 체크인 후 리더는 보통 누군가가 작업을 시작할 준비가 되었는지 물어본다. 만약 공동 집단 리더가 있는 경우라면(지금 당신이 읽는 이 책의 저자인 우리처럼), 그 집단 구성원이 공동 리더 중 누구와 작업하기를 선호하는지 물어본다.

첫 번째 일대일 회기에서 우리는 앞서 몇 번 등장한 척이 앞으로 나와 피터와 함께 작업하기로 결정하는 과정을 설명할 것이다. 독자들이 이 작품을 더 잘 이해할 수 있도록 척의 이야기에 관한 약간의 배경을 제시하려 한다. 집단 구성원이 척의 개인적 배경을 알고 있다는 점은 중요하다. 그들이 얼마간 집단에서 함께 있었기 때문에 그의 개인사에 대한 이 지식은 집단 구성원 간 공감과 연민을 형성시킨다.

척은 1950년대와 1960년대 펜실베이니아주 존스타운에서 성장했다. 그는 아버지가 제철소 청소부로 일했던 아프리카계 미국인

동성애자이다. 그의 어머니는 같은 제철소 경영자 가족의 가사 도
우미였다. 그는 누나가 둘 있었고, 삼남매 중 막내였다. 척이 피터
와 개인 작업을 시작했을 때 그는 60세였다. 그는 결혼해 아들 하
나와 손주 셋을 두었다. 사회복지사로서 카운티 정부에서 일하며
만성 정신질환자와 노숙인들을 사례관리했고, 이 집단 회기가 있
기 몇 년 전에 은퇴했다.

척은 18세일 때 군에 징집되어 베트남에 보내졌다. 그는 101 공
수사단에서 근무했고, '햄버거 힐(Hamburger Hill)' 전투에서 왼손의
세 손가락을 잃고, 만성 신경통을 유발하는 다른 부상을 입었다. 그
는 독일에 몇 달 동안 입원해 있었고 이후 명예 전역을 했다. 이후
고향 존스타운으로 돌아왔지만 가족들과 사이가 좋지 않았다. 군
대 친구가 새크라멘토 지역에 살았는데 척을 거기로 초대했다. 그
는 캘리포니아에 와서 미군 병사의 제대군인원호법으로 대학에 진
학하고, 새크라멘토 대학에서 사회복지 학사와 석사를 마쳤다. 그
는 새크라멘토주에서 사회복지사로 수년간 일했다.

척은 우울증, 성에 관한 갈등, 전쟁 트라우마로 인한 외상후 스트
레스 치료를 시작했다. 그는 장기간 이성과 결혼생활을 했지만 그
의 아내와 서로 성관계가 없었고, 샌프란시스코 베이 에이리어에
있는 동성애자 목욕탕을 자주 방문했다. 아내에게는 자신이 동성
애자임을 밝혔지만, 그의 아들과 그가 활동하는 지역사회에는 말
하지 않았다. 그가 아는 한 그의 아들, 손주, 친구들, 교회 신도들은
그가 동성애자라는 것을 알지 못했다. 척의 열정은 정신질환 노숙
자들, 특히 그가 크게 동일시했던 퇴역 군인 노숙자를 위해 일하는
것이었다.

치료 과정을 통해 척은 사랑하고 지지해 주는 아들에게 자신이

동성애자라는 것을 밝혔다. 척의 교회는 문제가 달랐고, 신도들은 그에게서 등을 돌렸다. 그는 그 신앙 공동체를 떠났고, 이후 새로운 신앙 공동체를 찾지 못했다. 척과 그의 아내는 헤어졌지만 친구로 남았다. 다음에 소개하는 척의 개인 작업은 다소 축약되었다.

> 척: 제 체크인에 대해 생각하고 있어요. 노숙자를 지나칠 때마다 ─요즘엔 거의 5분마다 보는 것 같아요. 여기 새크라멘토에 너무 많죠.─전 이 고통, 이 끔찍하고 잃어버린 감정을 느껴요. 여러분한테 말할 수 있는데, 퇴역 군인으로 베트남에서 고향으로 돌아왔을 때, 정말 누구도 날 원하지 않았어요. 보이지 않는 것보다 더 나빴어요. 전 악취가 나는 쓰레기 같았고 다들 버리고 싶어 했죠.
>
> 피터: 수년 동안 당신이 이 트라우마를 저와 공유하고 당신의 경험을 들을 수 있는 기회를 제게 주었을 때, 저를 항상 놀라게 했던 것은 전쟁이나 부상의 경험이 아니라 당신이 집에 돌아와 당신의 공동체에 의해 거부당하는 경험이 계속 반복된다는 점이에요.
>
> 척: 단지 공동체뿐만 아니라 제 가족도 그랬어요. 그들은 자신들의 삶에 너무 빠져서, 제가 전쟁에서 집으로 돌아왔다는 사실을 아무도 눈치채지 못하고 있었죠. 그들은 제 부상당한 손에 대해 동정했지만, 그게 다였어요! 아무도 그곳에서의 제 경험을 물어보지 않았어요. 제가 어떻게 지내고 있는지, 심지어 제가 고통에 시달려도 아무도 물어보지 않았어요.
>
> 피터: 지금 이 순간 말하면서 당신의 몸에서 알아차려지는 것이

있나요?

척: '낯선 땅의 이방인'이 된 기분이에요. 완전히 길을 잃고 공황
　　상태에 빠진 것 같아요.

피터: 좋아요. 그냥 그 기분에 머물고, 우리가 함께할 수 있는지
　　봅시다.

척: 마치 어두컴컴한 바다에서 헤엄을 치는 느낌이에요. 아무것
　　도 볼 수 없고, 제가 어디에 있는지 모르겠어요.

피터: 좋아요. 제가 당신과 함께 있어요. 당신의 호흡에 주의를
　　기울이고, 당신의 몸과 당신의 알아차림에 무슨 일이 일어
　　나는지 봅시다.

척: 집에 온 기분이 이랬어요. 전 사회에 세 배로 위험한 존재였
　　고, 아무도 이걸 다루려 하지 않는다고 믿었어요!

피터: 세 배로 위험하다고요?

척: 흑인, 미국의 진짜 속셈을 보았던 퇴역 군인, 그리고 동성애
　　자. 믿어 주세요. 전 어디에도 적합하지 않아요!

피터: 그리고 지금 무엇을 느끼세요?

척: 미칠 듯이 화가 나요! 그냥 너무 화가 나요!

피터: 전 당신의 분노를 느끼는 게 좋아요. 지금 당신의 힘을 느
　　낄 수 있어요! 지금 특히 분노를 느끼는 사람이 있나요?

척: 음, 아버지가 떠오르는데, 그 당시 흑인으로서 정말 많은 힘
　　든 일을 겪으셨기 때문에 그를 탓하고 싶지 않아요. 또 그
　　는 오래전에 죽었기 때문에 실제로 의미가 없어요.

피터: 어떤 것도 그를 비난하지 않을 거예요. 핵심은 당신의 감정
　　을 탐색하는 거예요. 만약에 우리가 그를 빈 의자에 앉히
　　고 그에게 당신의 감정을 표현한다면, 당신의 분노를 표현

할 기회를 자신에게 준다는 생각이 들지 않나요? 또 그에
게 다른, 긍정적인 감정들도 가질 수 있다는 생각이 들지
않나요?

척: 네, 할 수 있을 것 같아요. 아버지는 나쁜 사람이 아니었어요!
그는 자녀들인 우리를 위해 일했어요!

피터: 이해했어요! 그리고 전 당신이 아버지에 대해서 복잡한 감
정을 가질 수 있다는 것을 이해해요! 대부분의 사람이 그
렇고요!

척: 네.

[데이지가 빈 의자를 끌어온다.]

피터: 좋아요. 척, 잠시 시간을 갖고 아버지가 빈 의자에 있는 모
습을 상상해 주세요. 그러면서 동시에 당신의 분노를 지지
해 주세요. 당신은 자신의 분노를 알고 있고 몸으로 느껴
요. 아버지에게 당신의 분노를 말해요.

척: [눈물이 흐른다.] 아버지, 당신은 우리에게 좋은 것들을 주셨
지만 제가 인생에서 겪었던 일을 전혀 모르셨어요. 빌어먹
을 전쟁에서 집으로 돌아오는 게 어떤 기분인지 아세요?
아버지가 저를 안아 주지도 않고 제가 자랑스럽다고 말해
주지 않는 게 얼마나 더러운 기분인지 아세요? 그게 어떤
지 아세요? 엄청나게 파괴적이에요! 그래요, 바로 그거예
요! 그건 아버지를 제 마음에서 분리시켰어요. 그래서 제
가 캘리포니아로 떠난 거예요. 집에서는 아무도 진짜 저를
보지 않아요! 그래서 전 저 자신을 돌봤고! 제 마음대로! 씨
발! 전 떠나고 싶지 않았어요! 당신이 저를 무시하고 저를
떠나보냈어요!

피터: 당신은 정말 멋지게 해내고 있어요. 전 바로 여기 당신과 함께 있고 집단도 그렇다고 믿어요. 당신이 동성애자인 것에 대해 그는 어떻게 했나요? 그것에 대해서 그에게 말해 볼래요?

척: [순간의 주저함 없이 마치 그의 아버지가 거기 있는 것처럼 의자를 똑바로 쳐다보며] 아버지, 만약 제게 관심을 조금만 가졌더라면 제가 동성애자인 걸 아셨을 거예요! 존스타운에는 흑인 동성애자들이 많았어요. 그들은 진실을 숨겼지만 거기 있었고, 당신은 그들 중 많은 사람을 알고 있었어요! 당신은 항상 뒤에서 그들에 대해 비열하고 역겨운 농담을 했어요. 당신은 아무것도 가진 게 없었어요. 그저 동성애자, 특히 흑인 동성애자를 경멸하는 것밖에 못했죠! 제가 제 성 정체성에 대해 어떻게 느끼는지 아버지께 말했다면 절 경멸했겠죠! 전 그걸 감당할 수 없었어요! 전 아버지의 존중이 필요했어요! 전 아버지가 살아 있는 한 저 자신에게 결코 진실할 수가 없었어요! 당신은 제 삶을 불가능하게 만들었어요!

피터: 당신은 당신의 입장을 취하고 있어요. 정확히 당신의 입장이에요. 당신의 몸과 감정은 어떤가요?

척: 기분이 좋아요. 진짜 좋아요. 마침내 아버지한테 제 인생의 진실을 말할 수 있게 되어서 기분이 좋아요. 아버지께 하고 싶은 말이 몇 가지 더 있어요.

피터: 해 보세요.

척: 아버지, 어머니께 인정받기 위해서 재니스(Janice)와 결혼했어요. 그 이유밖에 없어요. 전 거짓말을 하며 살았고, 젠

장! 당신은 여전히 절 인정하지 않아요! 정말 시간 낭비예요! 숨어서 사는 건 끝냈어요, 아버지! 전 더는 그렇게 살지 않아요. 전 제가 누구인지 자랑스러워요. 아버지는 당신의 동성애 혐오를 무덤까지 가져가세요. 전 신경 안 써요!

피터: 빈 의자를 치우기 전에 그에게 하고 싶은 말이 더 있나요?

척: 네, 인종차별적인 미국이 아버지 당신을 엿 먹였어요. 당신은 좋은 부양자였어요. 제철소를 매일 청소하고 당신이 가져간 모든 더러운 것이 엄청난 짐이었다는 걸 알아요. 당신은 제게 생명을 주었고, 매일 우리 식탁에 먹을 것을 올려놓았죠. 전 그것에 대해 항상 감사해할 거예요. 베트남에서 집에 돌아왔을 때 날 한 번도 안아 준 적 없는 동성애 혐오자! 빌어먹을! 하지만 우리 가족을 잘 부양해 줘서 고마워요.

피터: 잠시만 신체와 감정으로 돌아가 볼게요. 지금 기분이 어떤가요?

척: 얼얼해요. 흔들렸지만 강한 느낌이에요. 오랜 시간이 흘러서 마침내 표현했어요! 전 아버지를 사랑할 수 있고, 아버지가 제 인생에 한 일은 미워할 수 있어요. 그건 제게 새로운 기분이에요.

피터: 좋아요. 고마워요.

척: 고마워요.

작업이 완료되면 리더는 집단 구성원에게 다른 집단 구성원들과 나누고 싶은 것이 있는지 물어본다. 이 맥락에서 나눔은 상호작용적 집단 과정 맥락의 피드백과는 다르다. 한 집단 구성원이 리더와 집중적으로 일대일 작업을 했다면 집단에서 다른 집단 구성원과 의 나눔은 '나-진술' 문장으로 제한하며, 개인 작업을 하며 느낀 감 정을 공유하고 작업을 한 집단 구성원에게 초점을 가져온다. 리더 의 작업에 대한 통찰이나 제안은 공유하고 싶을 정도로 유혹적이 지만, 보통 개인 작업을 한 사람에 대한 리더의 통찰이나 작업에서 의 기여를 공유하지 않도록 권한다. 이러한 방식의 나눔에 초점을 두는 이유는 방금 개인 작업을 마친 사람은 보통 강렬한 경험을 하 기 때문이다. 그리고 집단은 현재 순간 최적의 지점에 도달했을 때 집단 리더와 구성원이 함께 알아낸 전문 지식에 의존한다. 방금 작 업을 마친 집단 구성원은 어떤 감정적인 도전을 시도한 이 시점에 서 매우 개방적이다. 그들의 고정된 게슈탈트는 방금 발생한 새로 운 창조적 적응으로 방해받을 수 있다. 오래된 방어가 낮아질 수 있 으므로 집단 구성원은 특히 취약하다. 따라서 나누는 동안 집단 리 더의 중요한 임무는 이 시점에서 다른 집단 구성원의 지나친 자극 으로부터 집단 구성원을 안전하게 유지하는 것이다.

다음은 28세의 집단 구성원 제니(Jenny)가 척의 작업에 대해 이 야기를 나눈 내용이다.

> 제니: 개인 작업 끝에서, 아버지에게 화를 내는 것과 동시에 가족 에게 베풀어 준 지원에 대해 진심으로 존경한다고 말할 때 그게 제게 큰 의미가 있었어요. 전 엄마에게 화를 내는 게 어렵지만, 제가 엄마를 정말 사랑하고 착한 딸이라는 사실 을 지키고 싶어요. 정말 굉장했어요. 베트남에서 집으로 돌아온 이야기를 나눠 주신 것에 대해서도 전 감동했어요. 제가 너무 어려서 전쟁에 관련된 모든 것을 다 이해하기는

어렵지만, 당신의 헌신에 감사드려요. 당신이 그곳에서 복무하고 희생한 건 많은 의미가 있다고 생각해요. 정말 감사드려요. [눈물이 핑 돈다.] 제 아버지도 거기서 복무했었어요. 그는 한 번도 그것에 대해 말하지 않았어요. 당신이 나눠 주신 것을 듣는 건 정말 큰 의미가 있었어요. 당신도 짐작할 수 있겠지만, 제 아버지는 알코올 중독이었고 전쟁이 그 모든 일에 큰 영향을 미쳤을 거라고 확신해요. 그래서 당신의 이야기는 제게 큰 의미가 있고, 전보다 당신이 더 가깝게 느껴져요. 고마워요.

다른 집단 구성원들이 그들의 작업을 한 구성원과 개인적인 생각들을 다 공유한 다음에, 리더는 다음 작업을 할 준비가 된 사람이 있는지 물어본다.

이 장의 처음에 체크인했던 그레이스는 그녀가 다음 단계를 위해 작업할 준비가 되었다고 말한다. 그녀가 오늘 원하는 치료자는 데이지이다. 우선, 독자들이 집단 구성원처럼 그녀를 알 수 있도록 그녀의 이야기를 조금 공유하려 한다.

그레이스는 35세로 붉은색 머리카락에 아주 마른 체형이고, 진지하고 표정이 종종 슬퍼 보이며, 다소 불안정해 보인다. 그녀는 미시간주 디트로이트 외곽의 부유한 백인 가정에서 두 딸 중 맏이로 태어났다. 그녀의 아버지는 매우 성공적인 방사선과 의사였고, 어머니는 가정주부였다. 그녀는 심리학을 공부하기 위해서 샌프란시스코 베이 에이리어로 이사했고, 석사 학위 취득 후 거기 머물렀다. 자격 취득을 위한 수련 시간을 완료한 그레이스는 이제 개인치료실을 준비하는 초기 단계에 있다. 그녀는 섭식장애를 전문으로 다루는 동료에게 몇 년 동안 개인치료를 받았다. 그레이스는 15세 때 거식증으로 병원에 입원했던 이후로 섭식장애와 싸우고 있다. 그녀의 섭식과 강박적 운동은 매주 치료를 받으면서 잘 통제되고 있었다.

그녀는 이성애자이고 여러 관계를 맺었지만 2년 이상 지속된 경우가 없었다. 그레이스의 지속적인 주제는 그녀가 의대에 진학하지 않은 것에 실망한 까다롭고 완벽주의적인 아버지를 기쁘게 하고 싶은 욕구 그리고 그녀와 어머니 간 융합과 갈등이다.

> 데이지: 오늘 같이 작업을 하게 되어서 기뻐요, 그레이스!
>
> 그레이스: 약간 위험한 기분이 들어요. 살짝 얼어 있는 것 같아요. 제 어머니가 방문하면 이런 상태예요.
>
> 데이지: 좋아요. 당신의 얼어붙은 상태를 우리가 함께할 수 있는지 봅시다.
>
> 그레이스: 흠…… 정말 살펴보고 싶은지 잘 모르겠어요!
>
> 데이지: 오, 네, 전 정말로 당신이 이 공간에서 저와 함께하길 원해요. 자, 우리의 신체 경험부터 시작해 볼게요.
>
> 그레이스: 뻣뻣하고 차가워요. 나와 그들 사이에 얼음 조각이 있어서 아무도 제게 접근할 수 없어요.
>
> 데이지: 정말 슬프게 들려요, 그레이스! 저와 당신 사이에도 그 얼음 조각이 있나요?
>
> 그레이스: [그녀 자신을 확인하기 위해 속도를 늦춘다.] 아니요. 당신과 저 사이에 얼음은 느껴지지 않아요. 그건 저와 나머지 세상 사이에 있어요.
>
> 데이지: 말하자면, 당신 팀에 같이 있게 되어 기뻐요!

그레이스: 당신이 여기 있다는 게 좀 이상해요. 전 여자들, 특히
  엄마처럼 나이 많은 여성들을 차단하는 데 익숙해요.

데이지: 어떤 종류의 이상함이에요?

그레이스: 약간 압도되는, 제가 얼음 조각상이고 당신이 절 깨거
  나 녹일 수 있을 것처럼 말이에요.

데이지: 알려 줘서 정말 고마워요! 전 당신 팀에 있고 싶어요. 사
  람들로부터 당신을 분리시키는 얼음 조각에서 당신 쪽에
  있고 싶어요. 하지만 우리가 함께하는 방식에 매우 유념해
  야 한다는 것을 들어서 알고 있어요. 다행히도 우리는 오
  늘 시간이 있고, 집단에서 당신과 함께할 수 있는 적절한
  방법을 찾기 위한 작업을 진행할 수 있어요. [잠시 멈추고
  순간 침묵] 제가 어떻게 당신을 부수거나 녹일 수 있나요?

그레이스: 당신에 대한 모든 걸 정할 수 있어요! 아니면 절 버릴
  수 있어요! 또는 제게 어떤 끔찍한 말을 할 수도 있어요! 엄
  마는 항상 저에게 이런 모든 행동을 했어요.

데이지: 그건 좀 끔찍하게 들리네요. 당신이 그런 것들을 경험해
  야 했던 것이 안쓰러워요. 엄마에 대해서 하고 싶은 말이
  더 있나요?

그레이스: 고마워요. 네, 음, 가장 힘들었던 것 중 하나는 엄마가
  너무 불안정했던 거예요. 엄마는 심각한 알코올 문제가 있
  었고 끊임없이 자살 시도를 했어요. 너무 끔찍했어요. 전
  엄마가 스스로 목숨을 끊을까 봐 계속 두려웠어요. 제가
  어릴 때 그녀는 꽤 심각한 정도로 자살 시도를 했고, 제
  기억에 다섯 번 정도 병원에 입원했었어요. 그래서 전 많
  이 조심스러워요.

데이지: 어머니와 함께 지옥을 경험한 것 같아요, 그레이스. 전 당신이 부서지거나 웅덩이 속으로 녹아내리지 않았다는 것에 정말 감동했어요! 당신은 놀라운 회복력을 가지고 있다고 생각해요! 우리에게 잠깐 다시 집중해 볼게요. 바로 지금 이 순간 저와의 사이에서 기분이 어떤가요?

그레이스: 꽤 괜찮아요. 상당히 안전하게 느껴지고, 지금까지는 좋아요.

데이지: 제가 뭔가 잘못하고 있다면 알려 주셨으면 해요!

그레이스: 네, 노력해 볼게요. 그건 저한테는 큰 위험을 감수하는 일이에요. 엄마는 그런 일을 위한 여유가 없었어요! 제가 엄마를 돌보는 게 전부였어요!

데이지: 네, 맞아요! 저도 그렇게 이해했어요! 제 생각에는, 당신이 저와 함께 위험을 감수한다면 집단이 지지해 줄 거라고 봐요. 당신이 뭔가 제 행동으로 상처를 받았다고 가정해 보세요. 전 당신이 제게 말하는 데 집단이 도움이 될 수 있다고 생각해요.

그레이스: 오, 이런. 이제 열기가 오르고 있어요! 뭔가 있기는 하지만 그것에 대해 전 당신과 얘기할 용기가 없었어요. 심장이 막 뛰기 시작하는 걸 느낄 수가 있어요!

데이지: 좋아요. 이것에 대해 우리 시간을 가져 봐요. 이 문제에 대해서 저랑 이야기할 때 당신을 지지할 수 있는 사람이 이 집단에 있나요? 전 당신을 많이 지지하고 싶어요! 한번 방을 둘러보고 누가 당신을 힘 있게 지지할 수 있는지 찾아보세요.

그레이스: 와우, 지지를 받을 수 있다는 게 정말 놀라워요! 음, 척,

전 조금 전 당신의 개인 작업을 통해 당신을 정말 신뢰하
게 되었어요! 당신이 제 뒤에 계셔 주시면 정말 고마울 것
같아요.

척: 기꺼이 그럴게요, 그레이스!

데이지: 척이 옆에 앉아도 괜찮을까요, 그레이스? 척, 괜찮을까요?
[척이 그레이스의 옆에 앉고, 그녀가 데이지를 마주하며 척
의 손을 잡는다.]

그레이스: 음, 이건 몇 달 전에 시작되었어요, 데이지. 전 너무 상
처를 받았고 어떻게 해야 할지 모르겠어요.

데이지: 제가 지금 여기 있어요, 그레이스. 제가 당신에게 어떤
상처를 주었는지 알고 싶어요.

그레이스: 집단에서 여러 번 있었던 일이고, 이야기하기가 어려
워요. 전 너무 부끄럽고 배신감을 느꼈어요.

데이지: 그런 힘든 감정을 가지고 있다고 제게 말해 주어서 반가
워요!

그레이스: 음, 그건 제가 집단에 참여하는 것과 관련이 있어요.
당신은 다른 사람들에게는 먼저 손을 내밀지만, 저한테는
한 번도 그런 적이 없어요! 제가 여기 영원히 앉아 있을 수
있는 것처럼, 당신은 결코 제 안부를 묻지 않을 거예요! 그
리고 이렇게 말하는 게 부끄럽고 우스꽝스럽게 느껴져요.

데이지: 전혀 우스꽝스럽지 않아요, 그레이스. 제가 대답하기 전
에, 척의 지지를 잠시 느껴 주셨으면 해요.
[그레이스가 척과 눈을 마주치고, 척의 지지가 비언어적으
로 전달된다.]

데이지: 그레이스, 제가 당신에게 닿지 못하고 있다고 들었어요.

그리고 제 관심을 끄집어내 주어서 고마워요! 전 절대로 당신을 무시하고 싶은 마음이 없어요! 그것에 대해서 좀 더 이야기해 줄 수 있나요?

그레이스: 음, 집단에서 사람들이 뭔가 말할 때, 가끔 당신은 그들과 상호작용하면서 생각, 통찰 또는 실험을 제안해요. 하지만 저한테는 많지 않았어요! 아마도 가끔은 대답할 수 있겠지만 많지 않았어요! 그러면 전 당신이 절 좋아하지 않는다고 느끼게 돼요!

[그레이스가 울고, 집단 구성원이 그녀의 손에 휴지를 쥐어 주며 지지를 보인다.]

데이지: 제가 알아야 할 것이 더 있나요? 이것에 대해 우리가 이야기를 나눌 수 있어서 정말 기뻐요.

그레이스: 음, 왜 절 무시하는지 그 이유를 알고 싶어요.

데이지: 지금까지 정말 알아차리지 못했어요. 제가 당신을 의도적으로 무시하지 않았어요! 그것에 대해 생각을 해 보면, 제가 당신에게 잘못된 방법으로 말하거나 접근하는 기분이 있어서 물러나 있었던 것 같아요.

그레이스: 제가 당신한테 과민하게 반응한다고 느끼세요?

데이지: 아니요, 전혀요. 전 당신의 물음들에 정직하게 대답하려 노력 중이에요. 우리가 좋은 접촉을 할 수 있도록 우리 관계를 다루고 싶기 때문에 중요하다고 생각해요.

그레이스: 제가 예민하다는 것을 알고 있어요. 항상 부정적인 것만 찾고 있죠. 하지만 전 당신이 제게 꽤 안전하다고 생각해요. 전 당신이 주저하지 않길 바라요. 제가 당신이 말한 것에 반대하더라도 제게 손을 내밀어 주길 바라요.

데이지: 좋아요. 저와 함께 이 위험을 감수해 주셔서 감사해요.
　　　 우리가 좀 더 나은 조화를 이루게 되어 기분이 좋아요. 그
　　　 리고 제가 당신과의 관계에서 주저하는 경향이 있는 것을
　　　 알아차리도록 노력할게요. 그렇게 주저하는 건 저도 원하
　　　 지 않아요!

그레이스: 좋아요. 고마워요!

데이지: 저에게 당신을 주장하고 필요한 것을 충족시키는 게 어
　　　 떤 기분이었어요?

그레이스: 새롭고 무섭기도 해요. 온몸에서 열이 나는 것 같아요!

데이지: 그리고 그 얼음 조각은 어때요?

그레이스: 맙소사, 잊고 있었어요! 지금 순간에는 얼음 조각은 없
　　　 어요.

데이지: 그 얼음이 이 순간을 위해 잠시 사라지게 하는 것은 어
　　　 때요?

그레이스: 해방되고, 느슨하고, 자유로운 느낌이에요.

데이지: 여기서 멈춰도 괜찮을까요?

그레이스: 네, 고마워요. 척, 당신의 지지에 감사드려요. 당신은
　　　 정말 멋진 분이세요!

척: 그레이스, 당신 자신을 옹호하다니 정말 기뻐요!

데이지: 그레이스, 집단의 나머지 구성원들과 나누는 시간을 갖
　　　 는 게 어떨까요?

그레이스: 전 좋아요!

　　　 [집단 구성원이 그레이스와 그들의 피드백을 나눈다.]

🌺 결론

피터와 척, 데이지와 그레이스의 두 예에서 독자가 알아차렸으면 하는 한 가지는 우리 둘이 서로 상당히 다르게 작업했다는 점이다. 즉, 각각의 내담자와의 만남은 시간과 공간, 사람과 사람 사이의 "좁은 산등성이"에서 구분된다(Buber, 1992, p. 40). 로라 펄스는 다음과 같이 말했다([1992] 2012, p. 40).

> 게슈탈트 치료자는 기법을 사용하지 않는다. 게슈탈트 치료자는 자기 자신과 자신이 축적하고 통합한 전문 기술과 삶의 경험이 무엇이든 이를 상황에 맞게 적용한다. 자신과 서로를 발견하고 관계를 함께 만들어 가는 치료자와 내담자의 수만큼 많은 방식이 있다.

게슈탈트 치료는 치료에서 각 게슈탈트 치료자가 자신으로 존재하고 표현하도록 지원하며, 그들의 재능과 관점, 그리고 내담자와 관계하는 방식을 이끌어 내게 지지한다. 물론, 자신을 표현한다는 것이 치료자로서 마음대로 해도 된다는 것은 아니다. 대신에, 치료자가 건전한 이론과 방법론을 가지고 있을 때, 이것에 의해 지지되는 표현의 자유를 찾을 수 있다.

우리는 이 장을 통해서 전통적인 게슈탈트 집단이 어떻게 보고 느끼는지 독자들의 이해에 도움이 되었기를 바란다. 지금도 우리는 게슈탈트 집단치료의 상호작용적인 방식을 적용하면서도 때때로 전통적인 이 방식으로 돌아간다. 더불어 앞에서 언급했듯이 이 형식의 미학과 종종 실험으로 중단되는 일대일 접촉의 강렬함과 깊이는 게슈탈트 집단치료의 상호작용적인 유형에도 스며들어, 집단을 위해 건전한 선택이라고 느껴질 때 리더가 개인에게 집중할 수 있는 공간을 마련하게 한다.

주석

1. 우리는 상호작용적 게슈탈트 집단치료에서 일반적으로 체크인으로 시작하지 않지만, 특정 집단 회기의 초점이 개인 작업에 있을 경우에 체크인으로 시작하기도 한다.

참고문헌

Buber, M. (1992). *On intersubjectivity and cultural creativity*. Chicago, IL: University of Chicago Press.

Perls, L. (1992). *Living at the boundary*. Gouldsboro, ME: Gestalt Journal Press.

제9장

게슈탈트 집단치료 회기의 예

Peter H. Cole & Daisy Reese

이 장에서 우리의 목표는 게슈탈트 집단치료 회기가 시작부터 끝까지 어떤 느낌인지 전달하는 것이다. 우리는 보통 이 장에서 기술한 상호작용적 게슈탈트 집단치료 모드로 작업한다. 제8장에서 우리의 목표는 전통적인 게슈탈트 집단이 어떻게 진행되는지 전하는 것이었다. 거기서 우리가 언급했듯이, 전통적인 게슈탈트 집단의 미학은 적절하다고 느껴질 때 깊이 있는 일대일 작업으로 이동하며 현대적인 상호작용적 게슈탈트 집단치료에서도 살아 있다. 전통적인 게슈탈트 치료 역사가 없다면 현대적이고 상호작용적인 게슈탈트 집단치료도 없으므로 전통적 접근 방식과 상호작용적 접근 방식에 대한 감각을 모두 갖기를 바란다.

　이 장에서 소개하는 게슈탈트 집단치료 집단은 격주로 1시간 30분 정도 모이고, 추가적으로 1년에 두 번 온종일 진행되는 집단치료 회기를 갖는다. 여기에서 소개하는 집단치료는 1시간 30분 집단 회기이고, 이 회기가 진행되는 동안에 두 명의 집단 구성원이 집단을 떠나려고 한다.

　게슈탈트 집단치료 회기를 인쇄물로 제시할 때 한 가지 어려운 점은 각자의 이야기를 곧장 하는 것이 혼란스러울 수 있다는 것이다. 이것은 각 개인과 그들의 역사가 독특하고 본능적으로 느껴지는 게슈탈트 집단치료 실제 장면에서는 전혀 문제가 되지 않는다.

우리는 각 구성원에 대한 간단한 스케치를 작성했다. 게슈탈트 집
단치료 회기에서 이야기가 오갈 때 누가 누구인지 기억하지 못한
다면, 독자인 당신이 이 스케치를 참고할 수 있기를 제안한다. 우
선, 집단을 떠나려고 하는 두 집단 구성원의 배경에 관한 단락을 제
시하고, 그다음에 집단에 머무는 네 명의 구성원을 간단히 소개하
고자 한다.

마라(Mara, 떠나는 구성원)는 45세로, 개인 사업을 하는 사회복지
사이고 유대인이며 동성애자이다. 그녀는 3년 동안 집단치료에 참여
했고, 삶의 많은 목표를 달성한 후 떠나기로 결정했다. 그 삶의 목표
중에는 여성 보호시설의 스트레스가 매우 높은 일에서 개인 사업으
로 전환하고, 좀 더 만족스럽고 친밀한 관계를 찾아 유지하는 것이 포
함되어 있었다. 마라는 내성적인 경향이 있고, 원래 집단에서 정서적
으로 거리를 두며 자기 보호적이었다. 그녀가 8세였을 때 부모님이 이
혼했고, 부모님의 이혼은 추하고 논쟁이 많았다. 그녀의 아버지는 곧
재혼했고, 새 아내와의 사이에서 두 자녀를 두었다. 마라는 아버지가
자신보다는 새 가족에게 더 많은 사랑과 관심, 자원을 주었다고 느꼈
다. 마라의 어머니도 재혼해 새 가정에서 자녀를 낳았다. 마라는 어린
시절 자주 혼자라고 느꼈고, 이러한 감정은 집단에서도 나타났다. 집
단에서 그녀의 고정된 관계적 게슈탈트는 외부인처럼 느끼고, 다른
집단 구성원으로부터 정서적으로 분리되어 있으며, 집단 리더를 경계
하는 경향이었다. 집단의 첫해 즈음에 그녀는 말을 거의 하지 않았고,
그녀의 생각과 감정을 집단에서 공유하기 위해서는 상당한 지지가 필
요했었다. 시간이 지나면서 그녀는 상당히 마음을 열었다. 집단의 지
지를 얻으며 그녀는 불만족스러운 관계를 떠나 만족스러운 관계를

찾기 시작할 수 있었다. 또 그녀는 보호시설의 일을 그만두고 개인 사업에 뛰어들었다. 그녀의 삶이 중요한 이 두 영역에서 앞으로 나아가는 지금이 집단을 떠나기에 적절한 시기라고 느꼈다.

마크(Mark, 떠나는 구성원)는 50세이며, 백인 이성애자이고 연방 정부의 행정관이다. 그는 20년 동안 관계를 가졌던 여성과 결혼을 했다. 마크가 집단치료에 참여한 이유는 결혼생활에서 자신의 목소리를 좀 더 충분히 내고 싶어서였다. 그와 그의 아내는 다양한 문제를 둘러싸고 매우 많은 갈등을 겪었다. 마크는 아내가 자신을 대하는 방식에 분노했지만 이를 내면화하는 경향이 있었다. 마크가 아주 어렸을 때 그의 아버지는 가족을 버렸다. 어머니는 낮은 임금을 지급하는 직장에 다녔고, 마크는 가난과 때때로 배고픔을 겪으며 자랐다. 그는 어머니에게 매우 헌신하며 성장했다. 집단에서 마크는 처음에 다른 사람들의 요구에 매우 민감했고 자기 자신과는 상당히 단절되어 있었다. 자신이 필요한 것을 말할 때 그는 매우 지적이고 추상적이었다. 시간이 지나면서, 그가 자신의 필요에 대해서 모호하지 않고 분명하게 말할 때 좀 더 쉽게 관계 맺을 수 있고 집단 구성원에게 정서적인 능력을 더 사용할 수 있는 것 같다는 피드백을 집단 구성원으로부터 받았다. 그는 5년이 지나 스스로를 좀 더 옹호할 수 있게 되었고, 결혼생활과 성인 자녀와의 관계에서 더 만족스러워하며 지금 집단을 떠나고 있었다.

로자리오(Rosario, 머무는 구성원)는 35세이고 이성애자이며 라틴계 여성이고 공립학교에서 3학년을 가르치고 있었다. 그녀는 미혼이다.

에이미(Amy, 머무는 구성원)는 싱가포르인이며 40세이고 이성애자이다. 그녀는 심리학자로 대학에서 일하고 영주권을 가지고 있다.

라지(Raj, 머무는 구성원)는 75세로 이성애자이고 인도계 미국인이며 은퇴한 정신건강의학과 의사이다.

샤론(Sharon, 머무는 구성원)은 70세이고 이성애자이며 유대인이고 결혼했다. 그녀는 개인치료실에서 가족치료사로 일한다.

사람들이 처음 진행 중인 집단치료에 참여할 때 그들은 최소한 6개월은 머물기로 약속한다. 그리고 그들이 집단을 떠나겠다고 결정하면 작별 인사를 나눌 수 있도록 4회기 동안 집단치료에 머물며 차례로 충분히 작별 인사를 나눌 기회를 갖는다. 이러한 약속은 매우 관계적이고 집단 구성원 간 형성된 관계에 중점을 두는 상호작용 중심의 게슈탈트 집단치료에서 특히 중요하다. 집단 구성원이 떠날 때 그것은 시간과 관심이 필요한 집단의 삶에서 중요한 사건이다.

이 집단에서 두 구성원이 집단을 떠나기로 했고, 그들은 같은 날짜에 떠날 수 있도록 서로 조정했다. 다음에 소개될 회기가 그들의 마지막 회기였다. 새로운 구성원과는 그다음 회기에서 시작될 예정이었다. 우리는 전체 회기에 담긴 내용을 축약했지만, 회기의 특징을 제시하는 데 도움이 되는 부분들을 많이 가져왔다.

데이지: 어느 정도 모이면서 회기를 시작해 볼게요. 눈을 감고 당신의 몸과 호흡에 집중해 보세요. 긴장되는 지점을 확인하고 그곳에서 호흡해 보세요. 준비되면 눈을 뜨고 이 방으로 오세요. 눈을 뜰 때, 다른 구성원들과 시각적으로 접촉하기 시작하면서 자신의 고유한 경험에 집중하려 노력해 보세요.

상호작용 중심의 게슈탈트 집단치료에서 우리는 전통적인 형식의 체크인으로 시작하지 않는다. 일반적으로 각 사람은 자신들의 이야기를 방 안에서 꺼내지만, 체크인할 때보다 덜 형식적이다.

샤론: 전 지난주가 아버지 기일이라는 사실을 알았어요. 그가 떠난 지 15년이 지났어요. 믿어지세요? [아버지가 돌아가시기 전부터 개인치료와 집단치료를 병행해 왔던 데이지를 보며]

데이지: 와, 15년이 지났어요!

샤론: 놀다 보면 시간이 정말 빨리 지나가죠!

데이지: 얼마나 오랫동안 우리가 함께 작업하고 풍부한 경험을 했는지 정말 감사한 마음이 들어요! 아버지를 생각하면 기분이 어때요, 샤론?

샤론: 오, 그가 정말 그리워요. 매년 아버지 기일에 초에 불을 켜두어요. 아버지는 최고였어요! 아버지가 너무 아팠고 더는 예전의 자신이 아니었어서 말년에는 매우 힘들었지만, 아버지가 정말 보고 싶어요!

에이미: 당신 마음에 그가 있고, 그가 당신을 위해 거기 있다는 것이 정말 기뻐요, 샤론. 그리고 가족의 기일에 촛불을 켜는 유대인의 전통이 좋네요. 전 아버지가 아직 살아계시지만 정말 받은 것이 없어서 다른 종류의 슬픔이 있어요. 어린 시절 방치된 슬픔이에요. 전 당신이 당신 아버지와 함께했던 것들이 부러워요!

샤론: 에이미, 당신의 아버지가 당신을 위해 곁에 있지 않았다는 걸 들으니 마음이 아파요. 그래요, 전 운이 좋았고 아버지

가 정말 많이 그리워요!

라지: 숙녀분들이 아버지에 대해 말할 때 제가 도울 것은 없지만 공감이 되었어요. 저는 나이를 먹어 가고 건강이 좋아지기는 했지만, 그것이 영원하지 않다는 걸 알아요. 제 죽음이 멀지 않았다는 걸 느껴요.

에이미: 라지, 그런 말 하지 마세요! 전 당신을 놓아주기에는 너무 정이 들었어요!

라지: 고마워요, 에이미. 최선을 다해서 곁에 있을게요! 에이미, 지난번 마지막 회기에서 데이트가 있다고 했었는데, 새로운 관계는 어떻게 되고 있나요?

에이미: 오, 징크스가 생기지 않으면 좋겠는데, 잘되고 있어요! 저에게는 새로운데, 우리는 천천히 만나고 있어요. 전 그가 정말 좋아요!

[방에 있는 모든 사람이 에이미의 새로운 관계에 관심이 있고 그녀를 위해 기뻐한다.]

데이지: 새로운 방식으로 하고 있다니 정말 기뻐요, 에이미. 당신에게 딱 맞는 방법 같아요!

에이미: 네, 이번에는 정말 새로워요. 보통 저는 정말 빨리 관계를 맺고 모든 것이 다 멀어졌었어요. 관계들이 다 나빠졌죠. 이번에는 좀 의식하려고 해요.

라지: 에이미, 데이트가 쉽지 않다는 걸 알아요. 전 당신이 그와 함께하며 좋은 기분이라니까 기뻐요.

에이미: 고마워요, 라지. 제 아버지는 제 몸에 대해 조언하거나 체중을 비난하는 등 모든 것에서 절 비난했어요. 당신의 지지가 있어서 기분이 좋아요.

라지: 그 젊은이가 당신과 데이트하는 건 정말 운이 좋은 거예요!

에이미: 음, 고마워요! 전 그를 좋아해요. 하지만 무서워요. 전 실망을 많이 해 왔어요.

라지: 이겨 내요!

에이미: 노력할 거예요!

피터: 우리는 관계 형성에 관해서도 이야기하고, 죽음에 관해서도 이야기 나눠요. 전 여기 집단에 두 개의 끝맺음이 있다는 걸 자각하고 있어요. 이 시간이 마라와 마크의 마지막 집단 시간이에요. 우리는 서로 애착을 맺고 연결되려고 많은 시간과 정서적 에너지를 썼어요. 그리고 이제 이별을 앞두고 있어요. 이것에 대해 여러분은 어떤 기분이세요?

마크: 전 '달마 토크'라는 불교 가르침을 팟캐스트로 듣고 있어요. 거기서는 비애착, 즉 애착이 없는 것에 관한 이야기를 많이 해요. 전 애착을 놓아주려 많이 노력하고 있어요. 그래서 전 여러분이 제게 해 준 모든 일에 정말 감사드리지만, 동시에 놓아주는 작업을 하고 있어요. 제가 가기에 적당한 때라는 생각이 들어요.

피터: 마크와 마라 모두에게 하고 싶은 말이 있어요. 두 분 모두 집단과 우리 과정을 매우 존중하는 느낌으로 떠나고 있어요. 우리가 작별 인사를 할 시간을 가질 수 있도록 네 번의 회기에 머물렀어요. 그건 제게 많은 걸 의미하고, 제가 매우 감사한 마음이 있다는 것을 알아주셨으면 합니다. 우리가 여기에서 서로 연결되고 애정을 갖는 것은 정말 대단한 일이에요. 우리는 서로를 마음에 담고, 즉 내면화하고, 그것을 마무리하기 위해서는 정중한 과정이 필요해요. 두 분

모두 정말 존경합니다!

마크: 제가 전에 회기 사이에 집단에 대해서 전 생각하지 않는다
고 말했던 것을 기억해요. 하지만 그것에 대해 정말 생각
해 보니, 정확히 사실이 아니라는 걸 깨닫게 되었어요. 전
실제로 제 마음속에 여러분을 떠올리며 다녀요. 우리가 그
것에 대해 이야기 나눈 뒤로 여러분이 저와 함께한다는 걸
더 많이 알게 되었어요. 그리고 여러분이 '저와 함께' 있다
는 것이 세상에서, 제 삶에서 저를 도왔어요. 아내와 함께
할 때, 또 직장에서도 저 자신을 훨씬 잘 표현할 수 있었어
요. 더 직접적으로 이야기하는 것을 배웠어요. 제가 그렇
게 할 때 여러분이 제 마음속에 같이 있어요!

마라: 저도 떠나는 게 힘들다고 말하고 싶지만, 지금으로서는 옳
은 결정이라고 생각해요. 여러분은 저의 많은 변화를 보셨
어요! 저는 집단치료를 시작할 때 좀 우울했지만, 마크처
럼 저 자신을 위해 말하는 법을 배웠어요. 그리고 여기서
제 감정에 대해서 말하는 방법을 배우지 않았다면 새로운
관계에서 친밀감을 정말 다룰 수 있었을지 모르겠어요.

샤론: 마라, 당신은 정말 놀라웠어요! 새롭고 더 나은 직업, 새롭
고 더 좋은 관계 등 여기에서 겪은 당신의 변화는 매우 놀
랍고 훌륭해요. 당신이 보고 싶을 거예요. 그리고 마크 당
신도 마찬가지예요. 제게 정말 큰 상실이에요! 정말 여러
분이 그리울 거예요. [눈물이 흐른다.] 전 헤어지는 걸 잘
못 하겠어요.

피터: 제 생각엔 샤론, 당신은 아주 잘하고 있어요. 감정을 밀어
내는 것이 아니라 표현하는 거예요. 전 그것이 상실을 다

루는 매우 좋은 방법이라고 말씀드리고 싶어요!

샤론: 아버지에 대한 그리움 같은 기분이에요. 특별한 분이셨죠. 이런저런 이야기도 하고, 마라와 마크에게 작별 인사를 하니 기분이 좋아요. 두 분은 제게 정말 소중해요!

마라: 당신도 제게 많은 의미가 있어요, 샤론. 여러분 모두 많이 그리울 거예요!

데이지: 로자리오, 이번 회기에서 지금까지 조용히 계셨다는 걸 알아챘어요. 함께 계시는지 여쭤봐요.

로자리오: 정말 힘드네요. 당신은 내 스토리를 알잖아요! 제가 두 살 때 어머니가 돌아가시고 이모와 삼촌이 절 키웠어요. 전 아버지를 알지도 못해요. 그래서 사람들이 떠나면 전 그냥 철수해요. 제 일부가 공 속으로 기어 올라가는 기분이에요.

라지: 로자리오, 당신이 어렸을 때 정말 큰 상실을 경험했다는 걸 알아요. 저도 그랬어요. 제가 정말 여기 당신과 함께 있다는 걸 알아주었으면 하고 바라요.

로자리오: 라지, 그건 제게 정말 많은 걸 의미해요! 저를 불쌍히 여기는 것은 아니에요.

데이지: 로자리오, 당신은 당신이 느끼는 대로 우리를 당신과 함께하게 두고 있어요. 우리는 그 이상을 요청할 수 없어요.

로자리오: [마크에게] 당신을 알게 되어서 정말 좋았어요. 제 생각에 당신이 시작하고 나서 많이 변화한 것 같아요. 처음에 전 당신을 겨우 이해할 수 있었지만, 당신은 당신이 말하고자 했던 것들에 대해 이야기했어요. 이제 당신은 하고자 하는 말을 정확하게 말해요! 훌륭하다고 생각해요. 그리고

마라, 당신 삶에서 사랑을 발견했다니 정말 기뻐요! 변화
하는 건 제게 어려운 일이에요. 당신은 제게 많은 영감을
주었고, 당신은 많은 걸 만들어 냈어요.

마라: 로자리오, 당신이 정말 보고 싶을 거예요!

로자리오: 그건 절 너무 슬프게 하네요. 제 사촌들과 이모, 삼촌
생각이 나요. 언니나 딸처럼 절 사랑해 주지만, 가끔 제가
그들에게 짐이 되는 기분이에요. 그들은 부유하지 않아요.
생각지도 못한 다른 아이를 데려가 먹을 것을 주는 건 쉬운
일이 아니죠. 가끔 전 부담을 느껴요.

데이지: 로자리오, 지금 여기에서 그 기분이 떠오르나요?

로자리오: 글쎄요, 이게 그다지 이성적이지 않다는 걸 알지만, 사
람들이 집단을 떠나는 이유 중 하나는 제 문제로 정서적으
로 너무 고갈되었기 때문이라는 기분이 들어요.

데이지: 이걸 꺼내는 데 많은 용기가 필요하다는 걸 알아요, 로자
리오. 정말 인상 깊어요! 당신이 그들과 확인할 수 있게 응
원할게요.

로자리오: 그들이 거짓말을 할 거라고 생각하지 않나요?

데이지: 마크와 마라에게 접촉해 보고 무슨 일이 일어나는지 보
는 건 어때요?

로자리오: [마크에게] 미친 소리 같다는 거 알아요, 마크. 하지만
제가 집단에서 부담스러웠거나 부담이 된다면 어떤지 알
고 싶어요. 제가 당신을 쫓아냈나요?

마크: 제게 물어봐 줘서 고마워요, 로자리오. 저는 집단에 있는
게 정말 좋았어요. 오히려 당신은 제게 다른 방법들보다
더 많은 에너지를 주었어요. 진심이에요!

데이지: [로자리오에게] 그를 믿나요?

로자리오: 네, 그럼요. 고마워요, 마크. 마라, 당신은 어떤가요? 제가 당신을 내쫓았나요?

마라: 절대 그렇지 않아요. 전 당신이 굉장하다고 생각해요! 당신과 함께하고 여기서 성장하는 것을 즐겼어요.

로자리오: [데이지에게] 좋아요. 제 생각에 지금 이 정도로 충분해요.

데이지: 물론이에요. 하지만 여기서 당신에 대한 감사한 마음을 느낄 수 있나요?

로자리오: 네, 전 정말 할 수 있어요!

데이지: 좋아요. 제가 묻고 싶은 건 그게 다예요!

마라: [로자리오에게] 하나 더 다룰 수 있나요? 그냥 제가 좋아하는 걸 당신과 공유하고 싶어요.

로자리오: 물론이에요.

마라: 당신은 엄마가 돌아가신 후 당신의 이모, 삼촌과 함께 지내며 자신이 어떤 부담을 느꼈는지 알고 있나요? 음, 전 짐처럼 느껴지지는 않았지만 제 가족의 외부인처럼 느껴졌어요. 제 부모님은 둘 다 재혼했고 각자의 새 가정에서 두 명의 자녀를 두었어요. 전 그들이 함께 낳은 유일한 아이였고, 그들은 말 그대로 서로를 싫어했어요. 저 말고 모두 자신의 팀이 있었어요. 그래서 전 로자리오, 당신이 어떤 기분이었을지 공감이 돼요. 전 정말 그걸 느낄 수 있고, 당신과 정말 연결된 기분이라는 걸 당신이 들어 주었으면 해요. 그리고 제가 떠나는 건 제 욕구를 돌보는 것과 관련이 있어요. 당신과 집단에서 함께할 수 있었던 건 멋진 경험

이었어요. 이 말이 당신에게 전해지면 좋겠어요!

로자리오: 네, 마라. 고마워요. 저도, 당신이 보고 싶을 거예요.

마라: 저도요.

로자리오: 그래서 왜 떠나야 해요? 아니, 대답하지 마세요. 당신
은 이미 제게 왜 떠나는지 설명해 주었어요. 전 단지 슬플
뿐이에요.

피터: 그래서 저는 여러분이 여러분의 몸과 감정으로 작별 인사
를 하는 게 어떤지 느껴 보도록 격려하고 싶어요. 진정으
로 서로를 받아들이고, 돌보고, 사랑하고, 놓아준다는 건
어떤 건가요? 바로 지금 기분이 어떤가요? 전 벨크로 조각
을 마음에서 떼는 기분이에요. 마라와 마크를 놓아주기 힘
들지만 동시에 두 분이 떠나는 모습에 마음이 좋습니다.

라지: 전 기분이 좋아요. 제 삶에서 많은 사람이 오가는 모습을
보았고, 그것에 대해 전 매우 철학적이게 되었어요. 두 분
이 모두 잘되길 바라고, 두 분은 제 삶을 풍요롭게 해 주었
어요.

에이미: 전 여러분처럼 철학적이지 않아요. 전 떠나는 사람들에
게 약간 버림받는 기분이고 화도 나지만 이해해요. 전 제
가 들러붙어 뒹굴고 있는 패배자가 아니길 바라요.

라지: 잠깐만요, 당신이 만약 패배자라면 일흔다섯이나 되어 여
기 있는 전 무슨 이유가 있을까요?

에이미: 제 기분을 말하는 것뿐이에요, 라지! 뒤에 남겨져 있는
건 너무 힘들어요. 전 이 나라의 이민자예요. 제 가족은 수
천 마일 떨어져 있고, 남겨져 있는 건 좋은 기분이 아니에
요. 전 그걸 당신에게 분명히 말할 수 있어요!

라지: 저도 이민자예요, 에이미. 전 그냥 당신을 조금 놀리고 있었어요. 그 심정을 이해해요.

에이미: 네, 고마워요, 라지. 그냥 마음이 아파요. 전 여러분에게 불평할 마음은 없어요.

피터: 당신의 감정을 나누어 주어서 고마워요, 에이미!

마라: 전 지금 정말 죄책감이 들어요! 당신이 버림받았다고 느끼지 않았으면 해요, 에이미!

에이미: 정말 화가 나네요, 마라! 전 그냥 저한테 일어난 것들을 나누고 있는 것뿐이에요. 저에 대한 책임감을 요구하는 게 아니에요! 이 차이를 이해할 수 있나요?

마라: 네, 물론이에요. 알겠어요, 에이미. 다른 사람의 감정을 돌보지 않는 게 제게는 힘들 수 있지만, 제가 그걸 고치려고 할 필요가 없다는 것으로 들었어요.

에이미: 전 당신이 당신 자신을 돌보길 원하지만, 저도 그렇게 해야 해요. 당신은 절 떠나면서 동시에 제 기분도 좋게 만들 수 없어요. 당신은 그냥 떠나면서, 당신이 떠나지 않길 바라며 조금 화를 내는 저와 함께 있는 거예요.

데이지: 에이미, 전 부분적으로 당신이 마라가 당신에게 얼마나 의미 있는지 말하고 있다고 생각해요.

에이미: 네, 전 그녀가 떠나는 걸 좋아하지 않아요. 하지만 그녀의 선택을 존중해요.

마라: 확실히 알아요!

데이지: 이제 우리는 몇 분밖에 남지 않았어요. 마크와 마라에게 하고 싶은 말이 있다면 지금이 그때에요.

샤론: 정말 보고 싶을 거예요, 마라. 당신은 정말 훌륭했어요.

로자리오: 정말 많은 상실을 겪었고, 그것들은 제 인생에서 참 일찍 찾아와왔어요. 감정에 대해 제대로 이야기할 기회가 없었어요. 마음이 아프지만, 제가 그걸 다룰 수 있다는 걸 알게 되어서 기뻐요.

마크: 전 항상 이별을 싫어했고 그걸 피하려고만 했었어요. 하지만 전 이것의 가치를 보게 되었어요. 이렇게 작별 인사를 하면 여러분이 제게 얼마나 큰 의미가 있는지 기억하는 데 도움이 될 것 같아요.

로자리오: 전 작별 인사를 한 적이 없어요. 어느 날 아침 눈을 뜨면 모두 떠나고 없었죠. 솔직히 말씀드리면 이 회기가 정말 힘들었지만, 제가 이러한 감정을 다룰 수 있다는 걸 알았고, 과거에 겪었던 끔찍한 버려짐으로부터 건강하게 헤어지는 인사를 하고 분리되었어요. 기분이 좋아요.

🌷 논의

이 특정 집단은 회기를 다시 검토하기 전 몇 년 동안 안정적인 멤버십이 유지되었다. 이 회기는 함께 성숙해지고, 서로를 잘 알아 가며 함께 성장하는 집단 구성원의 모습을 보여 준다. 크고 많은 어려움은 이전에 분류되고 다루어졌다. 초기 집단 발달이 형성되는 단계에서는 구성원 간 차이점과 갈등이 더 복잡하고 정리하는 데 시간이 오래 걸렸다. 집단 발달이 성숙한 단계에 이르면, 몇 년 동안 함께 작업하며 토대를 마련한 좋은 수준의 접촉을 유지함으로써 서로 다름에 대해 쉽게 다룰 수 있게 된다.

또한 집단 구성원은 서로 강력한 연결을 만들었다. 예를 들어, 라지와 에이미는 그들의 이민 경험을 중심으로 강한 연결을 구축했다. 마라와 로자리오는 가족 내에서 외부인으로 느껴진 경험을 공유한다. 마라와 마크는 자신의 목소리를 내는 데 어려움이 있는 것을 나누었다. 집단 구성원들이 서로를 더 깊이 알아 가고 각각 다른 사람의 삶의 서사를 이해하게 되면서 구성원들은 눈에 보이지 않는 망의 형태로 연결된다. 이 연결망은 통합과 성장을 위해 중요한 자원이 되는 구성원들의 소속감을 지지한다.

게슈탈트 집단치료 회기의 예를 작성할 때 우리 집단에서 두 명의 구성원이 떠나게 되어 이에 관해 기술했다. 다행히도 이 회기의 내용은 게슈탈트 집단치료의 어떤 폭넓은 차원을 담아냈고, 우리는 간단한 언급과 함께 이 장을 마무리하려 한다. 모든 생명은 영원하지 않다. 우리는 언젠가 죽고, 가장 소중한 관계도 언젠가는 끝날 것이다. 동시에 우리가 정서적으로 살아 있으려면, 우리는 애착의 위험을 감수하고, 모든 관계가 끝날 것을 알면서도 사랑해야 한다. 어떤 의미에서 게슈탈트 집단치료는 실존적 현실의 축소판이다. 우리는 집단에 함께 오고, 서로 연결하고, 서로에게 애정을 보이고, 서로를 돌보고 사랑한다. 동시에 우리는 형성된 관계가 영원하지 않고, 집단이 종결된다는 것을 안다. 이러한 모든 관계가 끝난다는 것을 알면서도 애착과 사랑의 위험을 감수하는 상호지원을 하는 데 있어서, 게슈탈트 집단치료는 구성원들이 좀 더 충만하게 살고 사랑하는 데 필요한 위험을 감수할 수 있게 돕는다.

제10장

찰스 알렉산더

Peter H. Cole

이 장에서는 게슈탈트 집단치료의 장기적인 성장 측면에서 개인 게슈탈트 치료 작업의 통합을 주제로 논의할 것이다. 피터의 목소리로 기술되었지만, 피터와 데이지 둘 다 '찰스 알렉산더(Charles Alexander)'와 함께하는 작업에 참여했다. 물론 이름과 세부 내용은 내담자의 익명성을 보장하기 위해서 변경했다. 이 장에는 제1장에서 다루었던 현전, 포함, 임상적 현상학 등 세 가지 원칙에 관한 논의도 포함했다. 우리의 의도는 게슈탈트 치료 이론에 근거해 우리가 그와 어떻게 작업했는지, 그의 생활과 사고방식에서 일어난 변화, 그리고 우리와 작업하는 과정에서 그의 죽음에 대한 과정을 어떻게 접근했는지 등 그의 이야기를 엮어 내는 것이다.

　찰스 알렉산더는 1994년 3월에 심리치료를 받기 위해 나를 찾아온 경영학 교수였다. 나는 찰스가 2014년 5월에 림프종으로 사망할 때까지 집중적으로 작업했다. 찰스와 나는 매주 개인치료 시간을 가졌고, 그는 한 달에 한 차례 온종일 데이지와 내가 공동으로 운영하는 게슈탈트 집단치료에 참여했었다. 우리가 치료 과정을 시작했을 때 그는 49세였고, 69세에 사망했다. 찰스는 대학원에서 경영학을 가르치고 있었다. 그의 학문은 경영, 정치, 군사 리더십 등 효과적인 리더십의 특징을 탐구하는 것을 포함하고 있었다. 리더와 '그들의 아래'에서 일하는 사람들의 관계는 찰스에게 매력적

인 연구 주제였다. 그는 세상을 매우 위계적이고 경쟁적인 것으로
경험했고, 나에게 그가 경영 리더십에 대해 강인하고 위계적인 접
근을 옹호하는 주장으로 학계에서 명성을 얻었다고 말했다. 아마
도 이러한 세계관의 부분적인 결과로 그는 자신의 가족, 대학, 사회
적 장면에서 위계질서 속 자신의 위치에 대해 굉장한 불안에 시달
렸을 것이다. 찰스의 세계에서 그는 짜릿하고 꼭 필요한 위계의 맨
꼭대기에 있거나 자신에 대해 기죽고 끔찍하게 느끼는 '바깥'에 있
었다. 그것은 자신이나 타인에 대한 연민의 여지가 거의 없는, 세상
에 대한 놀라울 정도로 이분법적인 경험이었다.

처음 몇 차례의 개인치료 회기에서 찰스가 심각한 수준의 고통
을 겪고 있다는 것이 분명해졌다. 1994년 후반에 작성한 나의 메모
에는 그가 동료와 공동 저술하던 중요한 책을 마무리하는 것에 관
한 힘겨움, 최근 림프종 진단을 받으며 생긴 건강에 대한 깊은 걱
정, 찰스의 복잡한 일들로 인한 결혼생활의 위기, 심각한 정신질환
과 약물 남용 문제가 있는 딸에 대한 불만이 적혀 있다. 찰스가 겪
는 고통의 핵심은 고문당하는 것 같은 자기혐오였다. 그는 극도로
자기비판적이었고, 함께 앉아 있는 것이 매우 고통스러울 정도로
경멸과 자기증오로 가득 차 있었다.

찰스를 그토록 힘들게 한 많은 어려움은 그의 많은 강점이기도
했다. 그는 뉴햄프셔에서 자란, 훌륭하고 아이러니한 유머감각을
지닌 뉴잉글랜드 사람이었다. 그는 매우 지적이고 멋진 뉴잉글랜
드 억양에 잘생겼고 눈에 띄게 말을 잘했으며 학식이 풍부했다. 그
의 가장 큰 강점이자 고통의 가장 큰 원인은 관계였다. 그는 깊은
우정과 강한 멘토링 관계를 맺었지만, 많은 불륜으로 양육과 부부
관계에 독이 되는 관계를 맺으며 그가 저지른 실수에 대한 후회로

고통을 겪었다. 그는 학계에서 적과 경쟁자가 있었지만, 그에게 깊은 충실함을 보이는 동료들도 있었다. 그는 자신에게 헌신하는 대학원생들이 많았지만 그를 거만하고 정 안 가는 사람으로 보는 이들도 있다고 말했다. 찰스는 바보들에게 친절하게 대하지 않았고, 자신이 원하면 그들에게 독설하고 무시할 수 있었다.

처음부터 찰스와 나는 잘 맞았다. 난 그가 매우 좋았고, 그도 나를 좋아할 거라고 믿었다. 당신은 아마도 우리가 그의 죽음의 여정을 함께하며 우리 사이에 어떤 인간적인 사랑이 키워졌을 수 있다고 말할 수 있을 것이다.

처음 몇 회기가 지난 후 나는 찰스에게 동료와 공동 저술하는 책을 마무리하지 못하는 경험에 대해 두 의자 기법을 사용해 상전과 하인을 실험하는 제안을 했다. 이는 그에게 매우 강력한 경험이 되었고, 이것은 우리가 몇 차례고 다시 짚어 볼 시금석이 되었다. 그는 상전의 힘과 경멸에 놀랐고, 하인의 굴욕, 수치심, 두려움에 더 놀랐다. 이 실험은 그에게 울 수 있는 안전한 공간과 어린 시절부터 자신에게 허용되지 않았던 해방을 제공했다. 이 두 의자 작업은 우리에게 놀라운 시금석이 되었으며, 그것은 찰스의 과대한 측면과 위축된 측면 사이의 자기애적인 분열을 나타내는 것이었다. 이러한 성격적 특성의 양극성은 우리의 치료 첫날부터 마지막 날까지 찰스와 함께했다. 그러나 그가 정서적으로 성장함에 따라 이러한 측면에 대해 유머와 연민을 가질 수 있을 만큼 많은 치유적 변화가 일어났다.

🪴 게슈탈트 집단치료

나는 찰스에게 데이지와 내가 버클리에서 한 달에 두 번 진행하는 게슈탈트 집단치료에 참여해 보는 것을 한번 고려해 보라고 제안했다. 나는 집단의 상호작용적 맥락에서 그의 문제들을 다루어 볼 수 있어서 집단이 개인 심리치료를 적용해 보기에 유용할 것이라고 설명했다. 찰스는 이것이 좋은 생각이라고 했고, 15년 뒤 그가 죽기 전까지 게슈탈트 집단치료에 충실하게 참여했다. 그 집단은 찰스의 삶에서 중요한 지지의 원천이자 변화의 동인(動因)이었다. 또한 찰스는 집단에서 다른 일곱 명의 인생에 깊은 영향을 미쳤다.

우리의 첫 번째 회기는 1997년 4월에 있었다. 집단 구성원은 총 8명이었고, 일부는 이성애자, 일부는 동성애자였으며, 남녀 비율은 반반이었다. 모두 다양한 성격을 가진 전문직 종사자들이었다. 이 집단은 특히 매우 강력한 힘을 가진 사람들로 구성되었고, 집단의 초기 단계에서 그들은 상당히 경쟁적이었다. 집단치료가 진행된 세 번째 달에 집단과 찰스의 개인치료 작업에서 모두에게 중요한 기준이 되는 사건이 일어났다. 찰스는 집단에서 아내가 그를 대하는 냉담함에 얼마나 마음이 아팠는지 이야기하며 눈물을 흘렸다. 이것은 흐느낌이라기보다는 좀 더 냉소적인 표정으로 볼을 타고 흘러내리는 '남자다운' 눈물이었다. 매우 힘 있고 당당하며 당시 집단 위계의 최상위에 있었던 집단 구성원 맷(Matt)은 "울 일이 아닙니다."라고 폄하하듯 말했다. 찰스가 눈물을 닦고 당시에는 맷의 말에 동의하며 미소를 지었지만, 그는 깊이 상처를 입었다. 우리는 이어지는 그의 개인치료 회기에서 맷에 대한 분노를 다루었다.

몇 주 후 찰스는 맷의 발언에 대한 자신의 상처와 분노를 집단에 가져올 수 있었다. 맷의 언급을 집단에서 다루면서 우리의 집단 과정은 심화되기 시작했다. 수치심에 관한 이슈들을 개방하는 과정이 시작되었다. 초기 외상에 대해 공개하고, 친밀하게 공유하는 과정이 시작되었다. 맷은 자신의 발언이 초래한 상처에 당황해했다. 그는 그것에 대해서 끔찍하게 느꼈고, 그가 어린 시절 그의 어머니 손에 신체적 학대를 당하고, 경쟁적이고 무감각한 아버지가 얼마나 자주 그를 망신 주었는지에 대해 공유할 수 있는 길을 열어 주었다. 이 회기는 모든 집단 구성원에게 강한 영향을 미쳤다.

　시간이 좀 지나고, 집단에서 있기 힘든 낯선 일이 생겼다. 여덟 명의 집단 구성원 중 세 명이 다양한 형태의 암을 진단받았다. 찰스는 이미 림프종과 싸우고 있었기에 집단 구성원의 절반이 암 투병 중이었다. 40~60대 전문직 종사자 집단에서 이런 일이 일어날 확률이 얼마인지 정확히 모르겠지만, 나는 그 확률이 낮을 것으로 생각한다. 확률이 높든 낮든 그런 일이 생겼다. 집단에 참여한 지 10년이 되는 사랑받던 구성원인 메리는 특히 찰스와 친했었다. 그녀는 유방암 치료 중에 발생한 합병증으로 갑자기 사망했다. 독자들이 짐작할 수 있듯이, 그녀의 죽음은 집단 구성원에게 큰 충격을 주었다. 찰스는 메리의 죽음에 깊은 슬픔을 느꼈다. 맷도 메리의 죽음에 마음이 동요되었다. 메리는 아프리카계 미국인 영화 제작자였다. 그녀는 죽기 직전에, 감금된 여성들의 삶에 관한 영화를 완성했다. 이 영화는 메리 인생의 정점이었다. 그녀는 영화와 사회 정의 문제에 대해 열정적이었다. 맷은 메리가 죽기 1년 전에 피부암의 한 종류인 흑색종 진단을 받았다. 맷은 메리가 암 투병 중 영화를 완성한 것에 영감을 얻었고, 암과 함께 살아가는 어려움에 대처하며 적극적으로 창의력을 발휘하는 사람들에 관한 책을 쓰기로 마음먹었다. 맷은 이 책을 위해 찰스를 인터뷰했고, 이 인터뷰는 그들 사이에 우정과 동지애의 또 다른 원천이 되었다.

　메리의 죽음으로, 암과 함께 살아가는 집단 구성원은 세 명이 되었다. 찰스의 상태는 이 질병을 앓고 있는 다른 집단 구성원보다 훨씬 심각했다. 암은 퍼졌고, 찰스는 질병이 그를 이길 거라는 생각을 확고히 하게 되었다.

　우리가 메리의 자리를 대신할 새 집단 구성원을 몇 달 후 데리고 오려 하다 실패했을 때, 집단 구성원들이 재미있다고 생각한 일이 생겼다. 데이지와 나는 찰스와 같은 실리콘밸리 대학 동네에 우연히 살게 된 남성이 새로 합류하기를 바랐다. 새 구성원의 아내는 대학원에 다니고 있었다. 우리가 집단 구성원에게 잠재적인 새 집단 구성원의 이름과 직업을 말할 때 찰스는 다른 질문을 한 가지 했다. 그리고 그는 "안 돼요! 우린 이 사람을 집단에 데려올 수 없어요! 전이 사람이 누군지 알아요. 전 그의 아내와 바람을 피웠어요."라고 말했다. 찰스는 처음에 매우 당황했다. 아득한 침묵 후, 모든 집단 구성원, 동성애자, 이성애자, 남성, 여성 할 것 없이 큰 웃음을 터뜨리며 그를 놀렸고 그의 남성미에 감탄사를 연발했다. 찰스는 그의 굴욕감이 집단의 재미로 녹아들며 같이 웃게 되었다. 그것은 한순간이었고, 그 후 몇 년 동안, 또 그의 죽음 이후에도 구성원들은 그 이야기를 나누며 웃었다.

🌱 찰스와 나의 관계

내가 좋아하는 내담자들이 많지만, 찰스는 그중 내가 가장 좋아하는 내담자였다. 그는 성실했다. 우리의 매주 치료 시간과 월 2회 집단 회기에 항상 제시간에 도착했다. 그는 열심히 작업에 참여했고, 현재와 과거 자료들을 목적의식을 갖고 처리했다. 우리는 어려운 관계가 아니었다. 우리 사이에는 불화를 회복할 일이 많지 않았다. 매우 협력적인 관계였고, 우리 사이에 문제가 발생했을 때 아주 쉽게 이를 처리할 수 있었다. 나는 우리가 심각한 수준의 의견 불일치가 있었는지 기억나지 않지만, 또 우리가 특별히 융합적이었다고 생각하지 않는다. 우리는 서로 다르다는 것을 알고 있었다. 나는 감정이 풍부한 유대인 치료자였고, 찰스는 별 감정을 느끼지 않는 뉴잉글랜드 사람의 전형이었다. 우리는 서로에게 관심이 있었고 다른 점을 잘 알아차리고 있었다. 전이 문제와 관련해서, 찰스가 아마도 처음에 나와 우정과 형제애의 강한 감정을 가진 쌍둥이 전이로 발전하는 어떤 이상적인 전이를 가졌을 거라고 말할 수 있다.

🌱 성과 영성 관련 문제

우리의 치료적 관계가 깊어지면서, 찰스가 집단에서 다루기에는 취약하다고 느껴진 성과 관련한 문제들을 개인 작업에서 다룰 수 있었다. 그는 항암치료를 시작하면서 발생한 성생활의 변화에 대해 많은 이야기를 나누었다. 화학 요법은 그의 성욕을 마비시켰다.

성적 흥미 감소와 동시에 찰스는 나의 격려로 마음챙김 명상을 시
작했다. 찰스는 엄격한 근본주의적 개신교 교회에서 성장했고, 그
의 어머니는 매우 종교적이었다. 어린 시절 찰스는 신앙인이 아니
었다. 교회에서 그는 교회의 가르침을 공개적으로 받아들이거나
(자신이 위선자처럼 느껴짐) 그의 의구심을 표현하는 것(쫓겨나 지옥
에 갇힌 영혼처럼 느껴짐)을 똑같이 안 좋게 느꼈다. 정상적인 청소
년기 남자아이들의 성적 호기심과 자위행위로 성적 충동을 느낀
청소년 찰스는 아동 · 청소년기에 그가 죽으면 곧장 지옥으로 떨어
지고 그곳에 영원히 갇히게 될 거라는 두려움에 사로잡혔었다. 그
리하여 그가 성인이 되어 무신론을 강하게 받아들였는데, 이것이
독자들에게 놀랍지는 않을 것이다. 찰스의 무신론은 분노하고 요
구하며 성에 반대하는 신으로부터의 도피처였다. 그러나 그가 정
서적으로 성장하고 그의 성적 에너지가 감소하면서 청교도적인 신
으로부터 숨을 필요가 줄어드는 것처럼 보였고, 마음챙김 명상의
신성한 감각에 대해 마음을 열었다. 나는 찰스에게 존 카밧진(Jon
Kabat-Zinn)의 마음챙김(mindfulness)에 기반해 스트레스 감소를 살
펴보기를 권했다. 그는 현지 스승을 찾았고, 정식으로 명상가가 되
었다. 명상은 찰스에게 중심성과 평온한 새로운 감각을 주었다.

🌱 찰스의 자기감

우리의 치료 작업 초기에 찰스의 경이로운 세계는 끊임없는 자
기비난, 심한 수치심, 강한 경쟁심으로 특징지어졌으며, 그 속에서
그는 승자 또는 패자였다. 경멸은 그의 관계적 세상에서 강력한 주

제였다. 그가 이기고 있을 때 그는 다른 사람들을 경멸했고, 그가 지고 있을 때 그는 자신을 경멸했다. 앞서 언급했듯, 집단에서 상전과 하인의 두 의자 작업을 하며 울음을 터뜨린 이후 이러한 부분을 다루는 데 있어서 마음이 열려 있었고, 20년 동안의 개인치료 및 집단치료 과정에서 우리는 찰스의 과대한 측면 및 위축된 측면 그리고 그 측면들을 분열시키는 경멸에 관해 많은 작업을 수행했다. 이러한 이슈들은 그의 작업에서 반복해서 등장하고 그의 삶에서 중심이 되는 고정된 관계적 게슈탈트로 나타난다. 경멸, 자기애적 과대성과 위축, 자존감 조절의 어려움이 매우 컸다. 그것들은 우리의 개인 작업에서 내적으로, 대인 간에, 그리고 관계적으로 나타났다.

　시간이 지나며 찰스는 눈물이 흐를 때 아주 작은 수치심만을 느꼈고, 자기 자신과 다른 집단 구성원을 돌보는 마음을 표현하며, 딸과의 관계를 치유하는 먼 길을 갈 수 있었다. 그는 부모로서 더 온화해지고 인내심이 강해졌다. 그는 한편으로는 자신을 평생 벌했지만 성실하고 세심한 간병인이었던 그의 아내와 함께 지내고 있었다. 의심할 여지 없이 그의 애정관계 능력과 자신감이 향상되었고, 자기증오는 감소했으며, 일에서 즐거움이 늘어났다. 그는 친밀한 관계와 직장 내 관계에서 경멸하는 표현을 치료 과정에서 다루었고, 알아차림과 마음챙김을 통해 경멸을 다루는 방법을 배워 갔다. 이것은 그의 모든 관계에서 향상을 불러왔다.

🪴 찰스의 학문적 사고

찰스가 자신의 삶을 다르게 경험하기 시작하면서 경영 리더십에 관한 그의 생각에 변화가 생겼다. 위계, 통제, 경쟁은 비즈니스 장면의 사람들에게 더는 당연한 상황으로 보이지 않았고, 전에는 생각하지 못했던 리더십 차원인 협력, 경청, 겸손에 관해 글을 쓰고 가르치기 시작했다. 그는 경쟁이 이야기의 한 부분이라고 느끼게 되었다. 자신의 삶에서 공감의 역할이 커지는 데 적응하게 되면서 효과적인 경영 리더십에서도 공감의 가치를 인정하기 시작했다. 찰스는 자신의 최근 학문적 저술들이 공감, 협력, 이타주의에 중점을 두고 있다고 내게 말했다. 그는 이러한 변화의 일부분을 우리의 개인 작업과 집단 작업에서 나누었다.

🪴 말하지 못한 채 남겨진 문제

2012년까지 찰스의 건강이 악화하고 있다는 것이 점점 더 분명해졌다. 집단 구성원들은 매우 지지적이었고, 비록 고통스러웠지만(그리고 암 투병 중인 다른 두 집단 구성원에게 촉발 요인이 되었지만) 집단은 찰스의 곁을 지켰다. 매우 날카로웠던 찰스는 육체적으로나 정신적으로 아주 허약해졌고 때로는 혼란스러워했다. 때때로 그가 집단에 들어올 때 약간의 소변 냄새가 났지만, 집단은 그를 두 팔 벌려 환영했다.

찰스가 약해지면서 어려운 문제가 발생했다. 그의 아내가 회사회의에서 만난 남자와 관계를 맺고 있다고 말했다. 찰스는 그녀가 바람을 피우고 있다고 직접적으로 비난하지 않고 다소 에둘러 표현했다. 그러나 찰스가 그의 아내가 이 남자와 몇 시간 동안 컴퓨터와 전화로 연락하고 그와 함께 '프로젝트에 참여'하기 위해 시애틀로 날아갔다고 알렸을 때, 그의 눈 맞춤과 표정을 보면서 집단 구성원들은 마음 아파했고 믿기 어려워했다. 동시에 그의 아내는 찰스에게 세심한 주의를 기울였다. 간호사 같은 정확성으로 그의 신체적 요구를 돌보았고, 차가운 태도였지만 침착하게 그와 이야기했다.

그녀가 외도를 하고 있고 찰스의 죽음 이후 새로운 관계를 준비하고 있을지도 모른다는 명백한 의구심이 들었지만, 이 문제를 말하지 않고 두는 것이 내 관점에서 볼 때 우리 모두를 위한 연민의 행동이었다. 찰스에게 이 문제에 대한 그의 타협적 해결책은 자기 연민, 그녀에 대한 연민과 부정의 부분들을 동등하게 포함하는 것 같았다. 달리 말하면, 그의 인생에서 가장 취약한 시기에 뭔가에 맞서는 것이 엄청나게 고통스러웠을 수 있기에 이를 부정하는 중요한 창조적 적응으로 보였다. 또한 찰스에게는 이 관계에 대해 아내를 비난하지 않는 것이 연민의 행동이었다. 이때까지 찰스는 자신이 그녀에게 준 상처와 외도로 가족에게 준 피해에 대해 모든 책임을 지고 있었다. 그는 드물지만 아내와 나눈 사랑과 그녀의 친절을 소중히 여기고 그녀의 보살핌에 감사하며 자신에게 냉담하게 대하는 것을 용서한다고 자주 말했다. 그가 정서적으로 성장한 것은 사실이지만, 그가 변화했다고 해서 그녀가 그에게 따뜻한 태도를 보이리라고 기대할 수는 없었다. 집단에서 아무도 찰스의 아내가 바람을 피우고 있는지 물어보지 않았다. 나는 이것이 말하지 않고 남겨 두는 것이 나은 경우 중 하나라고 느꼈다.

🌺 우리의 마지막 개인 회기와 집단 회기

2014년 5월, 찰스는 말기 암 환자에 대한 보호 치료를 받고 있었다. 나는 그를 만나러 실리콘밸리에 있는 그의 집으로 갔다. 찰스는 집 앞에서 나를 만났고, 같이 걷자고 제안했다. 나는 그가 에너지와 힘이 있다는 데 놀랐고, 우리가 걷는 동안 강한 속도를 유지했다. 그는 내게 여전히 죽음을 끝이라고 생각하고 그 자체를 두려워하지 않지만, 고통스러운 죽음이 두렵다고 했다. 그는 우리가 함께한 일에 대해 감사를 표현했고, 우리는 서로에 대한 애정과 보살핌을 표현했다. 그는 변화된 상태에 있는 것처럼 보였지만, 자기 자신과 나에게 깊이 연결되어 있었다. 놀랍게도 우리가 걸을 때, 그는 움직이는 차 바로 앞에 발걸음을 내디뎠는데 그 차는 브레이크를 세게 밟아야 했다. 나는 아드레날린이 바로 솟구쳤고 운전자는 우리를 노려보았지만, 찰스는 아무것도 알아채지 못했다. 그는 계속 걸으며 말했고, 뒤를 돌아보며 내게 오라고 손짓을 했다. 집에 돌아왔을 때, 그는 마지막 집단 회기에 참여하는 데 동의했다.

마지막 집단 회기는 그의 상태가 악화해 예정된 일정보다 일찍 병원에서 진행되었다. 찰스는 우리를 위해 병원의 명상실을 준비했다. 그는 우리를 맞이하고 그가 놓아둔 의자 어디에 우리가 앉을지를 이야기해 주었다. 우리는 평소와 다른 집단 모임을 하고 있었다. 우리는 그에게 우리의 사랑을 전했고, 그도 우리에게 그러했다. 그는 우리 각자에게 차례로 작별 인사를 하고, 그가 우리의 성장에서 관찰한 약간의 지혜를 전해 주었다. 내 경력에서, 이 집단의 만남은 항상 매우 큰 의미와 힘의 순간으로 마음을 끈다.

찰스는 3일 후 생을 마감했다. 가족은 장례를 치렀고, 대학은 추모 프로그램을 마련했다. 우리는 게슈탈트 집단에서 실컷 울고 웃으며, 수많은 추억을 떠올리며 그를 애도했다.

🌿 게슈탈트 치료 관점에서 작업 이해하기

나의 역전이 다루기

대화는 게슈탈트 치료의 핵심이다. 나는 찰스와 첫 회기부터 그의 죽음까지 지속적인 대화에 참여했다. 비록 작업은 그에게 분명히 초점이 맞춰졌지만, 찰스는 나에게 깊은 영향을 미쳤다.

물론 그와의 초기 작업 동안 내가 그와 논의하지 않은 많은 일이 있었다. 왜냐하면 이것은 내 개인치료가 아니라 그의 치료이기 때문이다. 그러나 이 장의 목적을 위해 나는 내 사생활에서 직면했던 몇 가지 도전과 찰스와의 작업이 나에게 무엇을 가져다주었는지, 그리고 내가 무엇을 우리의 대화로 가져오기로 선택하고, 무엇을 배경에 남겨 두기로 선택했는지 논의하고자 한다.

찰스의 자기혐오가 내 안의 무언가를 인식하게 하는 것을 발견했다. 나의 첫 번째 결혼은 몇 년 전에 끝났고 내 아이들은 아직 어렸다. 그 결혼의 끝은 정말 중년의 위기이고 트라우마였다. 돌이켜 생각해 보면, 그 결혼생활을 끝내는 것은 나와 아이들 그리고 전 부인 모두에게 잘된 일이었다. 그러나 당시에는 아이들이 잘 자랄 수 있을지 걱정이 되었고, 자기비난을 하는 경향이 있었다. 그렇기에 찰스의 자기혐오는 나를 직면하는 계기가 되었다. 찰스의 자기혐오 수준은 내가 겪고 싶지 않은 정도였지만, 찰스와의 작업은 때때로 그런 종류의 감정에 위험할 정도로 가까이 나를 밀어붙였다.

찰스에게 나의 역전이를 가져온 또 다른 요인은 그의 핵심 문제들이 내 아버지에 대한 이미지, 감정, 기억을 자극했다는 것이다. 내 아버지의 경멸, 거만함, 자기혐오(끔찍한 자기애)를 찰스에게서 보았다. 아버지의 경우 그의 성격적 특성이 그를 더 좋아 보이게 했고, 노년에 심각한 수준의 우울증과 여러 차례 정신건강의학과 입원으로 인생이 무너졌다. 나는 찰스에 의해 이렇게 촉발되었고, 나를 위한 개인치료에서 이를 다루었다.

내 개인치료는 내가 찰스가 빠져 있는 절망과 자기혐오에 빠지지 않도록 도왔다. 덧붙여, 나는 『Humanizing the Narcissistic Style』(1987)의 저자인 스티븐 존슨(Stephen Johnson)의 자문집단 구성원이었다. 자기애 유형에 대한 존슨의 이해는 내가 자문집단에 자주 가져온 찰스의 사례를 다루는 데 큰 도움이 되었다. 치료와 자문집단의 지원으로 나는 무엇이 촉발되었는지에 대한 강한 알아차림을 유지할 수 있었고, 찰스를 대할 때 그와 대화할 수 있는 여유를 느꼈다.

현전

내가 찰스와 치료 장면에 있을 때 이러한 촉발 요인과 지지는 모두 배경에 있었다. 나는 매우 경계가 분명한 치료자이고, 앞에서 설명한 문제를 치료적 대화에 직접 가져오지 않는다. 찰스는 나의 이전 이혼에 대해 알지 못했다. 그는 나의 아버지 그리고 자기애와 투쟁한 아버지와 관련된 내가 지고 있는 무게에 대해 알지 못했다. 그

러나 나는 그가 내 삶의 세부적인 내용을 몰랐을지라도 내가 그의
투쟁을 이해하고 있다는 것을 느꼈다고 생각한다.

　내가 지금까지 다루지 않은 내 삶의 세부 사항에 관해 논의해 보
겠다. 내 문제와 촉발 요인에 대해 개별적으로 다루고 있었기 때문
에, 내가 찰스에게 가져와 한 것은 그와 나에게 정서적인 가용성이
있었다. 강력한 지지를 얻으면서 찰스가 내게 촉발한 문제는 그를
공감하는 데 도움이 되었다. 나는 종종 그와 작업을 하며 떠오르는
내 감정을 나누었다. 예를 들어, 그가 딸에게 참을성 없고 무관심한
아버지였다고 자책할 때 나는 어떤 슬픔에 관해 자주 이야기했고,
내 인생의 내용과 관련이 없지만 개인적인 경험을 전달할 수 있을
만큼 구체적인 나의 슬픔에 관해서도 공유했다. 나는 우리의 회기
들을 녹음하지 않았지만, 다음과 같은 주고받음이 일반적이었다.

　　찰스: 저는 딸을 위해 함께하지 못했어요. 딸아이가 적절히 행동
　　　　 하지 못했을 때 정말 너무 화가 났어요. 아버지가 제게 그
　　　　 랬던 것처럼 소리 지르며 참을성이 없었죠. 이제 딸아이는
　　　　 항정신병 약물로 엉망이 되었고 지옥에 있는 것처럼 미쳐
　　　　 있어요. 먹기 싫어하는 약에 취해 있거나 완전히 미쳐 있
　　　　 어요. 애 엄마는 정말 많은 노력을 했지만, 전 그녀를 위해
　　　　 함께하지 못했어요.
　　피터: 당신의 말을 들으니 마음이 많이 아프네요, 찰스. 당신이
　　　　 정말 많이 후회한다고 말하는 것으로 들려요. 저는 정말
　　　　 슬픔을 포용하고 자기혐오로 바뀌지 않는 게 중요하다고
　　　　 봐요. 자기혐오는 제 삶에서 파괴적인 힘이라고 생각해요.
　　　　 전 제가 사랑하는 사람들에게 무디게 대하거나 상처 준 제

실수에 대해 슬퍼하려고 노력하지만, 자기증오에 빠지지
않도록 양심적으로 행동해요.

찰스: 저도 그러려고 노력하지만, 저 자신을 용서하기가 힘들어요.

피터: 이해돼요. 당신을 위해 제가 최선을 다할게요. 용서 말이
에요. 저는 당신이 아마도 완벽하지는 않았지만, 딸을 사
랑하는 헌신적인 아버지였다고 생각해요. 그리고 제가 가
끔 말했듯이 따님의 정신질환은 기본적으로 생물학적이
지, 당신 양육의 결과가 아닐 가능성이 크다고 생각해요.

찰스: 우리가 함께 작업하던 초기에 당신이 절 위해 용서를 빌겠
다는 말을 들었다면 비웃었을 거예요. 하지만 지금은 기분
이 그때와 다르고, 그렇게 해 주셔서 기분이 좋네요.

피터: 당신이 이것을 수용해서 정말 좋습니다. 제 생각에는 당신
과 제가 이런 취약한 감정을 서로 잘 공유하는 것 같아요.
우리는 둘 다 자신의 부드럽고 약한 부분을 반기는 방법을
배우고 있네요.

찰스: 전 항상 취약한 부분을 약점으로 받아들였어요. 지금은 취
약함의 강점을 보기 시작했어요.

많은 회기에서 찰스와 나는 이런 종류의 대화를 주고받았다. 나
는 현전에 관한 게슈탈트 치료자의 접근의 한 예로 이 이야기를 들
었다. 치료자로서 내가 많이 포함되어 있지만, 작업과 내용이 환자
에 대한 것으로 줄 위를 아슬아슬하게 걷는 것과 비슷하다.

포함

부분적으로 그의 성격 특성과 마음가짐에 공감할 수 있었고 그를 좋아했기 때문에 찰스와의 대화에서 포함은 나에게 쉽게 느껴졌다. 나는 그의 관점에서 세상을 보기 위해 그의 입장이 되어 보는 것을 즐겼고, 그가 나에게 영향을 준 다양한 방식에 감사했다.

찰스는 아내의 신뢰와 사랑을 되찾기 위해서 열심히 노력했다. 언급했듯이 그의 아내는 그가 여러 해 동안 외도했을 때 그에게 얼음처럼 매우 냉담해졌고, 그녀의 마음은 녹지도 않았고 녹일 수도 없었다. 그녀가 다른 남자와 관계를 맺었을 때, 찰스의 관점을 이해하고 그를 대신해 나의 분노를 억누르며 현상학적 태도를 유지하려 노력했다. 그는 몸이 좋지 않았고, 나는 그를 매우 보호하는 기분이었다. 나는 찰스의 인생에서 이 시기에 그의 아내가 다른 남자와 교제 중일지도 모른다는 나의 의심에 분개했다. 찰스는 암이 진행되는 이 시점에서 아내의 도움이 필요하다는 것을 알았고, 그녀가 왜 그토록 그에게 화를 냈었는지에 대한 연민을 담은 놀라운 공감을 발전시켰다. 앞서 언급했듯이, 찰스는 특별히 불교적인 것은 아니지만 마음챙김과 연민이라는 불교적 감수성의 영향을 받아, 반응적 무신론에서 진실하고 미묘한 영적 감각을 키웠다. 그는 아내를 대할 때 마음챙김과 연민을 연습하며 매우 진지하게 노력했다. 나는 이 상황을 찰스의 입장에서 보려고 애썼다. 나는 그의 아내가 시애틀에 있는 남자와 관계를 맺는 것에 대해 그의 무관심이나 부정을 직면시키는 것이 별로 가치가 없다고 보았다. 우리 사이에 보통 오간 대화는 다음과 같은 것이다.

찰스: 아내는 샘(Sam)과 더 많은 연구를 같이 하기 위해 시애틀
로 갈 거예요. 그들은 많이 가까워진 것 같아요. 아내가 나
와 함께하고 싶은 마음을 조금이라도 갖고 있었으면 하는
마음뿐이에요. 그녀는 나에게 의무를 다하지만, 난 항상 그
녀가 다른 곳으로 가고 싶어 한다고 느껴요.

피터: 그녀가 당신과 이런 방식으로 지내는 게 좀 외롭게 느껴질
것 같아요. 그리고 전 그녀가 샘과 함께 일하기 위해 시애
틀에 갔을 때 좀 버림받은 느낌이 상상되네요.

찰스: 글쎄요. 그들은 프로젝트를 같이 하고 일하는 데 많은 시간
을 쓰고 있어요. 그녀가 나에 대해 열정을 가졌으면 좋겠
어요. 아내가 이 프로젝트를 하고 있고, 일은 그녀에게 좋
은 거예요. 아마 그 우정이 나를 돌보는 데 대한 위안이 될
거라고 생각해요.

이러한 종류의 대화는 찰스가 그녀와 샘의 연대 가능성에 대해
일부러 보지 않으려고 하는 것 같아서 나를 불안하게 했다. 그러나
내가 포함의 자세로 찰스의 말을 듣는 연습을 했을 때 그의 의도적
인 회피는 완전히 이해되었다. 그녀에 대한 그의 폭넓은 연민과 공
감은 이 문제를 바라보는 그의 방식에 어느 정도 지혜를 주었으며,
나는 이 문제에 대해 찰스보다 더 깊이 생각하지는 않았다. 그것은
내게 가장 연민 어린 접근으로 보였다. 내 생각에 이 접근은, 찰스
의 임종 전 그를 만나기 위해 집단 구성원들과 병원에 갔을 때 슬기
롭게 확인된 것 같다. 그의 아내는 병원에서 집단을 만났고, 그에게
매우 세심한 주의를 기울였다. 결혼생활에 존재한 어떤 복잡한 문
제들도 서로와 가족에 대한 헌신으로 대체된 것으로 보였다.

🌱 우리 작업에서의 임상적 현상학

찰스와의 작업은 현상학적으로 토대를 두었다. 현상학에 근거한 게슈탈트 치료는 내담자 경험에 대한 치료자의 해석이 아니라 그들 삶의 여러 상황에서 고유한 경험과 실험을 통해 드러나는 내담자의 경험이 무엇인지 다루려고 노력한다. 앞서 언급했듯이, 찰스가 우리 작업의 초기에 경험했던 강력한 두 가지 경험은 상전과 하인이 만나는 두 의자 작업과 맷이 집단에서 운 찰스를 부끄럽게 만든 일이었다. 찰스는 이것들을 본능적으로 느꼈다. 생생한 경험과 투쟁을 통해 그에게 새로운 알아차림과 통찰이 일어났다. 그들은 정서적으로, 신체적으로, 인지적으로 깊이 느껴졌다. 그것은 나의 해석 때문에 일어난 것이 아니라 나의 대화적 태도에 의해 지지받았다.

상전과 하인 작업에서 찰스는 그의 삶을 지배했던 용서 없고 가차 없는 감독자로서 그의 상전을 경험하기 시작했다. 이는 나의 해석이 아니라 두 의자 실험을 통한 고유한 경험에서 그의 아버지와 연결되었다. 찰스의 하인은 겁에 질려 있었고 매우 부끄러워했다. 찰스는 이를 그의 감정, 신체, 마음으로 느꼈다. 그는 이 상태를 어린 시절 성에 대해 느낀 수치심, 기독교에 대한 불신, 아버지의 완벽주의적인 비판에 대해 위축되었던 느낌과 연결했다. 이러한 통찰과 연결은 두 의자 작업에서 자연스럽게 일어났고, 수년간 우리 대화의 기초를 제공했다.

집단 작업 또한 현상학적으로 토대를 두었다. 찰스의 눈물에 대해 맷이 한 말이 그를 부끄럽게 만들었고, 찰스는 이를 집단의 지금 여기에서 다루며 자신의 경험에 머물면서 진실을 말하는 용기 있는 여정을 경험했다. 찰스와 맷의 과정에서 데이지와 나는 우리의 역할이 기본적으로 그들이 각자의 경험에 가깝게 머물고, 그들의 진실을 말하며, 그들 자신과 접촉을 유지하도록 지원하는 것이라고 보았다. 이 과정에서 둘 다 강력한 '아하' 경험을 했다. 이 토론의 목적을 위해, 나는 찰스의 경험에만 우선 머물고, 이 과정이 맷에게도 중요한 경험이었다는 것 외에는 맷의 경험에 대해 설명하지 않겠다. 찰스가 맷을 마주했을 때, 우리는 찰스에게 그의 신체적·감각적 알아차림에 주의를 기울이고 맷에 대한 가정과 투사는 괄호 속에 넣어 두고 그가 느낀 것을 자세히 표현하게 도왔다. 그는 맷이 한 말에 정말 화가 났고 매우 당황스러웠다고 말했다. 그가 자신의 경험에 머묾으로써 그의 분노는 '아하'로 바뀌었다. 그는 맷의 말이 촉발한 자신의 상처와 아픔을 알아차리기 시작했다. 우리는 찰스가 아프고 상처 입은 곳에서 정서적·신체적 경험에 머물고 이러한 감정들을 경험하면서 우리의 지지를 느낄 수 있게 격려했다. 이것은 찰스에게 처음에는 굉장한 분노와 나중에는 많은 눈물을 동반한, 힘들고 감정이 정화되는 경험이었다. 그리고 이번에는 통제하는 눈물이 아니라 깊이 지지받고 충분히 체화되며 놓아주는 눈물이었다. 나는 맷이 그 울음에 함께했다는 것을 덧붙이고 싶다. 찰스의 경험을 판단하고 부끄럽게 만들기보다 함께하는 경험으로 만들었다.

두 의자 작업과 맷과의 만남에서 찰스는 강렬하고 카타르시스를 느끼는 경험을 했으며, 자신의 창조적 조정 방식이 자주 수치심에 기반하고 자기학대적이라는 사실을 알아차리기 시작했다. 물론 이 강렬한 경험은 그 자체가 끝이 아니라 성장 과정의 시작이었다. 수년에 걸쳐 신중하고 대화를 기반으로 한 작업을 통해 찰스는 주목할 만한 새로운 능력을 발전시켰다. 그중 가장 중요한 것은 알아차림 과정 자체에 대한 새로운 알아차림이었다. 그는 자신의 자기혐오와 타인에 대한 경멸을 자신의 역사와 연결시키며 의식적으로 자기조절을 더 잘 할 수 있게 되었다. 자각 과정에 대한 그의 전념은 비종교적이고 경험에 기반한 마음챙김 연습에 마음을 열게 했다. 그는 어떻게 자신과 타인에게 좀 더 친절할 수 있을지 배웠다. 이 새로운 알아차림은 또한 그가 경영 리더십에서 협력적이고 이타적인 측면을 강조하는 경영 관리 분야에 기여함으로써 학문적 업적에서 더 많은 것을 발견하는 데 도움이 되었다.

🪴 결론

마지막 개인치료 회기에서 우리가 실리콘밸리 거리를 걸을 때, 이웃들은 찰스가 나에게 준 영향을 물어 왔다. 나는 그가 나에게 영감을 주었다고 했다. 그 또는 나를 비통함과 절망으로 이끌 수 있었던 자기증오, 경멸, 무의식적인 경쟁심과 같은 요소들은 그가 투쟁하고 있는 문제였고, 그가 놀라운 진전을 이루어 가는 것을 나는 목격했다. 그가 내게 영감을 주었고 진정한 변화가 가능하다는 것을 확신하는 데 도움이 되었다고 말했다. 찰스는 치료가 그에게 새로운 존재 방식을 열어 주었고, 마지막 10년을 그의 인생의 최고의 해로 바꾸는 데 도움이 되었다고 말했다. 그는 죽음을 맞이할 준비가 되었고, 자신의 삶이 근본적으로 좋다는 느낌을 받았다.

나는 찰스와 함께하며 내담자의 현상학적 경험, 알아차림, 대화에 기초한 게슈탈트 접근이 효과적임이 입증되었다고 믿는다. 내가 우리 작업에서 만약 해석적이었다면, 우리 사이에 문제가 되는 권력의 역동을 설정했을 수도 있다고 믿는다. 학구적이고 독립적이며 진지한 사상가였던 찰스는 자신의 경험을 소중히 여기고 수월하게 현상학적인 방법을 취했다. 그는 자신의 과정과 세상에 존재하는 방식에 대한 알아차림을 깊이 소중하게 여기게 되었다. 그는 자신의 삶에서 훨씬 더 큰 선택권을 느꼈고, 부드러움, 연민, 사랑에 대한 능력을 키웠다.

심리치료 작업에서 우리 종사자들은 많은 삶을 접하고 많은 이들에게 감동을 받는 기회를 갖는다. 심리치료의 과정은 환자의 이익을 위한 것이지만 우리를 변화시키지 않을 수 없다. 찰스는 여러 측면에서 내 삶에 영향을 미쳤다. 우리의 협력에 대한 그의 헌신과 진정한 변화를 위한 그의 뛰어난 능력에 대해 감사하다. 나는 항상 그를 기억하고 내 인생에서 그에게 받은 영향을 소중히 여길 것이다.

참고문헌

Johnson, S. (1987). *Humanizing the narcissistic style*. New York: W. W. Norton.

제11장

게슈탈트 집단치료의 관계적 발달 차원으로서의 사회적 알아차림

Peter H. Cole & Daisy Reese

우리가 평화를 얻으려면 평화를 이루어야 한다.

그렇지 않으면, 그들의 전쟁이 다가올 때, 우리도 그에 대한 책임을 져
야 한다.

－폴 굿맨(Paul Goodman)

제2장에서 우리는 게슈탈트 집단치료의 관계적 발달을 위한 아
홉 가지 측면을 논의했다. 이 장에서 우리는 더 넓은 세상에 대한
게슈탈트 집단치료 구성원들의 관계를 살펴보고, **사회적 알아차림**
(social awareness)을 관계성과 관계적 발전의 중요한 구성요소로 소
개한다. 사회적 알아차림은 몇 가지 능력으로 구성되며, 우리는 사
회적 알아차림을 다음과 같이 정의한다.

- 자신의 사회적 · 정치적 환경에 대해 생각하는 것
- 자신의 사회적 · 정치적 환경과의 자신의 연결을 느끼는 것
- 더 넓은 사회적 · 정치적 세상에서 일어나는 일에 대한 자신의
  반응을 느끼는 것
- 힘 있는 사회적 행동을 취하는 것

우리는 항상 더 넓은 장에 속해 있기 때문에, 사회적 · 정치적 환

경과의 연결을 느끼는 것은 반응하고 책임지며 권한을 부여받은 생활의 기본이다. 게슈탈트 집단치료는 포괄적이고 민주적이며 지지적인 집단 문화로 집단 구성원들의 사회적 알아차림을 기본적으로 발달시킬 수 있게 지지하려 노력한다. 집단은 어떤 정치적 이념을 촉진해서가 아니라 광범위한 분야에 대한 집단 구성원들의 연결과 반응을 지지함으로써 사회적 반응성을 위한 촉진적 환경을 만들게 된다. 이 탐색에서 우리는 주로 게슈탈트 치료의 주요 사회적 사상가인 필립 리히텐버그(Philip Lichtenberg), 폴 굿맨(Paul Goodman), 어빙 폴스터(Erv Polster) 세 명의 작업을 통해 안내할 것이다.

필립 리히텐버그 박사는 게슈탈트 치료자이고, 나(피터)는 그와 함께 브린 모우어 대학의 사회사업과 사회조사 대학원에서 공부할 수 있는 행운이 있었다. 리히텐버그는 그의 저서(1990)에서 '해방 심리학(Liberation Psychology)'과 관련하여 모든 사회 구성원은 현대 사회 질서 속에서 학대, 경쟁, 분열 세력에 의해 깊은 영향을 받고, 사회 변화의 작업은 필수적으로 이들의 영향을 다루는 것을 포함한다고 설명한다. 그의 연구에서 리히텐버그는 지크문트 프로이트(Sigmund Freud), 알프레드 아들러(Alfred Adler), 산도르 페렌치(Sandor Ferenczi), 폴 굿맨, 어빙 폴스터 등 사회적으로 진보적인 정신분석가와 게슈탈트 치료자들의 목소리로부터 임상적 통찰을 제공한다. 프로이트는 보통 비관적이고 보수적인 사상가로 생각되지만, 리히텐버그는 프로이트의 저술에는 자기−사회 통합을 지지하는 프로이트와 자기−사회 격차를 옹호하는 프로이트라는 두 가지 구분되고 대립하는 줄기가 있다고 주장한다. 리히텐버그의 업적은 게슈탈트 집단치료 참여자들이 그들의 사회적 알아차림을 발전시킬 방법을 이해하기 위한 가치 있는 이론적 틀을 제공한다.

폴 굿맨 박사는 게슈탈트 치료 창간서인『Gestalt Therapy: Excitement and Growth in the Human Personality』(1951)의 공동 저자이고, 그는 게슈탈트 치료가 건강의 사회적 차원으로 방향을 설정할 수 있도록 도왔다. 굿맨은 내담자가 현대 비인간적인 시대에 적응하도록 돕는 심리치료와는 상당히 다른 게슈탈트 치료를 발전시키면서 개인, 집단, 공동체의 자기조정을 존중하는 접근 방식을 추구했다(Stoehr, 2013). 게슈탈트 치료에서 그는 사람과 집단이 그들의 필요, 열망, 욕구에 따라 자기조정을 할 수 있다는 매우 인본주의적인 접근 방식을 발전시켰다. 그는 분권화되고 민주적인 사회 질서라는 제퍼슨 식(Jeffersonian)의 공화주의 이상에서 영감을 얻었다. 그는 기업의 권력과 좌파, 우파, 중도 정부를 포함한 관료주의적인 권력을 의심했다. 그의 전기 작가 테일러 스토(Taylor Stoehr)는 다음과 같이 말했다(2013, pp. 16-17).

> 조직화된 시대에 사는 치료자에게 이것은 대면 공동체를 소생시키고 전통적인 가치를 되찾는 의미였고, 그들은 의사나 목회자처럼 도덕적이고 정치적인 노력을 시도했다. 굿맨의 치료 개념은 치유가 문화로부터 고립되어 일어날 수 없으며, 나아가서 우리가 사는 시대에서는 문화 자체가 치유되어야 한다는 자각에서 시작되었다.

잭 아일워드(Jack Aylward) 박사는 게슈탈트 치료의 사회적 차원에 관한 그의 훌륭한 저서『Gestalt and the American Experience』(2012, pp. 180-181)에서 프리츠 펄스(Fritz Perls)의 치료적 혁신과 폴 굿맨의 사회적 변화의 헌신 간 연결의 매끄러움과 상호보완성에 대해 논의했다.

> 프리츠가 치료적 환경에서 다루었던 것을 굿맨은 좀 더 일반적으로
> 사회적, 정치적, 예술적 관심사의 광범위한 장면에서 활동가로 참여하
> 며 부딪혔고, 이것이 적어도 환자의 안녕을 위한 개인치료만큼 중요하
> 다고 믿었던 변화의 유형을 위해 지속해서 노력했다. 프리츠의 임상적
> 천재성과 폴의 인본주의적 세계관이 집중된 작업은 전반적인 치료적 활
> 력을 뒷받침할 수 있는 필요충분조건이라는 믿음을 설립했다. 이처럼
> 더 포괄적인 관점에서, 우리는 치료자로서 임상적으로 하는 일과 다양
> 한 환경적 관심을 둘러싼 관련성 사이에 일어나는 것들이 서로 합류하
> 는 연결성을 인식하기 시작할 수 있다.

폴 굿맨이 심리치료, 문화, 사회의 통합을 우리에게 보여 주는 동
안에 어빙 폴스터 박사(2015)는 다소 다른 관점에서 심리치료와 공
동체 사이의 관계를 구체화하고, 심리치료의 통찰에서 빌려 온 새
로운 공동체 기반의 대규모 집단을 설립했다. 그는 이러한 대규모
집단을 '라이프 포커스 커뮤니티(Life Focus Communities)'라고 이름
붙였다. 폴스터는 일반적으로 당연시되는 가정들을 받아들이지 않
는 온건한 급진적 게슈탈트 치료자이다. 그 가정 중 하나는 심리치
료와 공동체 생활 간 분리이다. 이러한 가정 중 또 다른 하나는 세
속적인 심리치료적 관점과 전통적인 종교적 관점 사이의 분리이
다. 폴스터는 보통 사람들에게 그가 설립한 라이프 포커스 커뮤니
티에서 이러한 분리된 세계들을 연결하고, 공동체 기반 환경에서
(초자연적인 것에 의지하지 않고) 종교 생활이 제공하는 확신 및 안내
와 함께 인간 조건에 대한 심리학적 통찰과 성장 및 치유를 위한 심

리치료의 로드맵에 의한 모든 정보를 제공받으며 최고의 전통적인 공동체 생활을 제시했다. 폴스터의 라이프 포커스 커뮤니티는 '공동체적 단결의 힘과 개인의 자유에 대한 역설적 옹호'에 중점을 둔 게슈탈트 집단치료와 공통점이 많다(Polster, 2006, p. 168). 우리는 그러한 분위기가 집단 구성원들 사이에 더 크고 좀 더 세련된 사회적 알아차림의 출현을 위한 훌륭한 토양을 제공한다는 점을 발견했다.

이 장에서 우리는 한 사람의 '사회적 환경(social surround)'에 관해 이야기하려 하고, 잠시 그 용어를 정의해 보고자 한다. 한 사람의 사회적 환경을 언급할 때, 우리는 그 사람이 자신의 사회적 환경을 생각할 때 전경에 떠오르는 것이 경향성이 있다고 생각한다. 외부로부터 한 사람을 그의 사회에 자리 잡게 하는 방법은 무수히 많기 때문에 우리가 언급하는 것은 주관적인 경험이다. 한 사람의 사회적 환경은 그 사람이 살면서 경험하는 사회이다. 한 사람의 사회적 환경은 고정되어 있지 않으며 맥락에 따라 바뀐다. 이 장에서 우리는 게슈탈트 집단치료에 참여하면서 더 큰 사회적 알아차림을 만들 수 있었던 여러 집단 구성원에 관해 이야기할 것이다. 그중 한 구성원의 사회적 환경은 어린 시절 그를 성적 학대로부터 보호하지 못한 교회였다. 다른 집단 구성원의 경우 그녀의 사회적 환경은 백인이기 때문에 당연히 특권을 누리는 백인 여성으로 가득 찬 세상에서 흑인 여성인 경험이다. 또 다른 사회적 환경의 예는 세대 간 가족 트라우마를 경험한 유대인이 도널드 트럼프의 우세와 백인 민족주의를 다루는 경험이다. 그리고 또 다른 사회적 환경의 예는 엘리트 세계에 속해 있었지만 성 정체성의 이유로 그 세계에서 배제되는 불편함이다.

우리는 또한 이 장에서 '지지(support)'라는 용어를 자유롭게 사용하며, 리히텐버그의 지지에 대한 정의를 공유하고자 한다(1990, p. 142).

> 나는 지지를 새로운 경험을 할 때 온전한 감각이 함께 진행되는 능력을 만드는 내 · 외적 모든 요소 또는 요소들의 집합체라고 정의한다. 새롭고 도전적인 상황에서 개인이 느끼는 진실성을 보존하고 격려하는 것은 그 사람을 지지하는 것으로 볼 수 있다.

우리는 리히텐버그의 정의에 감사하고, 사회적 알아차림의 발달이 그가 설명하는 지지의 종류와 정확히 같은 것을 요구한다는 점을 발견했기에 그의 지지에 관한 정의가 사회적 알아차림에 대한 이 장과 관련이 있다고 보았다. 즉, 집단 구성원이 깊이 있고 어려운 사회적 경험을 탐색하는 동안에 존중과 연결을 유지해야 한다.

🌱 게슈탈트 집단치료에서 사회적 알아차림 발달을 위한 원칙

리히텐버그의 해방심리학, 굿맨의 공동체 저술, 폴스터의 라이프 포커스 커뮤니티에 관한 작업 등을 바탕으로 우리는 게슈탈트 집단치료에서 사회적 알아차림을 발달시킬 수 있는 몇 가지 원칙을 개발했다. 이 장에서 우리는 각각의 원칙과 이러한 원칙들이 어떻게 게슈탈트 집단치료에서 적용되는지 몇 가지 관련 사례를 들어 설명하고 탐색할 것이다. 게슈탈트 집단치료에서 사회적 알아차림을 증진하기 위한 우리의 네 가지 원칙을 다음과 같이 소개한다.

- 우리는 게슈탈트 집단치료 구성원들이 그들의 사회적 환경과 관련해서 새로운 방식으로 생각하고 느끼도록 상호 지지를 주고받을 수 있는 공동체 의식과 연결성을 추구한다.
- 우리는 동등한 사람들 사이의 인간적 접촉과 대화를 추구한다.
- 자기−사회 통합의 심리학에서 개인이 자신의 감정에 따라 행동하는 경험은 사회적 안녕을 향상시키는 경향이 있다.
- 우리는 집단 구성원의 사회적 환경과 관련한 정서적 반응, 주관성, 자율성 등 그들의 장(field)에 대한 차별화된 반응을 지원하려 노력한다.

우리는 게슈탈트 집단치료 구성원들이 그들의 사회적 환경과 관련해서 새로운 방식으로 생각하고 느끼도록 상호 지지를 주고받을 수 있는 공동체 의식과 연결성을 추구한다

최근 몇 년 동안 어빙 폴스터는 자신의 상당한 지성과 상상력을 라이프 포커스 커뮤니티 발전에 쏟았다. 이는 건강하고 충만한 삶을 살기 위한 깊은 인본주의적 접근을 지지하는 대규모 집단 형성을 위한 혁신적인 접근 방법이다. 우리는 폴스터의 라이프 포커스 커뮤니티가 게슈탈트 집단치료와 매우 밀접한 관련이 있다고 생각한다. 폴스터는 라이프 포커스 커뮤니티를 심리치료의 "사회적 후손(social offspring)"으로 지칭한다(2015, p. 193). 우리는 라이프 포커스 커뮤니티가 게슈탈트 집단치료의 첫 번째 사촌이라고 생각한다. 둘 다 집단 구성원이 설 수 있는 새롭고 다른 기반을 제공한다.

이 기반은 집단 구성원의 일반적인 가족 및 사회적 환경과 다르다. 그것은 집단 구성원이 자신의 삶에서 새로운 관점을 얻을 수 있는 지지와 연결의 장소이다. 그렇게 함으로써 집단 구성원은 자신의 사회적 환경에 대해서 더 강하고 더 깨어 있는 연결을 발전시킬 수 있다.

라이프 포커스 커뮤니티는 심리치료의 한 형식이 아니라는 점에서 게슈탈트 집단치료와 다르다. 라이프 포커스 커뮤니티에서는 참가자의 알아차림, 공동체, 의미에 대한 감각 등을 키우기 위해 심리치료의 많은 통찰과 방법론을 빌려 갔다. 라이프 포커스 커뮤니티와 게슈탈트 집단치료의 공통점은 둘 다 사람들을 한곳으로 모으고, 공동체를 육성하며, 해당 공동체 내에서 연결감을 발달시키는 데 참여한다는 것이다. 연결성의 중요한 차원은 우리의 사회적 환경과의 연결이다. 폴스터에 따르면, "라이프 포커스 커뮤니티에 관해 기술하는 나의 사명은 개인치료에서보다 더 광범위하다. 그리고 라이프 포커스 커뮤니티는 고통스러운 삶에 관한 관심을 넘어서서, 보통 사람들이 서로 어떻게 사는지 살펴보도록 분명하게 설계되었다."라고 한다(p. 165). 궁극적으로, 집단 구성원이 갖는 사회적 환경과의 연결성이 사회적 변화에 참여하기 위한 책임감을 일깨울 수 있을 것이다.

자신의 사회적 환경에 대한 연결성은 알아차림에서 시작된다. 이러한 알아차림은 개인의 사회적 환경과의 관계가 두려움과 분노처럼 강한 감정으로 가득 차 있을 때 지지하기 어려울 수 있다. 강한 감정과 더불어 이 영역에는 종종 고정된 게슈탈트가 포함된다. 즉, 집단 구성원이 그들의 사회적 환경과의 관계를 분석하고 알아차리기 시작할 때 작용하는 복잡한 동일시와 소외의 패턴이 있다.

집단 구성원은 종종 게슈탈트 집단치료에서 자극과 지원을 받았을 때 깊이 내재된 그들의 사회적 환경에 대한 적응 패턴에 대한 알아차림을 발전시킬 수 있다. 일반적으로 우리는 알아차림이 개인의 유년기 경험에서 시작되어 더 넓은 사회적 환경으로 확장되는 것을 본다.

고정된 게슈탈트 다루기: 학대자와 동일시

맷(Matt)은 백인 이성애자이고 52세의 변호사이다. 그는 아버지가 누구인지 몰랐고, 어머니는 식당 종업원으로 일했다. 맷은 가톨릭 신자로 자라났고, 독실한 그의 어머니는 동네 성당 교구에 참여했다. 그의 어린 시절에 너무나 흔했듯, 그가 다니던 교구의 신부는 맷이 아주 어렸을 때 그를 성추행하기 시작했다. 학대는 맷의 어린 시절 내내 지속되었다. 맷은 매우 보수적이고 낙태와 동성애를 반대하는 가톨릭 신자로 성장했다. 그의 우울증과 음주 문제로 아내가 그를 떠나겠다고 협박하자, 그는 치료를 시작했다.

개인치료에서 맷은 처음으로 어린 시절 학대에 관해 이야기하기 시작했다. 그는 곧 자신에게 음주 문제가 있음을 이해하고 처음에는 마지못해 알코올 중독자 자조모임(Alcoholics Anonymous: AA)에 참여했지만, 나중에는 열정적으로 임했다. 개인치료와 알코올 중독자 자조모임에 참여한 지 1년 후, 맷은 데이지(Daisy)와 내가 공동으로 이끄는 게슈탈트 치료집단에 참여했다. 여기에서 맷은 집단의 지지를 받으며 지금까지 그가 살아오면서 그의 지각을 강력하게 형성해 온 고정된 게슈탈트에 관해 알아차리기 시작했다. 그것은 자신을 성추행한 사제와 그 신부를 보호한 교회와 동일시한 것이다.

맷은 학대에 대한 일차적 책임이 자신에게 있다는 확신이 있었고,

집단에서 "이런 일은 호기심 많은 10대에게 항상 일어나요."라고 말했다. 그는 자신에게 문제가 되는 행동을 했던 '좋은 신부였던' 사제에게 악의가 없었다. 집단에서 자신의 이야기를 나누면서 그는 많은 공감을 얻었지만, 자신이 희생된 방식에 분노하기도 했다. 한 집단 구성원이 설명을 요구했다. "학대는 10대가 아니라 어렸을 때부터 시작되었다고 하지 않았나요? 어떻게 10대의 성적 호기심을 탓할 수 있나요?" 이 의견은 집단의 많은 지지와 함께 맷에게 감정과 반응의 완전히 새로운 영역을 열어 주었다. 집단 구성원들은 "왜 교회가 당신을 보호해 주지 않았나요?"와 같은 새롭고 참신한 질문을 던졌다. 맷이 이 질문을 주의 깊게 살펴보았을 때, 그는 매우 충격을 받았고 동시에 모든 게 너무 친숙하게 들렸다. 그는 여러 지역의 사제들이 성추행 혐의로 인해 다른 주에서 맷의 교구로 보내졌다는 오래된 신문 기사를 발견했다. 그는 자신을 괴롭힌 신부가 먼 지역사회에서 쫓겨난 사람 중 한 명이라는 사실을 확신했다.

시간이 지나며 맷은 자신이 학대자와 동일시되는 과정을 더 잘 자각하게 되었고, 성추행에 대한 책임이 있는 사람은 자신이 아니라 신부임을 알게 되었다. 이 깊은 알아차림은 맷의 세계관에 극적인 변화를 가져왔다.

이제 맷은 자신의 관점에서 그의 삶과 상황을 보고 느낄 수 있게 되어 우리가 알고 있는 게슈탈트 집단치료의 '존재'가 질적으로 크게 향상되었다. 새로운 존재와 생기가 그의 지적이고 관계적인 삶에 스며들었다. 그는 보수적인 가톨릭교회를 떠나 사회 정의를 지향하는 새로운 공동체를 설립했다. 그는 자신의 학대에 관한 마음을 움직이는 이야기를 진보적인 가톨릭 잡지에 기고했다. 그는 자신의 이야기와 연결성을 찾고, 자조 모임의 지지를 통해 금주에 성공했으며, 자신

을 학대한 사람과 그 사람을 지원한 기관에 대한 분노를 충분히 다룬
결과, 그것이 주로 반영된 결과였던 우울증을 크게 극복했다.

우리는 게슈탈트 집단이 통상 그들의 가족 및 사회와는 다른 무
게 중심을 발견할 수 있는 상호 지지적인 공동체로서 의미를 보여
주는 한 예로 맷의 이야기를 여기에 공유했다. 맷은 그의 보수적이
고 위계적인 교회와 그의 종교적인 가족 내에 속해 있었기 때문에,
게슈탈트 집단치료에 참여하기 전에는 자신의 학대에 대해 다르게
생각하고 느끼는 데 필요한 분리가 없었다. 그가 설 수 있는 새로운
기반을 제공한 개인치료, 게슈탈트 집단치료, 자조 모임 등 모든 지
지와 함께 맷은 학대자와 동일시하고 있는 자신의 고정된 게슈탈
트를 확인할 수 있었고, 그의 사회적 환경에 대한 새로운 이해와 에
너지를 발전시킬 수 있었다.

우리는 동등한 사람들 사이의 인간적 접촉과 대화를 추구한다

점점 더 비인간적이고 기술이 주도되는 세상에서 게슈탈트 집단
치료는 적은 기술, 물리적인 것, 인간성을 확고히 한다. 간단히 다
른 사람들과 함께 방에서 둥글게 둘러앉아 함께 있는 것의 힘은 과
소평가될 수 없다. 최근 수십 년 동안 시민권에 필요한 기본 기술들
이 감소했다. 여기에는 다른 사람들과 함께하고 대화할 수 있는 능
력, 우리 삶의 조건에 대해 다른 사람들과 토론하는 능력이 포함된
다. 폴 굿맨은 "집단치료는 관심을 갖고 찾아오는 친밀한 이웃 간
의 사랑과도 같다."라고 적었다(2011, p. 43). 굿맨의 이웃, 국가, 세
계를 아우르는 더 넓은 장의 동료 시민이라는 점에서 이웃과 이웃

간의 연결로서 집단에 대한 이미지에 감사하다. 굿맨은 불의, 비인간적 관료주의, 불평등, 폭력에 현명하게 맞서 싸울 수 있는 정보에 입각한 책임감 있는 시민의식을 크게 지지했다. 게슈탈트 집단치료는 단순히 구성원들이 서로 접촉할 목적으로 방 안에 함께 있을 수 있는 공간을 만듦으로써 그러한 시민권 증진을 위한 과정의 토대를 마련한다.

게슈탈트 집단치료에서는 리더를 포함한 모든 집단 구성원이 동등하게 만나서 그들의 사회적 알아차림 발달을 포함한 다양한 성장의 측면을 상호 지지한다. 리더는 분명히 집단 내에서 수행할 고유한 역할이 있고 집단 구성원과 다른 책임이 있으며 집단에서 전문적인 경계를 유지해야 하지만, 리더 역시 동등하다. 리더는 다른 집단 구성원 못지않게 자신이 속한 사회에서 영향을 받고, 사회적 주체로서 자신의 민감성을 가져오는 것이 중요하다. 리더는 특정 의견에 특권을 부여하지 않도록 주의해야 한다. 그렇지 않으면 집단 구성원이 그들의 사회적 경험을 탐색할 때 촉진자 역할의 능력을 잃어버릴 수 있다. 여기에서는 리더에게 기술과 절묘함이 요구된다. 리더는 자신이나 특정 구성원의 견해에 특권을 부여하지 않으며 모든 구성원의 탐색을 촉진하는 리더 역할을 수행하면서, 동시에 리더 자신도 더 큰 장의 영향을 받는다는 사실을 분명히 한다. 리더는 집단에서 사회적 경험을 탐색할 때 집단과 함께 균형을 유지해야 한다.

더 큰 사회적 알아차림 능력을 키우는 것은 모두의 일이다. 게슈탈트 집단치료는 일부 집단 구성원을 억압하는 자 또는 억압받는 자로 규정하지 않는다. 대신에 우리는 모든 집단 구성원이(그리고 사회의 모든 구성원이) 현재 사회 질서의 부당하고 억압적인 측면에 어떤 부분에서는 참여하고 다른 부분에서는 저항한다고 본다. 리히텐버그(1990)가 지적한 바와 같이, 우리는 모두 우리의 사회적 지위와 상관없이 우리가 살고 있는 사회에 심리적으로나 사회적으로나 강하게 적응했다. 따라서 우리는 모두 다양한 방식으로 현상을 유지하는 데 투자하고 있다. 게슈탈트 집단치료에서는 힘이 있다고 인식되는 사람과 힘이 없다고 지각되는 사람을 동등하게 존중한다. 반유대주의에 관한 논쟁에는 유대인과 유대인이 아닌 사람들이 동등하게 참여한다. 인종차별에 대한 논의에는 모든 피부색의 구성원이 동등하게 포함된다. 돈과 계급에 대한 논의에는 부자, 가난한 사람, 중산층이 동등하게 포함된다. 모든 집단 구성원은 자신을 표현하고 서로를 경청하며 서로의 관점을 배울 수 있도록 지지한다. 이러한 논의는 필연적으로 집단 구성원 간 서로 접촉하고 대화할 수 있는 기회가 되는 차이를 낳는다.

장의 모든 목소리를 환영한다

우리 집단은 회기의 중반쯤에 있었다. 한 남성 집단 구성원은 최근의 수술로 그날 중간에 외출을 했고, 아홉 명의 백인 여성과 한 명의 아프리카계 미국인 여성이 참여했다. 몇몇 백인 여성이 집단에서 다양한 주제에 대해 작업하고 논의했다. 어느 순간 아프리카계 미국인인 린(Lynne)이 너무 화가 나서 "전 백인 여성들과 좀 문제가 있어요. 전 여기 있는 백인 여성들에게 모두 '여러분은 온 세상을 가졌고, 하는 일은 그저 불평이군요.'라고 말하고 싶어요!"라고 했다.

우리가 지향하는 것은 많은 이야기를 지원하는 것이고, 우리는 린이 그녀의 감정을 표현하도록 도움을 주는 것이 중요하다고 느꼈다. 우리는 그녀에게 좀 더 말해 달라고 요청했다. "제가 말을 못하게 된다면 전 집단을 떠나야겠어요." 나[피터]는 모든 집단 구성원의 감정이 환영받듯 그녀의 감정도 환영한다고 확신을 주었다. "전 백인 여성들과 함께하는 것이 정말 어려워요. 전 남자들과 훨씬 잘 지내고, 빌(Bill)이 너무 그리워요." (빌은 외출한 구성원이고 그도 백인이었다.) "그는 여러분과는 달라요. 그가 주변에 있을 때 전 이방인이라고 느껴지지 않아요."

백인 여성 중 한 명인 글래디스(Gladys)는 "전 당신의 감정에 매우 개방적이지만, 동시에 저도 제 삶에서 일어나는 일을 이야기하는 데 있어서 안전하다고 느끼고 싶어요."라고 말했다.

린: 전 제가 느끼는 걸 나누어야겠어요. 그렇지 않으면 집단을 떠나야 할 것 같아요. 전 이렇게 말하는 게 일종의 규칙을 어기는 것 같은 기분이에요.

글래디스: 네, 알 것 같아요. 저도 뭔가 규칙을 어기는 것 같아요. 제가 뭔가 잘못하고 있는 것 같아요.

피터: 전 한발 물러서서 여기에서는 각 개인의 관점이 중요하다고 집단 전체에게 말하고 싶습니다. 인종 문제에 관해 이야기하는 것은 결코 쉬운 일이 아니고, 우리 사회가 이러한 문제로 혼란에 빠져 있어서 인종 문제를 집단 과정에 가져올 때 우리는 반드시 어려움과 불편함을 느끼게 될 겁니다. 제가 집단 모두에게 말하고 싶은 점은 이 논의가 그만큼 중요하다는 거죠. 우리는 모두 인종에 대해 이야기할 공간이 필요하지만 제대로 하지 않았죠. 우리는 이 토론으로 서로의 발을 밟을 수도 있어요. 하지만 상대방이 "아야"라고 말할 수 있는 한, 우리는 어떤 어려움도 헤쳐 나갈 수

있어요.

린: 전 제 모든 걸 이 집단에 가져오고 싶어요. 그 일부는 제 분노
  이기도 하지만, 또 일부는 제 사랑이기도 해요. 제가 모든
  걸 여기 가져올 수 있는 한, 전 괜찮아요.

글래디스: 제 문제에 관해 이야기할 때 괜찮나요?

린: 당신이 괜찮다면 저도 반응을 하고 싶어요.

글래디스: 네, 물론이에요.

린: 그럼 전 괜찮아요.

글래디스: 저도요.

물론 이 대화는 글래디스, 린, 다른 집단 구성원들이 더 많은 공
유를 하면서 계속되었다. 우리는 동등한 만남의 개념을 설명하기
위해 이 장면을 예로 들었다. 각 구성원의 이야기는 존중되고 집단
지성에 추가된다. 집단이 유색인종이나 소수집단에 속한 구성원을
침묵시킨다면, 그 사람은 집단의 지배적인 서사에 녹아들기를 강
요받게 된다. 반면, 리더가 불이익을 당할 수 있는 구성원의 입장에
서 '공식적인 제재'를 가한다면, 리더는 집단에 새로운 권력 구조를
설정하고 대화를 억제시키며 새로운 거대 서사(master narrative)를
만들게 된다. 게슈탈트 집단치료에서 모든 '거대 서사'는 평등과 대
화의 원칙에 반대된다. 우리의 과제는 동등한 사람들 사이의 대화
를 촉진하는 것이다. 모든 사람의 목소리가 들리고 존중된다면, 우
리는 모든 특권을 가지고 있는 것처럼 보이는 사람들이 그들 스스
로는 매우 깊은 제약이 있고, 특권이 없어 보이는 사람들이 다양한
방식으로 힘을 행사한다는 사실을 알게 된다. 우리의 삶은 모두 특
권과 억압이 복합적으로 뒤섞여 있다.

대화는 우리 삶 전체에서 권력과 특권의 복잡성을 폭로하는 방법을 가지고 있다. 리히텐버그의 해방심리학은 건강하지 못한 지배의 경험을 이해하는 데 도움이 되고, 린이 집단에서 백인 여성에 대한 분노를 말할 권한이 없거나, 글래디스가 린이 흑인 여성으로서 그녀의 감정을 표현하는 것에 겁을 먹고 자신의 경험을 억누를 때 압축된 융합이 일어난다. 이것은 지배의 융합이다. 한 사람의 이야기가 지배적인 '거대 서사'가 되고, 다른 모든 집단 구성원은 그 서사에 녹아들어야 한다. 게슈탈트 집단치료에서 동등하게 만난다는 것은 모든 관점이 존중된다는 의미이다. 집단의 작업은 서로의 견해를 듣고 자신의 관점을 이야기할 때 펼쳐지는 대화에서 찾을 수 있다.

따라서 대화는 사회적 알아차림이 샘솟는 토양이다. 우리는 자신을 표현하고 서로를 경청할 때 지배의 융합과 차별화되며 우리 자신의 경험 그리고 반응과 더 깊이 연결된다. 다음 단락에서 살펴보겠지만, 우리의 경험과 반응에 대한 이 기초는 사회적 환경에 참여하기 위한 새로운 책임감을 불러일으킨다. 그것은 사회적 알아차림의 목소리이다.

자기-사회 통합의 심리학에서 개인이 자신의 감정에 따라 행동하는 경험은 사회적 안녕을 향상시키는 경향이 있다

제1장에서 논의한 바와 같이, 게슈탈트 집단치료는 감정과 행동의 연결을 다룬다는 관점에서 자기-사회 격차와는 반대되는 자기-사회 통합의 접근 방식을 취한다. 나(피터)의 1998년 논문 「Affective Process in Gestalt Therapy」에서 나는 지지와 알아차림

이 가리키는 힘 있는 행동과 함께 장에 대한 유기체의 반응으로서 영향을 미치는 정서 모델을 소개했다. 게슈탈트 집단치료의 자기-사회 통합 심리학에서(Lichtenberg, 1978) 우리의 정서적 반응은 알아차림에 충분한 지지가 주어지고, 권한이 부여되며, 효과적인 행동을 지시하는 지능의 한 형태이다. 반면, 알아차림 밖에서 감정이 작용할 때 그것들은 덜 효과적이고 덜 통합적으로 작용하는 경향이 있다. 가끔은 알아차림 밖에서 감정이 파괴적으로 작용할 것이다.

우리는 항상 공동체, 사회, 국가, 세상을 포함한 거대한 장에 속해 있기 때문에 우리가 느끼는 것은 우리가 속한 모든 것과 관련이 있다. 때때로 사람의 감정은 그들의 친밀한 관계에서 할 수 있는 행동을 가리킨다. 알아차림이 더 잘된다면 동일한 감정들이 사회적 행동에 영향을 줄 수 있다.

행동을 알려 주는 감정의 두 가지 예

제인(Jane)의 남동생은 장애가 있고 휠체어를 탄다. 그는 의사에게 가거나 쇼핑을 할 때 등 종종 제인이 필요했다. 하지만 그는 직접적으로 제인에게 도움을 요청한 적이 없고 그를 돌보는 것이 제인의 일이라고 생각했다. 게다가 그는 제인이 도와줄 때 자주 짜증 내고 무례하게 대했다. 집단에서 제인은 이 상황에 대해서 크게 분노를 느꼈다. 우리는 그녀의 '남동생을 빈 의자에 앉히고', 제인은 그곳에 앉아 있는 상상의 사람에게 분노를 표현했다. 이 작업에서 제인은 어린 시절 동생의 장애에 대해 얼마나 책임감을 느꼈는지 알게 되었다. 분노의 의미를 새롭게 알아차리면서 제인은 다음 회기에서 그녀의 인생에서 처음으로 동생과 한계를 설정했다고 말했다. 그녀는 동생에게 지금부터 도움받고 싶으면 정중하게 요청해야 하고, 그녀에게 함부로 대하지 말아야 한다고 알려 주었다고 했다.

사람이 느끼는 감정은 더 광범위하게 사회적 이슈와 관련될 수 있으며, 지지를 받을 때 사람의 감정은 사회적 행동의 방향을 알려 줄 것이다.

집단의 지지로 제인은 분노를 더 잘 다룰 수 있었다. 어떤 면에서 분노는 그녀가 동생에게 자신을 주장해야 한다는 신호(signal)이며, 동생이 그녀를 당연시하고 무례하게 대하는 것은 옳지 않다는 신호이다. 더 깊은 수준에서 분노는 제인의 더 넓은 사회적 알아차림을 향한 상징(symbol)이다. 이 수준에서 그녀의 감정은 끓어오르고 강해지며 더 넓은 장을 향해 도달한다. 시간이 지나며 구성원 간 많은 대화가 오가고, 제인은 그녀의 원가족 내의 성차별을 자각하게 되었다. 그녀는 유일한 딸로서 부모로부터 남동생의 간병인으로 지정되었다. 그녀의 다른 두 남자 형제는 장애가 있는 남동생을 돌보는 일을 거의 하지 않았다. 모든 것이 제인한테 떠넘겨졌다. 그녀의 어머니는 알코올 중독자였고, 그녀의 아버지는 폭력을 행사했다. 제인은 가정 내에서 소녀들을 차별적으로 취급하는 것을 당연시하는 성차별적 사회의 일부이자 그 자체로 매우 학대적이고 폭력적인 가족 체계에 갇혀 있었다.

제인의 사회적 알아차림은 집단에 참여하면서 수년에 걸쳐 성장했고, 그녀의 정치적·사회적 자각은 삶의 선택들에 지대한 영향을 미쳤다. 그녀는 자신이 더는 어린 시절의 많은 패턴이 반복되는 일부일처제나 이성 관계에 관심이 없다는 것을 깨달았다. 그녀는 일부일처제보다 양성애자로 여러 사람과 연애를 할 때 더 만족스럽다는 것을 발견하고 성적 관계에 마음을 열었다. 그녀는 또한 여성들의 음악 모임에 참여하고 여성 드럼 동아리에 들어갔다. 지금 그녀는 집단에서 더 활기차고 즐거워하며 재미있어한다. 그녀는 반전된 분노를 통해 더 자유롭고 자기표현을 하며 사회적 알아차림이 있는 그녀만의 방식으로 일했다.

또 다른 예에서, 사라(Sarah)는 그녀의 두려움을 둘러싼 집단과의 작업으로 두려움을 분노, 흥분, 사회적 행동으로 바꾸었다.

도널드 트럼프가 당선된 후 사라는 집단에서 두려움에 관해 이야기하고 있었다. 사라의 조부모는 홀로코스트 생존자였고, 자신들의 경험에 대해 거의 이야기하지 않았지만, 사라의 어머니에게 강한 수치심과 두려움을 물려주었다. 사라의 어머니는 자주 우울했고, 사라와 그녀의 여동생이 어릴 때 그들을 자주 방치했다. 미혼인 사라는 선거 때부터 사람을 피하고 집에 가서 대마초를 피우며 TV를 보면서 고립된 생활을 하고 있었다. 트럼프 당선 이후 많은 사람이 겪은 사회적 트라우마는 그녀의 개인적 트라우마를 상기시켰고, 그녀는 꼼짝할 수 없는 느낌이었다.

집단의 많은 지지를 받아 사라는 그녀의 두려움, 움직일 수 없는 상태, 그녀의 가족사와 고립에 대해 말했다. 이 모든 것을 이야기하는 게 사라에게는 어렵고 고통스러웠지만, 집단의 지지로 그녀는 꼼짝할 수 없는 부동의 상태를 약간 극복할 수 있었고 흥분과 에너지를 다소 느끼기 시작했다. 한 집단 구성원이 알베르 카뮈(Albert Camus)가 프랑스 레지스탕스에서 싸울 때만큼 살아 있음을 느껴 본 적이 없다고 말했던 것을 들려주었다. 집단의 지지로 사라는 예전의 카뮈처럼 더 살아 있음을 느끼기 시작했다. 트럼프의 집권이 촉발한 여러 겹의 트라우마에 관한 알아차림이 커지면서 사라는 더 큰 힘을 얻었고 두려움은 분노로 바뀌기 시작했다. 분노로 인해 사라는 행동하게 되었고, 취약한 10대 소녀들을 지원하고 안내해 주는 지역의 가족 계획 사무실에서 자원봉사를 하기로 했다.

이 두 사례는 게슈탈트 집단치료의 장 이론과 자기-사회 통합 접근을 보여 준다. 우리는 정서를 장에 대한 우리 반응을 알려 주는 일종의 지능으로 본다. 지지를 받으면 우리의 감정은 장에 대해 알아차림을 형성하고 효과적인 행동을 안내하는 신호로서 작용할 수 있다. 우리의 감정은 또한 더 넓은 사회적 환경에 대한 우리의 반응을 상징화할 수 있고, 참여하는 데 만족할 뿐만 아니라 우리가 사는 세상에 유익한 사회적 행동을 촉진한다.

우리는 집단 구성원의 사회적 환경과 관련한 정서적 반응, 주관성, 자율성 등 그들의 장에 대한 차별화된 반응을 지원하려 노력한다

집단 구성원은 항상 그들이 속한 더 넓은 사회적 환경의 부분이다. 사회적 환경과의 접촉은 우리 경험의 모든 측면과 접촉하는 것과 유사하다. 그것은 연결성과 자율성이 모두 필요하다. 이 양극성(연결과 자율성)의 접촉은 지지가 필요하다.

폴라(Paula)는 40대 중반의 성전환을 한 정신건강의학과 의사로, 지금은 여성이지만 소년으로 태어났다. 그녀는 코네티컷주 그리니치의 상류층 가정에서 자랐다. 그녀의 아버지는 월스트리트의 부유한 사람이었다. 폴라는 아이비리그 학교에 다녔고, 젊을 때 청년공화당원의 부회장으로 일했다. 그녀는 권력자들을 많이 알고 있으며, 정부와 비즈니스 엘리트들과 매우 연결되어 있다고 느꼈다. 그러나 커밍아웃 이후 그녀의 드센 가족들은 그녀를 욕하고 거부했다. 엘리트 사회의 구성원으로 자란 그녀의 연결감은 이제 심각하게 복잡해졌다. 그녀는 한편으로는 동료들과 연결되어 있다는 느낌과 다른 한편으로는 그들로부터 완전히 소외되었다는 느낌 사이를 오갔다. 그녀의 사회적 환경과 연결감은 갈등으로 가득 차고, 그와 관련해 떠오르는 많은 감정에 주의를 기울이려면 집단의 지지가 많이 필요했다.

그녀의 사회적 환경에서 그녀의 자율성(autonomy) 또한 상당히 복잡하다. 그녀는 자신의 사회적 환경으로부터 분리된 기분이었지만, 이것은 보통 힘 있는 권한이 느껴지는 감각이 아니었다. 그녀의 가족과 동료들로부터의 분리는 자신의 힘이 느껴지는 자율성이라기보다는 그들의 거부에 가까웠다. 따라서 그녀는 자신의 중심이 안에 있는 것처럼 통제력을 느끼기 위해 더 많은 지지가 필요했다. 게슈탈트 집단치료에서 폴라는 집단의 지지를 받으며, 그녀의 가족과 친구들이 커밍아웃 이후 그녀를 경멸했던 것을 내사하지 않고 경계를 발전시키는 작업을 많이 다루었다.

폴라는 "트렌스젠더가 되는 것은 매우 급진적인 경험이에요."라고 말했다. 가족 및 동료와의 연결과 자율성의 여러 측면을 다루면서 폴라는 변화하고 심화하는 사회적 알아차림을 발견했다. 한때 헌신적인 보수 공화당원이었지만 이제 폴라는 자신을 '진보적인 자유지상주의자'로 보며, 시민의 자유를 소중히 여기고, 미국 시민 자유 연맹(American Civil Republican)과 남부 빈곤 법률 센터(Southern Poverty Law Center)에 기부했다. 그녀는 부와 신분의 품 속에서 자

라는 힘에 대해 성찰했고, 권력을 가졌다는 정체성으로부터 멀어지는
것은 폴라에게 인간성과 연민의 새로운 감각을 열어 주었다.

더 큰 사회적 알아차림을 발달시키는 데 전념하면서 자신의 고
유한 사회적 환경으로부터 자기 자신을 구분하기란 쉬운 일이 아
니다. 게슈탈트 집단치료는 구성원들이 연결되어 있고, 그들이 힘
들고 때로는 방향을 잃고 진실을 찾아 헤맬 때 이 과정을 지지할 수
있다. 그 진실은 세상에서 억압과 부당함에 창의적으로 적응하는
일생에 걸쳐 형성된 개인의 정체성, 태도, 입장에 도전할 수 있다.

우리는 폴 굿맨(2011, p. 43)을 인용하며 이 장을 마무리하고자 한
다. "우리는 일반적으로 합법적이고 심지어 가치 있는 일로 여겨지
는 많은 행동이 결과에 대한 개인적 책임과 관심이 없는 상황에 우
리를 끌어들인다면, 그것이 자연 사회에 대한 반역임을 알아야 한
다." 여기서 굿맨은 불의, 폭력, 인종차별, 동성애 혐오, 전쟁, 생태
계 파괴 등이 평범한 일이 되는 사회와 섞이는 것을 멈추기를 촉구
하고 있다. 게슈탈트 집단치료의 최상의 형태는 굿맨이 설명하는
'자연 사회'를 제공한다. 마찬가지로, 폴스터의 라이프 포커스 커뮤
니티의 많은 이점을 따라서 집단 구성원이 서로 연결되어 그들의
사회적 환경에 관한 새로운 알아차림과 접촉을 이끌어 낼 수 있다.
이 새로운 알아차림과 접촉은 집단 구성원이 그들의 사회에서 더
잘 책임질 수 있게 한다. 새로운 알아차림과 새로운 접촉과 새로운
행동의 교차점에서 게슈탈트 집단치료는 구성원이 사회 변화의 주
체가 될 수 있도록 지원할 수 있다.

참고문헌

Aylward, J. (2012). *Gestalt therapy and the American experience.* Queensland, Australia: Ravenwood Press.

Cole, P. (1998). Affective process in psychotherapy: A gestalt therapist's view. *Gestalt Journal, 21*(1), 49-72.

Goodman, P. (2011). *The Paul Goodman reader.* Oakland, CA: PM Press.

Lichtenberg, P. (1978). *Lectures in psychoanalysis for social workers.* West Hartford, CT: University of Connecticut School of Social Work.

Lichtenberg, P. (1990). *Community and confluence: Undoing the clinch of oppression.* New York: Peter Lang.

Polster, E. (2006). *Uncommon ground: Harmonizing psychotherapy and community to enhance everyday living.* Phoenix, AZ: Zeig, Tucker & Theisen.

Polster, E. (2015). *Beyond therapy: Igniting life focus community movements.* Piscataway, NJ: Transaction Publishers.

Rich, A. (1971). The Blue Ghazals. In *The Will to Change.* New York: W. W. Norton.

Stoehr, T. (2013). *Here now next: Paul Goodman and the origins of gestalt therapy.* New York: Taylor & Francis.

제**12**장

여정

Peter H. Cole & Daisy Reese

오늘날 영웅적 투쟁은 인간 정신과 인간 상호작용의 본질을 탐구하고
새로 지도를 그리는 일이다.

—미리엄 폴스터(Miriam Polster)

어떤 것을 온전하게 만들면서 나는 나의 온전함을 발견한다.

—조셉 징커(Joseph Zinker)

🪴 여행 지도로서의 이론

게슈탈트 집단치료를 안내하는 우리의 이미지 중 하나는 캠핑카
이다. 집단 구성원과 리더는 성장, 통합, 자기수용, 개별화, 공감,
연결, 권한 부여를 찾는 여정에 있다. 우리는 게슈탈트 집단치료에
서 영웅의 여정이 많은 지지와 연결이 있을 때 가장 잘 수행된다는
것을 발견했다. 우리는 최소한 사막에서 위험에 혼자 노출되지 않
기 위한 캠핑카가 필요하다.

생동감, 세상과의 관계, 연결성을 향한 여정은 가장 위대한 여정
이다. 그리고 전형적인 여정과 마찬가지로 어떤 때에는 무서울 수
도 있다. 그것은 집단에서 서로 다투고 마음을 괴롭히는 것들과 씨

름하며 길을 잃고 발견하고 손상된 것을 회복하는 경험을 포함한
다. 우리는 이 일을 하기 위해 서로가 필요하다. 서로를 직면하고,
서로 도전하며, 함께 울고 웃고, 가장 중요한 것은 서로 속해 있다
는 것을 소중히 여기는 것이다. 심지어 우리의 가장 부끄러운 모습
을 보일지라도 열정적으로 우리를 구성원으로 여기고 포기하지 않
는 것이다.

우리는 게슈탈트 치료가 이러한 종류의 집단을 하나로 묶을 수 있
을 만큼 강력한 하나의 모델을 제공한다는 점을 발견했다. 이 책이
보다 전통적인 방식으로 게슈탈트 집단을 이끄는 게슈탈트 치료자
와 다른 이론적 틀에서 작업하는 집단치료자 모두에게 게슈탈트 집
단치료에 대한 유용한 다리가 되기를 희망한다. 우리는 게슈탈트
치료자에게 상호작용적인 집단 과정을 좀 더 충분히 다룰 수 있도록
이론과 방법론을 제공했기를 바란다. 이론과 방법론 없이 상호작용
적인 집단 모델은 혼란스럽게 느껴질 수 있다. 그래서 우리는 게슈
탈트 치료자가 기본 구조와 드러나는 과정에 접근할 수 있도록 지적
인 틀을 조직하고 지도를 그리려고 했으며, 이는 상호작용하는 집
단 과정에 아름다움과 질서를 가져올 수 있다. 우리는 게슈탈트 치
료의 독특한 역사, 방법론, 이론, 그리고 특색이 다른 이론적 틀에서
일하는 집단치료자들에게도 전달되었기를 희망한다.

적절한 이론은 효과적인 실습을 위한 기초가 된다. 특히 모래 폭
풍이 일시적으로 게슈탈트 집단치료 리더의 눈을 멀게 하고 전체
캠핑카를 경로에서 이탈시키겠다고 위협할 때, 이론은 게슈탈트
집단치료 실무자의 믿을 만한 지도이고 나침반이다. 이 책을 통해
우리는 실무자들에게 신뢰할 수 있는 이론을 제공하기 위해 노력
했고, 이는 게슈탈트 집단치료자로서 가장 어려운 도전이며 가장

큰 기회였다.

게슈탈트 집단치료 리더십의 소명

이 책의 다양한 논의를 통해 우리는 내담자의 삶과 성장에 집중해 왔다. 하지만 치료자는 어떤가? 집단 리더십은 리더에게 종종 힘든 도전을 많이 제시한다. 리더가 의식적으로 이러한 도전에 대처할 때 게슈탈트 집단은 집단 구성원들과 마찬가지로 리더에게도 풍부하고 보람이 있을 수 있다. 리더에게 집단 구성원이 그들의 생동감 넘치는 여정에서 얼마나 갔는지를 인식하는 것만큼 흥분되는 경험은 거의 없다. 집단 리더도 그 자신의 성장 여정을 따르고 있다. 리더의 자리에 처음 앉는 날부터 리더는 전문적 기술과 고유한 성격에 대한 시험에 직면한다. 리더는 자신과 집단 구성원에게 전해지는 많은 감정 앞에서 균형을 유지할 수 있는가? 구성원들이 가장 싫어하는 모습을 보여도 열린 마음을 유지할 수 있는가? 자신의 취약함과 인간성을 집단에서 드러내는 것을 허용할 수 있는가? 이러한 모든 도전은 게슈탈트 집단 리더십이 우리의 개인적·전문적 발달에 미치는 강한 영향을 더 알아차리게 되면서 의미를 갖게 된다.

게슈탈트 집단치료 리더십은 우리에게 우리 자신과 집단 구성원들이 마주 보아야 하는 많은 결점에 대해 부드럽고 관대하도록 가르쳤다. 그것은 우리가 올바른 길을 가고 있다고 느끼지만, 집단의 반대에 직면할 때 회복할 수 있게 돕는다. 게슈탈트 집단치료 리더십은 우리가 행동하는 것이 중요하다고 느낄 때 진실을 말하도록 가르쳤고, 리더의 그림자 측면에 대해 배우기 위해 꾸준히 열린 마음을 가져야 한다고 가르쳤다. 그것은 우리에게 용서, 유머, 부드러움과 같은 치유의 속성을 알려 주었고, 사회적 알아차림과 사회적 참여가 건강의 필수적인 측면이라는 점을 가르쳐 주었다. 건강한 사람들은 건강, 다양성, 생태계에 속해 있기 때문에 그 외부에서 존재할 수 없다.

게슈탈트 집단치료 리더십은 공동체를 만드는 도움의 기회를 우리에게 제공했다. 사람들이 서로를 경청하고 지지하기 위해 모일 때, 그곳에 신성한 공간이 조성될 수 있다는 것을 배웠다. 게슈탈트 집단치료 리더십은 개인의 삶이 복잡하고 신비하며 더 큰 전체와 깊이 연결되어 있음을 이해하는 데에도 도움이 되었다. 이러한 배움은 집단치료 리더라는 직업뿐만 아니라 인간 존재로서의 우리 자신도 형성했기에 우리는 게슈탈트 집단치료에 깊이 감사한다.

참고문헌

Polster, M. F. (1992). *Eve's daughters: The forbidden heroism of women* (p. 180). San Francisco, CA: Jossey-Bass.

Zinker, J. (1977). *Creative process in gestalt therapy* (p. 239). New York: Random House.

후기

게슈탈트 집단치료의 저항과 생존

Peter H. Cole & Daisy Reese

우리는 2016년 미국의 대선 다음 주에 이 후기를 쓴다. 이 글을 쓰는 시점에서 새 대통령은 취임하지 않았지만, 미국 안팎의 인본주의자들은 미래에 대해 염려하고 있다. 우리는 앞으로 4년이 특히 게슈탈트 치료자가 새로운 어려움과 도전에 직면하게 될 어려운 시간이라고 본다.[*] 이 후기에서 우리는 미래에 대한 걱정, 게슈탈트 집단에 대한 억압의 영향, 희망에 대한 몇 가지 이유 등을 논의하려고 한다.

🌷 우리의 걱정

선거 후 일주일이 지난 지금, 여기 앉은 우리는 걱정이 많다. 특히 리더가 잠재적으로 심각한 성격장애를 겪을 때, 리더 자신과 내담자에게 미치는 영향을 고려하고 싶다. 멀리서 사람을 진단하는 것은 불가능하지만, 현 상황에서 우리는 오토 컨버그 박사(Dr. Otto Kernberg)의 악성 자기애(malignant narcissism) 개념을 고려하는 것

---

[*] 역자 주) 본 번역서의 출간은 2023년도이나, 2016년 당시 저자의 견해가 담긴 원서의 내용을 그대로 번역하였다.

이 현명하다고 생각한다. 컨버그에 따르면, "자기애적 성격 구조에서 병리적인 공격성이 지배적일 때, 자아 동질적 공격성, 반사회적 행동, 편집증적 경향에 의해 병리적인 거대 자기가 침투될 수 있으며, 이는 악성 자기애적 증후군으로 이어질 수 있다."(2004, p. 20)라고 했다. 이 상태는 권력을 획득해도 개선되거나 해결되지 않는다. 대신에 그것에 수반되는 편집증은 고통이 과대화를 통해 완화될 수 있을 거라는 환상이 산산조각 나면서 악화할 뿐이다. 이제 분노와 포악함을 키워 가며 '타자'를 객관화하고 탓할 수밖에 없다. 악성 자기애를 가진 사람이 큰 정치 권력을 획득할 때 그 사람의 편집증이 누그러질 가능성은 거의 없다. 대신 우리는 일반적으로 편집증에 수반되는 분노 표현의 증가를 보게 된다.

🌱 게슈탈트 치료집단에 미치는 영향

장 이론은 장의 한 부분에서 발생하는 일이 장의 다른 부분에도 영향을 미친다는 것을 우리에게 말해 준다. 페어필드(Fairfield, 2004, p. 340)는 팔렛(Parlett)의 말을 인용해 "장은 시간과 공간에서 연속적이다."라고 말했다. 이것은 우리의 지지 체계, 우정, 사랑, 물리적 환경이 권력 구조의 맨 위에 있는 악성 종양으로부터 보일 수 있는 한에서 멀리 떨어져 있음으로써 분리될 수 없다는 것을 의미한다. 우리 집단들은 꼭대기에서 일어나는 일에 영향을 받을 수 있고, 받게 될 것이다. 다른 한편으로, 권력 구조의 최상위층에 있는 사람들은 우리가 하는 일에 아주 조금이라도 영향을 받을 것이다. 비슷한 맥락에서 장 이론은 현상이 전체 장에 의해 결정된다고 가르친다. 집단 구성원들은 더 큰 장에서 일어나는 모든 일에 영향을 받을 것이고, 리더들이 가장 표적이 될 수 있는 우리 집단의 사람들(유색인종, 제한된 재정적 자원을 가진 사람들, 성 소수자, 여성과 성폭력 피해자)에 관해 편견을 선포할 때, 집단 구성원들은 그들의 삶과 집단치료 내에서 취약성과 커져 버린 분노를 느낄 것이다. 국가의 정치적 수사가 소수에 속한 사람들을 표적화하는 동안에 이러한 영향에 시간을 갖고 관심을 기울이는 것은 실질적이고 온정적인 게슈탈트 집단치료가 지녀야 할 기본이다.

　게슈탈트 치료는 전형적으로 반권위주의적인 심리치료이다. 그리고 실제로 민족주의의 권위주의적 리더십이 국제적으로 부상하고 있는 현시대에 이보다 더 적절한 것이 무엇일까? 게슈탈트 치료의 창립자인 프레데릭 펄스(Frederick Perls), 로라 펄스(Laura Perls), 폴 굿맨(Paul Goodman)은 모두 정치적으로 진보적이었고, 모두 억압적인 사회 세력에 맞서 개인의 존엄성에 헌신했다.

　이 반권위주의의 기본은 게슈탈트 치료가 개인이 차별, 공격성, 자기주장을 사용해, 한편으로는 진실한 자기 자신의 감정과 태도를 구분하고, 다른 한편으로는 사회 규범이나 개인의 역사에서 오래된 권위자에게 속한 감정과 태도를 구분하도록 지원한다는 점이다.

　내사(introjection)의 경계 혼란은 우리가 다른 사람의 선입견과 편견을 마치 자신의 것처럼 흡수하는 과정을 설명한다. 강력한 정치 지도자가 여성, 라틴계, 아프리카계 미국인, 이슬람교도에 대해 경멸적인 태도를 나타낼 때, 자신이 이러한 모욕의 대상이라고 느끼고 겁을 먹거나 혐오스러운 투사를 내재화하기 시작할 수 있다는 것을 쉽게 상상할 수 있을 것이다. 독성이 있고 혐오스러운 투사는 내사될 수 있고, 개인의 자기감을 왜곡시키고 자기 활성화 측면에 해로울 수 있다. 게슈탈트 집단치료의 대부분은 집단 구성원이 해로운 투사를 떨칠 수 있게 필요한 자기지지와 분노를 동원하도록 돕는 것이다. 우리는 이 과정을 **내사를 통한 작업**이라고 부른다. 내사를 통한 작업과정에서는 개인적인 것과 정치적인 것이 종종 함께 온다. 게슈탈트 집단치료에서 우리는 각 집단 구성원이 자신의 진정한 목소리를 찾을 기회와 건강에 좋지 않은 투사와 내사의 족쇄를 벗어 버릴 수 있는 상호 지지 환경을 조성한다. 소외되고 투사의 대상이 되는 집단 구성원은 자신의 진실과 주체를 찾을 수 있도록 지지가 필요하다.

억압이 증가하는 광범위한 장의 조건하에서 게슈탈트 집단치료는 집단 구성원들이 그들이 직면한 상황(그들의 두려움, 희망, 좌절, 트라우마)에 대해 성찰할 수 있는 장소가 된다. 장의 조건이 어떻든 게슈탈트 집단은 이상을 제공하지 않는다. 우리는 항상 더 큰 장에 의해 제약 및 격려를 받을 것이다. 우리는 탈출구를 제공하지 않는다. 우리가 제공하는 것은 지지이다. 집단 구성원이 서로 지지받을 때 어두운 시대에서 살아남을 힘, 억압적인 체계에 저항할 수 있는 용기, 그리고 아마 반대를 조직하려는 의지를 찾을 수 있을 것이다.

🌿 한 가지 사례

우리의 주간 집단은 미국의 선거 다음 날 수요일에 모였다. 평소에 매우 활기차고 대기실에서 서로를 만나 반가워하던 일곱 명의 구성원은 말이 없었다. 그들은 마치 장례식장에 걸어 들어가는 듯한 표정으로 집단치료실로 들어갔다. 집단이 시작되자 30대 라틴 계 여성인 집단 구성원이 크게 울기 시작했다. 그녀는 앞으로 일어 날 일들에 대한 두려움을 표현했다. 우리는 방을 돌아다니며 각자 의 감정을 느꼈다. 저널리스트인 이성애자 백인 남성은 자신의 직 업에 대한 두려움을 표현했고, 동성애자는 증오범죄에 대한 두려 움을, 이성애자 여성은 성폭행에 대한 두려움을 표현했다. 모든 집 단 구성원은 선거와 그 결과에 대해 큰 슬픔과 실망을 표현했다. 우 리가 서로 연결되면서 분위기가 바뀌었다. 우리는 빠르게 선거와 그것이 우리에게 미친 영향으로 되돌아갔지만, 조금 웃을 수 있었 고 몇 가지 다른 주제에 관해서도 간단히 말할 수 있었다. 우리는 앞에 놓은 모든 어려움에 대해 서로 지지하기로 동의했다.

🌱 희망의 이유

상대적으로 자유롭고 자율적이며 권한이 있는 인간이 되기 위한 여정은 정말 쉽지 않다. 개인과 집단 차원에서 우리는 장애물, 좌 절, 부상과 재발에 시달린다. 인간의 여정에 등장하는 어려움들은 끝이 없다. 그래도 우리는 서로 연결될 때 우리의 상황에 의미를 부 여할 수 있다. 우리는 서로와 세상에서 아름다움을 찾을 수 있고, 배우며 성장할 수 있다. 우리는 자신과 동료 인간의 두려움과 수동 성 증가에 저항할 수 있다. 우리는 창의성, 사랑, 연민, 저항을 격려 할 수 있다. 우리는 자신과 다른 사람을 옹호할 수 있고, 세상을 향 해 나아가고 변화의 주체가 될 수 있도록 서로에게 필요한 지원을 할 수 있다. 이것은 이러한 시대에도 불구하고 게슈탈트 집단치료의 약속이다. 아무 문제 없는 안락한 삶은 아니지만, 그것이 가치 없는 것은 아니다.

참고문헌

Fairfield, M. A. (2004). Gestalt groups revisited: A phenomenological approach. *Gestalt Review, 8*(3), 336-357.

Kernberg, O. (2004). *Aggressivity, narcissism, and self-destructiveness in the psychotherapeutic relationship.* New Haven, CT: Yale University Press.

📋 찾아보기

내용

저자 소개

피터 콜(Peter H. Cole)과 데이지 리즈(Daisy Reese)는 캘리포니아 버클리에 위치한 Sierra Institute for Contemporary Gestalt Therapy의 공동 대표이다. 또한 그들은 『Mastering the Financial Dimension of Your Psychotherapy Practice』 『True Self, True Wealth: A Pathway to Prosperity』의 공동 저자이다. 그들은 부부이고, 다섯 명의 자녀와 네 명의 손주를 두었다.

피터 콜(Peter H. Cole, LCSW, CGP)은 캘리포니아 버클리와 새크라멘토의 개업의이다. 그는 University of California Davis School of Medicine 정신건강의학과의 임상 조교수이며, 25년이 넘게 게슈탈트 치료를 가르쳤다. 그는 Stanford University School of Medicine, 버클리에 있는 Wright Institute, Psychotherapy Institute 등에서 집단치료를 가르쳤다. 그는 Washington School of Psychiatry's National Group Psychotherapy Institute를 졸업했고, American Group Psychotherapy Association 집단치료자 자격을 취득했으며, Pacific Gestalt Institute 공인 게슈탈트 치료자이다. 또한 그는 미국 공인 재무상담사로서 특히 사회적·환경적 관심을 가지고 내담자를 위해 봉사하고 있다.

데이지 리즈(Daisy Reese, LCSE, CGP)는 캘리포니아 버클리와 새크라멘토의 개업의이다. 그녀는 버클리의 Wright Institute와 Psychotherapy Institute에서 집단치료를 가르쳤다. 그녀는 Washington School of Psychiatry's National Group Psychotherapy Institute를 졸업했고, American Group Psychotherapy Association의 공인 집단치료자이다. 또한 Northern California Group Psychotherapy Society의 회장을 역임했다.

역자 소개
||||||||||||||||||||||||||

고나영(Nayeong Ko)

독일 프라이부르크 대학교(Albert–Ludwigs–Universität Freiburg) 심리학과
　철학 박사(임상심리학 및 심리치료 전공)

전　독일 프라이부르크 대학병원 Psychosomatic Medicine and Psychotherapy
　　부서 International Mental Health Project Coordinator

현　고나영 심리상담연구소 대표
　　한국게슈탈트상담심리학회 학회장

게슈탈트 집단치료의 새로운 방향
관계적 배경과 진정한 자기

New Directions in Gestalt Group Therapy
Relational Ground, Authentic Self

2023년 4월 10일 1판 1쇄 인쇄
2023년 4월 20일 1판 1쇄 발행

지은이 • Peter H. Cole · Daisy Reese
옮긴이 • 고나영
펴낸이 • 김진환
펴낸곳 • ㈜**학지사**

04031 서울특별시 마포구 양화로 15길 20 마인드월드빌딩
대표전화 • 02-330-5114   팩스 • 02-324-2345
등록번호 • 제313-2006-000265호

홈페이지 • http://www.hakjisa.co.kr
페이스북 • https://www.facebook.com/hakjisabook

ISBN 978-89-997-2895-2 93180

정가 19,000원

출판미디어기업 **학지사**

간호보건의학출판 **학지사메디컬** www.hakjisamd.co.kr
심리검사연구소 **인싸이트** www.inpsyt.co.kr
학술논문서비스 **뉴논문** www.newnonmun.com
교육연수원 **카운피아** www.counpia.com